깨달음

깨달음

초판 1쇄 발행 2018년 5월 21일

지은이 김종의
펴낸이 강수걸
편집장 권경옥
편집 정선재 윤은미 김향남 이송이 이은주
디자인 권문경 조은비
펴낸곳 산지니
등록 2005년 2월 7일 제333-3370000251002005000001호
주소 부산시 해운대구 수영강변대로 140 BCC 613호
전화 051-504-7070 | 팩스 051-507-7543
홈페이지 www.sanzinibook.com
전자우편 sanzini@sanzinibook.com
블로그 http://sanzinibook.tistory.com

ISBN 978-89-6545-516-5 03150

일상을 여유롭게 만드는
마음의 기술

깨달음

김종의 지음

산지니

머리말

'어떻게 해야 할까?'

'사람답게 산다는 것은 무슨 의미일까?'

'팍팍하기 그지없는 이 세상, 슬기롭게 건너가는 방법은 없을까?'

전국시대의 혼란기에 태어났던 공자(孔子)의 간절함도 사람답게 사는 길을 찾으려는 데 있었다. 그 절절한 심정은 '아침에 그 이치를 들으면 저녁에 죽어도 좋다(朝聞道夕死可矣「論語」里仁篇).'는 탄식 속에 묻어나 있다. 그는 사회의 질서가 순조롭게 어울렸던 주(周)나라 초기의 시대를 다시 꿈꾸며 인(仁)의 기초 위에 삶의 가치를 정립하려고 했다. 그가 말한 인이란 진실함과 끊임없는 자기 노력으로 완성되는 인격을 의미한다.

공자가 일평생 인을 강조했다는 것은 실제로 '나의 도는 하나로써 꿰뚫는다(吾道一以貫之「論語」里仁篇).'는 표현에서 잘 드러난다. 사실상 그의 가르침은 모두 인에 바탕을 두고 있으며, 인의 구체적인 실천방법을 묻는 제자의 질문에 '용서(恕)'라는 행위를 통해서 완성된다고 했다. 그가 말한 '용서(恕)'란 '같다(如)'와 '마음(心)'이라는 두 뜻으로 어우러져 있으니, 이는 '마음을 같이한다' 또는 '입장을 바꿔놓고 생각한다'는 의미로 해석할 수 있다. 그러므로 공자의 인은 진실한 인격을 의미한다고 하겠지만, 그의 진정한 속내는 차별과 분별이 없는 세계를 지향하고 있음을 알 수 있다.

관심으로부터의 해방을 통하여 진정한 자유의 의미를 깨닫기를 권했던 붓다 역시 인간의 현실을 주의 깊게 살핌으로써 인생의 무상함(無常)과 괴로움(苦)의 원인을 이해시키려 했다. 이런 까닭으로 붓다의 설법은 사람들이 처한 상황에 따라 다양하게 표현되고 있지만, 가르침의 본질을 단도직입으로 전하고자 한 선(禪)은 선문답을 통해 '삼라만상이 모두 하나로 돌아가는데, 이 하나는 어디로 가는가?(萬法歸一 一歸何處)'라고 묻는다.

여기서 말하는 '하나'라는 표현은 혜능(惠能)스님의 오도송(悟道頌), 즉 '처음부터 한 물건도 없다(本來無一物).'는 구절에서도 나타난다. '한 물건도 없다'는 말은 '본래부터 있지 않았다'는 뜻이 아니다. 오히려 '처음'이나 '하나'라는 개념이야말로 인간의 생각에서 만들어진 이미지일 뿐이므로, 선문답에서의 '하나'나 붓다의 가르침 역시 '있고, 없고'를 넘어서 있다는 이치를 깨닫게 하는 데 있다. 그야말로 분별없는 온전함의 세계를 꿈꾸었던 것이다.

이와 더불어 천지 순환의 이치를 체득함으로써 영원을 지향했던 도가(道家) 또한 자연의 실상을 깨닫게 함으로써 무위(無爲)의 삶을 추구하고자 했다. 노자(老子)는 만물의 근원을 무(無)라고 하였으며, 무는 자연이며 생명의 근원이라고 하였다. 장자(莊子) 역시 만물제동(萬物齊同), 즉 만물이 모두 다르지 않다는 이치를 설파하였다.

노자는 「도덕경」에서 '도에서 하나가 나오고, 하나에서 둘이, 둘에서 셋이 나오며, 셋으로부터 만물이 생긴다(道生一一生二二生三三生萬物).'고 하였다. 이는 만물의 운행법칙이자 근원으로서의 도(道)는 하나로서 드러난다는 뜻이다. 여기서 말하는 '하나'는 이미 전국시대에 세계의 근원이자 만물의 시작을 의미하는 중요한 범주로 여겨졌던 개념이며, 이 문장에서도 그러한 의미를 담고 있다. 그렇게 보면 노자 역시 '하나'로서 구분과 차별이 없는 형이상학의 세계를 지향한 것이다. 다시 말해 '하나'로서 표현된 도(道)란

'무극이면서 태극(無極而太極)'으로 표현되는 돌고 도는 세상(反者道之動)이며, 끊임없이 순환하는 이치를 이해하고 보면 처음도 마지막도 환상일 뿐이라는 의미다.

공자와 붓다 그리고 노자, 이들은 모두 어지러운 세상을 건너갈 희망의 좌표로서 '하나(一)'를 들고 있다. 서로 다른 세상의 이야기를 한 것이 아니라면, 이들이 내세우는 '하나'의 의미 역시 별개의 그 무엇이 아님은 분명하다.

이들이 꿈꾸었던 아름다운 세상, 즉 유교에서의 천명(天命)이 펼쳐지는 세상이나 불교에서의 해탈 세계 그리고 도교에서의 무위자연(無爲自然)이란 결국 분별과 차별이 없는 세상일 따름이다. 그렇기에 유교의 이상을 정립했다는 「중용(中庸)」에서 천명을 '진실됨(誠)'이라고 한 것이나, 불교의 핵심을 드러내고 있는 「금강경(金剛經)」에서 팔만대장경의 비밀을 푸는 열쇠를 상(相)이라고 한 것도, 노자의 「도덕경(道德經)」에서 '무위(無爲)'를 강조한 것과 다르지 않다. 선입견이나 틀로써 분별과 차별을 고집하는 것이 바로 인간사의 문제이기 때문이다.

그렇게 보면 세상은 처음부터 분별이나 차별이 있지도 않았다. 인간의 필요에 의해 만들어진 것, 그리고 만들어진 그것에 매달려 있는 상태가 삶의 모습이다. 그러므로 지금 여기서라도 그것을 내려놓을 수 있다면 천명이 열리는 환희를 맛볼 수 있고, 해탈의 자유를 만끽할 수 있으며, 무위자연의 세상을 온몸으로 맞이하게 될 것이다.

사실 분별과 차별이란 세상을 살아가자면 어쩔 수 없지 않느냐는 입장에서 만든 허구의 관념이자 이미지일 뿐이다. 마찬가지로 불교가 지향하는 세계가 이렇고 유교가 나아가고자 하는 이상향이 저렇다고 표현하는 것 또한 자신의 믿음을 벗어나지 못한 고집일 뿐이다.

이 간단한 이치를 이해하지 못해, 오랜 시간 동양의 가르침에서 언급하는 '하나(一)'의 의미, 그리고 깨달음의 뜻은 무엇이며 또 무엇을 깨달아야 하는가에 매달려왔다. 사전적 정의에서는 깨달음을 존재의 본질이나 이치 따위를 궁리하여 알게 되는 것이라고 하지만, 존재하는 것이 존재의 본질을 생각한다는 것 자체가 동어반복의 모순이다. 굳이 말하자면 존재의 조건에 대한 깨달음이라 해야 옳을 것이다.

이처럼 불교나 유교나 노장사상으로 대표되는 동양사유의 특징은 분별과 차별을 떠나 온전함의 세계로 나아가려는 데 있다. 사람다운 삶의 실현 역시 인간의 심성으로 말미암는다고 생각했기 때문에 끊임없이 자신의 내면을 되돌아보는 자기성찰과 자기반성의 수행을 강조해왔다. 이와는 달리 서구의 사유는 초월적 존재를 전제하고, 그것이야말로 존재의 근원이자 가치의 본질이라고 이해했다.

스스로를 되돌아보는 수행을 통해서 온전한 세계를 꿈꾸었던 동양의 사유는 분별과 차별을 넘어서야 아름다운 세상이 된다는 희망을 선포하고 있다. 때문에 불교가 기성종교로서의 위상을 정립한 것은 부처님의 말씀이라고 할 수 있지만, 온전함의 자각으로 현실에서도 깨달음을 얻을 수 있다는 믿음을 제시한 선(禪)이 오히려 불교를 불교답게 한 것이다. 유교 역시 성리(性理)의 속 깊은 이치보다는 언제 어디서 어떤 일을 하더라도 사사로움을 멀리하고 최선을 다하는 군자(君子)의 이미지가 사람들을 감복시켰으며, 노장(老莊)이 명맥을 이어온 이유 또한 구만리 상공을 나는 붕(鵬)새를 통해 분별과 차별을 떠난 유유자적함이 모든 이들의 가슴을 설레게 했던 것이다.

그러나 서구의 사유는 인간의 욕망을 그 자체로 승인함으로써 물질적 가치를 우위에 두게 되었으며, 거기에 발맞추어 모든 제도적 기반을 최대 다수의 최대 행복이라는 명제로 환원시켰다. 따라서 서구사유의 방향은 오로지 안락과 풍요로 나아가는 길에 초점을 맞추어왔으며, 지금도 여전히 모든 관심과 노력을 인간의 욕망을 충족시켜줄 신기술의 개발에 쏟아 붓고 있다.

서구의 물질문화에 발맞추어온 우리의 모습도 다르지 않다. 욕망의 충족과 물질적 가치를 앞자리에 두다 보니 욕망을 따라가는 역동적인 에너지는 넘쳐나지만, 자기성찰과 자기반성에 대한 관심은 저 뒤로 밀려나 있다. 진보와 발전에 대한 믿음은 하루가 다르게 신기술을 쏟아내지만, 그것이 과연 바람직한 미래일까를 생각하지는 않는다. 그래서 풍요롭기는 하지만 인간답지 못하고, 편리하기는 하지만 편안함이 없다.

사람들은 이전의 시대보다 권위와 억압에서 자유로우며 자신이 원하는 것을 이루기에 보다 좋은 환경이라고 생각하지만, 사실 이는 너무나도 황당한 착각일 뿐이다. 우리는 거대한 조직화의 구조 속에서 사회적 가치라는 그럴듯한 명칭 아래 끊임없이 신기술에 세뇌당하면서 자신도 모르는 사이에 그 길을 따라가고 있다. 그 과정에서 우리는 자연스럽게 욕망의 주체가 되었고, 사회는 물질을 소비하고 경쟁하는 공간으로 변모되었다.

풍요와 안락함을 내세운 물질문화는 인간성의 의미까지 보잘것없게 만들었다. 이를테면 배려와 사랑의 의미조차 물질적 가치 추구의 걸림돌로 받아들일 뿐이다. 그러다 보니 사람들은 너무나도 당연하게 정신이 아닌 물질을 현실적이라고 믿는다. 나아가서는 자신의 존재의미조차 가지고 누리는 물질적 가치에서 찾으려 한다.

존재의 의미가 물질적 가치로 나타난다고 믿는 것은 욕망을 충족시키는 일에 삶의 의미를 둔다는 뜻이다. 그러나 욕망의 추구가 스스로의 본성을 바탕으로 하는 자각과 연결되지 않으면, 충족의 욕구에 대한 불만족은 안으로는 괴로움과 고통 그리고 밖으로는 사회적 해악과 갈등으로 이어지게 된다.

인류는 머지않아 디지털 혁명을 바탕으로 물리적, 생물학적 공간의 경계가 희석되는 기술융합의 시대를 맞이할 것이라고 한다. 공간의 경계가 사라지면 사는 일이 한결 편리해질 수는 있지만, 여기가 곧 극락이 된다는 의미는 아니다. 단지 사람이 사는 조건의 변화일 뿐이다. 신기술에 의해 달라진 세상이라 해도 욕망과 갈등으로부터의 괴로움을 없애주지는 않는다. 오히려 더 많고 다양한 문제들과의 부딪힘만 늘어날 것이다. 과학은 처음부터 인간의 문제에는 관여하지 않았기 때문이다.

차별과 분별이 없는 세계를 지향해왔던 동양의 사유는 처음부터 인간만의 본성을 따로 정의하지도 않았다. 오히려 본성이라는 말 자체가 본성과는 동떨어져 있다고 하는데, 이는 곧 본성을 자각하는 일이란 추상적인 개념이 아니라는 뜻이다. 달리 말하자면 우리의 일상에서 사소한 것 하나에도 이기적인 심성이나 물질적 가치를 대입하지 않게 되면 그것이 곧 본성을 자각하는 길, 즉 본성의 온전함을 회복하는 길이라고 한다.

괴로움과 갈등으로부터 벗어나는 방법 역시 자신의 삶을 되돌아봄으로써 본성을 자각하는 길 외에 다른 대안이 없다. 인간의 심성을 파괴하는 사회적 억압들에 대항할 수 있는 유일한 방법은 내적인 자각뿐이기 때문이다. 이유 없이 초조하고 소외당한다는 불안감을 해결할 방법 또한 마찬가지다.

위에서 본 원통은 원으로 보이지만, 옆에서 보면 사각형이다. 위치를 바꾸지 않는 한 죽을 때까지 원이거나 사각형일 뿐이다. 그런 의미에서 보면 자기성찰과 자기반성의 되돌아보기는 삶을 바라보는 위치를 바꾸는 작업이다. 인간의 의미가 사라진 기술융합의 시대를 당연한 미래로 받아들이지 않으려면, 자신을 되돌아보는 일이야말로 새로운 세계를 위해 내놓을 수 있는 분명하고도 절실한 길이다.

사람다움의 의미를 깨닫지 않고 이룰 수 있는 아름다운 세상은 없으며, 노력 없이 인간의 온전함 또한 완성될 수는 없다. 설령 이런 생각 또한 모두가 그렇게 느끼기를 간절하게 바라는 마음에서 우러난 표현이라 해도, 지금까지의 삶에서 중요시되지 않았던 깨달음이나 편안함과 같은 의미들이 이제는 주목을 받아야 할 충분한 가치가 있다는 것은 분명하다.

방향도 길도 이미 주어져 있지만, 달을 가리키는 손가락이라도 표현하고 싶은 마음이 앞섰다. 하지만 이 또한 수없이 많은 이들이 다루었던 이야기들이다. 그럼에도 불구하고 이 내용을 굳이 정리하려 한 것은 단 한 사람이라도 깨달은 이들이 남긴 대화 속의 깊은 속뜻을 알아차려 아름다운 삶을 꿈꾸는 이가 있었으면 좋겠다는 생각에서다.

무애(無碍)의 춤을 출 수 있는 그날이 오면 좋겠다.

梅花里 影輪堂에서
金鍾宜

차례

1부

몸과 마음

01

몸인가 마음인가

'나는 누구인가?'

한 번이라도 진실하고 솔직하게 이 질문을 해본 적이 있는가?

단순하게 생각하면, 나는 '내 몸과 내 마음'이다.

그렇다면 몸과 마음은 하나일까? 둘일까?

하나라면 굳이 몸이니 마음이니 할 것이 없다.

둘이라면 몸과 마음이 다른 것이고, 나 또한 둘이다. 어느 것이 옳을까?

몸이야 우리가 배운 대로 아버지의 정자와 어머니의 난자가 만나 그렇게 되었다 해도, 마음은 어디서 왔을까? 몸이 만들어지면 거기에 저절로 마음이 생기는 것일까? 아니면 어디 다른 곳에서 몸을 보고 들어온 것일까?

몸이 만들어지니 마음이 저절로 생겼다면, 물질이 세계의 근원인가?

마음이 다른 곳에서 들어왔다면, 그 다른 곳은 어디일까?

사는 일도 머리가 복잡한데 그런 것까지 신경 쓸 것 있겠느냐고 생각한다면 그럴 수도 있다. 하지만 단 한 번밖에 주어지지 않는 이 생명, 남이 대신할 수도 없는 소중한 이 삶을 어떻게 살 것인가를 생각해보면, 그저 그렇게 지나칠 이야기는 아니다.

나는 누구일까?

우리가 '나'라고 생각하는 그 내가, 나의 참모습인가?

돌이켜보면, 나를 '나'라고 말하는 순간 또 하나의 '나'가 나의 내면에 있다. 즉 '나'라고 표현하는 나를, 아는 '나'가 있다. 그러나 그 '나'를 인식하는 또 하나의 '나'도 있다. 그리고 그것은 끝이 없다.

나를 '나'라고 말하는 '나', 즉 우리가 일상적으로 말하는 '나'는 살아오면서 내게 입력되어진 정보들을 종합한 이미지다. 이를테면 부모의 이름에서부터 키나 몸무게에 이르기까지, 거기에다 고향과 출신학교 등과 같은 것들이다. 이를 좀 더 구체적으로 구분하자면 부모와 연관된 유전적 정보와 자연적 조건이나 사회적 상황 등과 관련된 환경정보, 그리고 지금까지 익혀온 지식정보들이다.

그런 지식이나 자료의 나열이 '나'인가?

물론 아니다. 그것은 서로를 인식하기 위한 약속된 도구적 표현이지, 진정한 '나'가 아니다.

그렇다면 '나'는 무엇일까?

● 두 점 사이의 최단거리를 직선이라고 한다. 풍뎅이를 둥근 공위에 찍어놓은 두 점 사이를 곧바로 가게 하면, 풍뎅이는 직선으로 갔다고 우길 것이다. 우리가 보기에 그것이 직선 일까?

정보의 나열로 표현된 '나'를 '나'라고 믿는 것은 풍뎅이의 직선과 다를 바 없다.

끝없는 시간과 무한한 공간에서 본다면, 인간이 이해하고 받아들이는 지식과 자료들이란 풍뎅이가 이해하는 직선과 마찬가지로 지극히 상대적이다. 두 점 사이의 최단거리를 직선이라고 하지만, 인간의 시각 또한 중력장(重力場, Gravitational field)에 의해 휘어져 있기 때문이다.

그렇다면 '몸과 마음'으로 이해하고 표현하는 '나'는 과연 나일까?

내 몸이 나인가? 아니면 내 마음이 나인가?

몸과 마음은 하나인가? 둘인가?

단순히 생물학적으로 보면 정자와 난자가 결합되어 새로운 생명, 즉 내가 태어났다. 그런데 정자는 분명히 아버지 몸의 일부였다. 아버지 몸의 일부였으니 내가 아버지인가? 아버지가 나인가?

아버지의 아버지, 그리고 그 처음은 무엇이었을까? 이때 '처음'의 의미는 또 무엇일까?

우리가 안다는 것은 무엇을 안다는 것이며, 그럼에도 불구하고 그 한계는 어디까지일까?

● 예전에 장주(莊周)는 꿈속에 나비가 되었다. 훨훨 날아다니는 나비였다. 스스로 나비인 줄 알고 기뻤으며, 그것이 장주인 줄 알지 못했다. 문득 꿈에서 깨어본즉 나는 틀림없는 장주였다. 그러나 장주가 꿈에 나비가 된 것인지, 나비가 꿈을 꾸어 장주가 된 것인지 알지 못했다.

「莊子」齊物論

우리는 꿈을 꾸며, 꿈속에서 성공적인 일들을 경험한다.

그렇다면 꿈속의 일들이 실재(實在), 즉 의식으로부터 독립하여 객관적으로 존재하는가?

현실이 비현실이고, 비현실이 현실인지 누가 알겠는가? 우리가 현실이라 알고 있는 것이 사실은 환상이며, 나의 그림자가 아닌지 누가 알겠는가?

꿈속의 일들이 실재하지 않는다면, 우리의 삶 또한 꿈같은 일이 아닐는지 모를 일이다. 우리가 꿈을 꾸는 시간은 생물학적으로는 순간에 지나지 않는다고 한다. 마찬가지로 무한한 우주시간에 비해보면, 사람의 한평생 또한 전광석화(電光石火)일 뿐이다. 마치 꿈을 꾸는 시간과 같다.

장자는 '깨어나기까지는 우리가 꿈속에 있다는 것을 모른다'고 했다. 「금강경(金剛經)」에서도 '네가 보고 있는 것이 세계의 실상이 아닌 줄을 안다면, 너는 부처와 대면할 것(若見諸相非相卽見如來)'이라 했다. 하지만 우리는 여전히 미망(迷妄) 속을 헤매고 있을 뿐이다.

● 짧은 지혜는 큰 지혜에 미치지 못하고, 짧은 목숨은 긴 수명에 이르지 못한다. 어찌 이를 알겠는가? 하루살이 버섯은 한 달을 알지 못하고, 쓰르라미는 봄과 가을을 알지 못한다. 이것은 바로 수명이 짧기 때문이다.

「莊子」逍遙遊

이 영원한 우주에 인간만이 존재하는 것도 아니고, 인간만이 유일한 척도는 더더욱 아니다. 우리가 보고 듣고 안다는 것 또한 지극히 상대적인 지식, 즉 서로 맞서거나 비교되는 관계에 있는 조건으로 인식하는 앎이다.

때문에 우리가 무엇에 대해 안다는 것도, 사실은 인간의 시각에서 재구성한 정보일 뿐이다. 따라서 그것으로 존재하는 것들의 본질을 이해하려는 태도는 하루살이나 매미의 시각과 마찬가지일 뿐이다. 다시 말해 매미나 하루살이가 판단한 내용, 즉 내일이나 봄과 가을을 모르는 것은 바로 그들이 지닌 인식의 한계다. 하지만 그들의 한계 밖에 있는 '하루살이의 내일'이나 '매미의 겨울'은 없는 것이 아니다.

그렇다면 인간 인식의 한계는 어디까지일까?

● 진(秦)나라로 가려는 맹상군(孟嘗君)을 만류하며 소대(蘇代)가 간하였다.

"제가 이리로 오는 도중 치수의 물가를 지나다가 흙으로 만든 인형과 복숭아나무로 조각한 인형이 주고받는 이야기를 엿들었습니다. 먼저 나무 인형이 흙 인형에게, '너는 서안의 흙이다. 그 흙으로 만든 것일 뿐이므로, 팔월이 되어서 치수의 물이 넘치면 너 같은 것은 녹아버리고 말 것이다.'라고 하자, 흙 인형이 답하기를, '그렇지 않다. 나는 서안의 흙이기 때문에 서안으로 돌아갈 뿐이지만, 그대는 동국산 복숭아나무로 만든 인형이다. 나무로 만든 인형이므로, 비가 와서 치수가 넘치고 그대를 휩쓸어 가면, 표류하는 수밖에 없는 그대는 도대체 어떻게 되는 것인가?'라고 하였습니다."

「戰國策」齊策

흙으로 만든 인형(土偶)이 나무로 만든 인형(木偶)에게, '흙으로 만들었으니 흙으로 돌아가는 것은 자연의 이치이지만, 너는 나무로 만들어졌으니 어디를 떠다닐 것인가?'를 묻고 있다.

우리가 누구인지 모른다면 우리도 그렇게 떠다닐 것이다. 하루살이나 매미를 한심하다고 여기겠지만 우리 역시 세상이 요구하는 가치와 제도에 우리를 맞추어가면서 어디로 가는지도 모르고 동분서주할 것이다.

내가 누구인지를 모른다면 세상에 태어나서 '이것은 무엇이다'고 배운 대로 '저것은 이것이 아니다'고 판단할 것이다. 입력된 프로그램대로 작동하는 로봇과 다르지 않다. 직장을 얻거나 돈을 벌려고 하는 일 역시 세상의 가치에 순응하며, 세상이 바라는 성공과 출세에 인생의 목적이 있다고 생각하기 때문이다.

그러나 내게 주어진 이 삶을 나답게 살고 싶다면, 배운 대로 그렇게 행동해야 한다고 생각하는 일들은 분명히 목적을 착각하고 있는 셈이다. 여기서 착각이라고 말하는 것은, 우리가 알고 있는 내용이나 사물이 인식의 한계를 벗어나지 못했다는 뜻이다.

우리는 존재의 이치와 온전한 삶을 올바로 이해하지 못한다.

우리는 어떻게 존재하는가?

시간의 흐름을 일정한 단위로 나눌 수는 없겠지만, 어떤 일이나 현상이 일어나는 가장 짧은 시간의 단위를 통상적으로 '찰나'라고 표현한다. 이때 찰나는 우리가 헤아릴 수 있는 가장 짧은 시간의 단위다.

몸으로 느끼는 시간의 흐름은 나이가 들수록 머리칼은 희어지고 주름도 생기며 늙어가는 모습으로 나타나지만, 이 모양이나 상태는 어느 순간 갑자기 바뀐 것이 아니다. 순간순간 변화하는 모습들, 즉 찰나의 변화들이 겹쳐져 늙어가는 모습으로 드러난 것이다.

상태나 모양이 그와 같다면 어느 찰나의 '나'를 '나'라고 할 수 있는가?

바뀐다는 것은 같지 않다는 뜻이다. 찰나 찰나 달라지는 존재의 어느 순간도 동일한 존재로 지속되는 것이 아니며, 나를 '나'라고 하는 순간 역시 찰나적으로 지나가버린다. 그러므로 나를 '나'라고 해야 할 그 '나'는 어디에도 존재하지 않는다.

이처럼 존재하는 모든 것의 내재적 의미, 즉 있음의 의미를 탐구하는 관점에서는 이를 두고 '존재의 본질은 공(空)'이라고 한다. 이를테면 어느 순간의 '나'도 내가 아니라는 뜻이다. 이에 대해 모든 찰나 순간의 내가 '나'라고도 주장할 수 있겠지만, 이는 변화하는 존재들을 동일시하는 오류를 범하게 된다. 때문에 모든 찰나 순간의 '나'는 내가 아니게 된다.

이와 같이 생각하는 태도를 존재론이라 하며, 존재론적인 관점에서는 존재의 본질에 대한 직관을 내세워 존재의 본래 모습은 공(空)이라고 판단한다. 그러나 이와는 달리 모든 존재는 존재를 인식하는 주체로 인해 드러난다는 입장에서는, 대상 존재로서의 존재는 분명히 있다고 한다. 이를테면 대상을 보고 느끼며 판단한다는 것은, 존재가 찰나 찰나 변한다는 것을 아는 주체가 있다는 뜻이다. 이와 같이 모든 존재가 존재하고 있음을 확인하는 주체를 식(識)이라 한다.

붓다는 모든 것이 인식된 존재라는 사실을 깨달은 뒤, 인식의 과정과 인식의 주체를 탐구하기 시작했다. 이를테면 '무엇을 인식이라고 하는가?' '인식은 어떻게 일어나는가?' '인식으로 인해 어떤 일이 벌어지는가?'라는 문제를 가르침의 주제로 삼았다.

● 나가세나가 밀린다왕에게 말했다.
　'여기 어떤 사람이 등불을 켠다고 합시다. 그 등불은 밤새도록 탈 것입니다. 그렇다면 초저녁에 타는 불꽃과 밤중에 타는 불꽃이 같겠습니까?'
　'아닙니다. 같지 않습니다.'
　'그러면 초저녁의 불꽃과 밤중에 타는 불꽃과 새벽에 타는

불꽃은 다른 것입니까?'

'그렇지 않습니다. 불꽃은 똑 같은 등불에 의하여 밤새도록
탈 것입니다.'

'인간이나 사물도 그와 같이 지속되는 것입니다. 이것은 마
치 우유가 변하는 경우와 같습니다. 짜낸 우유는 얼마 후 엉
기게 되고, 다시 기름으로 변하게 됩니다. 만일 우유를 엉긴
우유나 기름과 똑 같다고 하는 사람이 있다면, 그 말이 옳다
고 하겠습니까?'

'그 말은 옳지 않습니다. 엉긴 우유와 그 기름은 우유를 바
탕으로 변한 것입니다.'

'인간이나 사물의 지속도 이와 같습니다. 생겨나는 것과 없
어지는 것이 별개의 것이지만, 앞서거니 뒷서거니 하면서 지
속되는 것입니다.'

「밀린다왕문경」

찰나 찰나 변하는 존재로서의 '나'와 존재의 존재함을 인식하는
주체로서의 '나'는 다른 존재가 아니다. 다시 말해 찰나 찰나 변하
기 때문에 '나'는 없다는 입장과 그것을 아는 주체는 있다는 견해
는 서로 다른 주장이 아니다. 동일한 존재를 다르게 나타낸 것이
아니라 단지 다른 입장에서 언급한 표현이다.

그러므로 '나'는 있기도 하고 없기도 하다. 존재론의 시각에서는
없지만 인식론의 관점에서는 있다. 따라서 존재에 대한 올바른 이
해는 '있다, 없다'란 양 극단에 치우치지 않는 데 있으며, 이것이야
말로 어느 한쪽으로 치우치지 아니하는 바른 인식(中道)이 된다.

그러나 존재의 존재함을 인식하는 주체로서의 식(識)은 존재의
있음과 변화를 분별하고 판단한다. 다시 말해 식(識)은 '나'는 일

정하지 않고 늘 변하는(無常) 존재라는 사실을 분명히 인식하지만, 경우에 따라서는 나를 '나'라는 실체로 착각하기도 한다. 식(識)이란 다름 아니라 '마음'을 달리 부르는 이름이다.

바로 이 마음이 존재의 변화도 알아차리지만, '나'와 '있음'도 자각한다. 나아가서는 '나'에게 의미를 부여하는 것도 '마음'이다. 그러므로 '나'는 마음의 작용으로 드러나게 된다.

마음은 어떻게 작용하는가?

어느 날 풀잎에 맺힌 이슬처럼 사라져버린 그 사람은, 사는 동안 세상의 모든 일들이 자신으로 인해 의미를 갖는다고 했다. 하지만 그가 사라진 지금에도 여전히 이 하늘과 이 땅은 여기에 그대로 있으며, 우리 역시 그 사람처럼 그렇게 사라질 것이다.

사는 것이 존재의 본래모습이라면, 죽음이란 한바탕의 연극이 끝난 뒤에 갖는 휴식의 시간일 것이다. 반대로 죽음이 본래의 모습이라면, 산다는 것은 조물주의 허락을 얻어 시공의 무대 위에서 펼치는 한 편 연극의 주인공이 되는 것이다. 어느 것을 체(體)로 보고 어느 것을 용(用)으로 보느냐는 단지 마음의 작용에 달려 있을 뿐이다.

어디에 인생의 의미가 있고 또 어디에 허무함이 끼어들 여지가 있겠는가.

'한 시각이 마치 삼 년과 같다(一刻如三秋)'는 말은 무언가를 기다리는 사람에게는 시간이 더디게 느껴진다는 뜻이다. 이와는 달리 인생이 '물거품(泡沫) 같다'거나 '전광석화(電光石火)'와 같다고 말하는 것은 사람의 한평생이 너무 짧다는 의미다. 그렇다고 주어진 시간이 각각 다른 것은 아니다.

더운 여름날 외투를 입은 채 더운 바람을 마주하고 앉은 이가 느끼는 시간의 흐름과, 낙엽 지는 가을날 사랑하는 이와 호숫가를 거니는 이가 느끼는 시간은 다르다. 객관적으로 주어진 시간은 동일하겠지만, 그것을 느끼는 마음의 작용은 상대적이다.

마찬가지로 늦은 나이임에도 학업에 대한 꿈을 버리지 못해 입학한 만학도의 시선에 비치는 강의실과 이제 갓 입학한 학생들이 느끼는 강의실이 다르게 다가오는 것 또한 그들의 마음 작용이 다르기 때문이다. 그래서 '마누라가 고우면 처갓집 말뚝보고도 절을 한다'고도 하며, '중이 미우면 가사까지 밉다'고도 한다. 뿐만 아니라 내가 좋아하는 것들이 다른 것보다도 더 또렷하게 보이고 들리는 것도 그렇다.

사람에 따라 대상이 각기 달리 보이고 다르게 느껴진다면 대상 자체가 달라지는 것인가?

물론 아니다. 대상이 사람에 따라 변화하는 것은 아니다. 단지 그것을 대하는 사람의 마음이 어떻게 작용하느냐에 따라 다르게 비칠 뿐이다.

결과적으로 '나'는 마음의 작용으로 드러나지만, 한편으로는 이 마음의 작용이 인식의 얼개를 만들어간다. 그래서 사람마다 각기 다른 짜임새를 갖게 되고, 그것이 결국엔 각기 다른 세상으로 느끼게 하며, 또다시 그에 대응하는 마음의 작용으로 나타나게 된다.

'나'는 곧 마음의 작용이다.

02

하나이면서 둘이고
둘이면서 하나다

　지난 세기 서구의 심리학자들(Freud, Jung)이 인간의 심리적 현상을 의식과 무의식으로 나눔으로써 심리학의 새로운 지평을 열었다고 한다. 무의식이란 깨어 있는 상태에서 자기 자신이나 사물에 대하여 인식하는 작용으로서의 의식에 맞서는 개념으로서 자신의 행위에 대하여 자각이 없는 상태를 말한다. 물론 이들은 무의식을 다시 전의식(前意識)과 본래의 무의식으로 나누기도 했지만, 동양에서는 이미 오래전에 이보다 더욱 세분화된 구조로써 마음의 작용을 밝히고 있다.

　유교(儒敎)에서는 모든 사람이 본디부터 가지고 있는 착하고 평등한 천성(本然之性)과 이것이 객관적 세계의 모든 대상과 접촉함으로써 나타나는 정(情)으로써 마음의 작용을 설명하고 있다. 사람이 본디부터 가지고 있는 심성이란 비록 사람이 만물의 영장이라 하더라도 자연법칙 속의 존재라는 대전제 아래 형성된 개념이다. 이에 따르면 사람이란 자연법칙과 함께하는 순수한 선(善)인 본래의 성과 더불어 타고난 기(氣)의 맑고 흐림에 따라 다르게 작용하는 기질지성(氣質之性)으로 형성되는데, 이 성(性)이 대상을 만나면서 선악이 작용하는 정(情)으로 드러난다고 한다. 이런 구도로써 마음(心)의 작용을 이해했지만, 여기에는 자연법칙과 사람이 하나(天人合一)라는 희망이 내재되어 있다.

이와는 달리 불교(佛敎)는 감각기관(五官)의 작용을 감지하는 전오식(前五識, 眼耳鼻舌身)과 그것을 통제하는 의식(意識), 그리고 심층의식으로서의 말나(末那, manas)식과 아리야(阿梨耶, Ariya)식의 구도를 설정하고, 의식과 심층의식 사이에 능변성(能變性)과 집적성(集積性)의 작용이 이루어진다고 하였다.

불교에서 말하는 마음의 작용이란, 일상의 경험들이 심층의식 속에 저장되지만(集積) 반대로 쌓여진 심층의식 속의 경험들이 다시 의식의 작용에 영향을 미치는(能變) 과정으로 보았다. 이는 곧 경험한 만큼 축적된 심층의식들이 세상을 보고 판단하는 인식의 폭과 내용을 결정한다는 의미다.

이처럼 불교나 유교 그리고 심리학에서 마음의 작용을 설명하기 위해 나름대로의 구도와 개념을 적용하지만, 사실 그것들이 의미하는 바는 다르지 않다. 심리학에서의 무의식이나 유교의 본연지성 그리고 불교에서의 심층의식이 어떤 방식으로든지 간에 의식과 연결되고 있으며 서로 간에 영향을 끼치고 있다는 사실도 마찬가지다. 그리고 이 과정 전체를 마음의 작용으로 이해하는 것도 동일하다.

그뿐만이 아니라 바로 이 마음의 작용이 세상을 분별하고 판단하는 틀을 형성한다는 것이다. 달리 말하자면 경험의 축적이 풍부하면 풍부할수록 그 사람의 세계는 더 넓어지고 더 깊어진다는 뜻이다. 우리의 경험에서도 알 수 있듯이, 처음 접하는 대상에 대해서 그것이 무엇이든지 간에 혼란스러워하는 것이 바로 그런 사실의 반증이다.

불교 유식학(唯識學)의 체계를 정립한 바스반두(Vasvandu, 世親)는 '물은 같은 물이지만 보는 것은 네 가지(一水四見)', 즉 다 같은 물이지만 천계(天界)에 사는 신(神)은 보배로 장식된 땅으로, 인간은 물로, 아귀(餓鬼)는 피고름으로, 물고기는 보금자리로 본다고 하였다. 사람은 사람이라서 물을 물로 보지만 물속의 고기가 물을 물로 보지 않는 것은, 존재의 상태가 인식의 수준을 결정하기 때문이라는 것이다.

존재의 상태가 인식을 결정한다는 뜻매김에는, 동일한 존재라 하더라도 경험의 축적이 풍부해질수록 더 넓은 세계를 이해할 수 있다는 의미도 포함되어 있다. 높이 나는 새가 멀리 보듯이 다양한 경험들은 우리를 더 높고 깊은 세계로 안내하게 된다. 이를테면 경험의 축적이 곧 세상을 바라보는 창의 크기가 되는 셈이다. 그런 의미에서 보면 '과거를 묻지 말라'는 말은 단지 희망사항 일 뿐, 잘못된 경험 또한 심층의식 속에 편입되면 사라지지 않는다.

여기서 한 걸음 더 나아가면, 어제는 오늘의 과거지만 오늘은 내일의 과거가 된다는 사실과 마주할 수밖에 없다. 그러므로 우리는 언제나 '오늘의 나는 어떻게 살 것인가?'의 문제로 고민해왔으며, 앞으로도 여전히 괴로워할 것이다.

바꿔 말하면 내게 주어진 이 삶을, '사회적 가치에 따라 정해진 성공과 출세라는 구도 속에 매달려 그것만을 추구하며 살 것인가?' 아니면 '욕망을 충족시키는 일에 삶의 의미를 두는 대신 본성의 온전함을 자각함으로써 나답게 살 것인가?'를 선택해야 하는 문제로 앞뒤를 재면서 머뭇거리게 된다.

우리가 그토록 바라는 행복이 사회적 가치의 성취단계에 따른 만족도에 달려 있다면, 사는 날까지 목적한 바를 이루기 위해 힘들고 괴로운 날을 보내야 할 것이다. 옛 이야기에서, 임금이 될 사주라는 말을 들은 이가 죽는 날 '짐이 붕어(崩御)한다'며 죽었다는 우스개처럼, 평생을 행복의 허상을 꿈꾸며 살았던 것과 다르지 않게 된다.

그런데 붓다는 존재세계에 주어진 객관적 진리, 즉 존재하는 것들의 피할 수 없는 숙명으로 '모든 것은 변한다(諸行無常)'는 사실에서 벗어날 수 없다고 선언하였다. 우주 만물은 시시각각으로 변화하며 한 모양으로 머물러 있지 않다는 뜻이다. 이는 단순히 비관적인 덧없음을 말하는 것이 아니다. 목적한 바를 이루거나 이루지 못한 것에 대하여 비관하거나 기뻐하는 것 역시 망상이지만, 그것 자체가 처음부터 존재하지 않는다는 의미다.

굳이 붓다의 선언이 아니라하더라도, '나'는 일정하게 지속하는 존재도 아니지만, 더군다나 나를 실체화한다는 것 자체가 망상일 뿐이다. '나'는 말할 것도 없지만 내 눈에 비치는 세상 또한 그렇고, 세상의 잣대로 분별된 성공과 출세 역시 마찬가지다.

그러므로 세상의 가치를 따라가는 대신 나답게 사는 길, 즉 본성의 온전함을 자각하는 길만이 허상에서 벗어날 수 있는 유일한 방법이다. 하지만 그 길은 매우 까다롭고 또한 미끄럽기도 하다. 그 길을 선택하는 일은 어렵지 않지만, 그 과정에서 우리는 수없이 많은 어려움을 만난다. 때때로 의식의 저 깊은 곳으로부터 울려 나오는 무상(無常)함에 대한 자각이 그 어려움을 능히 헤쳐 나갈 수 있게 다독거려주기도 하지만, 무엇보다도 온전함에 대한 체험이 깊어져야 그 길에 대한 확신도 단단해지기 때문이다.

달리 말하자면 오로지 한 번밖에 살 수 없는 내 삶을 후회로 마감하지 않고자 한다면, 이 사회가 요구하는 성공과 출세라는 가치에 무조건적으로 따르려는 생각이 문제라는 사실을 알아야 한다. 물론 그것이 문제라는 것을 알았다고 해서 온전함의 자각이 저절로 이루어지는 것도 아니지만, 현실의 삶에서 사회적 가치를 무시하기란 너무도 어려운 일이다. 그래서 그것이 매우 까다롭고도 미끄러운 길이라고 한 것이다.

성공과 출세의 유혹으로 다가오는 현실은 시도 때도 없이 '나'와 '나의 인생'을 고집하게 만들며, 과거와 현재와 미래로 이어지는 실체로서의 '나'를 믿고 싶은 욕망은 끊임없이 무상(無常)함의 진리를 잊게 만든다. 거기에다 인간이 만물의 영장(靈長)이라고 주장하는 인본주의(人本主義)의 허황된 신념들도 지금까지의 노력을 일시에 무너뜨린다. 때문에 어떤 이들은 가던 길을 멈추고 되돌아가기도 한다.

● 내가 자네와 논쟁을 했다고 가정해보세. 자네가 나를 이겼다면 자네가 옳고 내가 옳지 못한 것일까? 아니면 내가 자네를 이겼다면 내가 옳고 자네가 옳지 못한 것일까? 어느 한쪽이 옳고, 다른 한쪽은 그른 것일까? 우리가 둘 다 옳거나, 둘 다 그른 것일까? 그런 것은 나나 자네나 알 수 없는 것이네. 무릇 모든 사람들이 나름대로의 편견을 가지고 있거늘 우리가 누구를 불러다 그것을 판단하게 하겠나? 만약 자네와 의견이 같은 사람더러 판단해보라고 하면, 그는 이미 자네와 의견이 같은데 올바로 판단할 수 있겠나? 나와 의견이 같은 사람에게 판단해보라고 하면, 그는 이미 나와 의견이 같은데 올바로 판단할 수 있겠나? 그렇다고 나나 자네와 의견이 다른 사람에게 판단해달라고 한들 그 사람 역시 나나 자네와 의견이 다르거늘, 어떻게 올바로 판단할 수 있겠나? 마찬가지로 나나 자네와 의견이 같은 사람에게 판단해달라고 해도, 이미 나나 자네와 의견이 같으므로 올바

로 판단할 수 없는 것이네. 그러니 나나 자네 그리고 다른
사람들까지 모두가 알 수가 없는 것이지. 그런데 누구에게
의지하겠나?

「莊子」齊物論

인류의 사고를 주도해왔던 사상이나 이념들도 그렇지만, 어떤
주장이나 신념이든지 간에 그 이면에는 반드시 그런 생각을 하게
된 근거가 있다. 바로 그 근거의 모순을 꿰뚫어 알아차리지 못한
다면 우리는 항상 그 논쟁에 휘말리게 된다. 이를테면 인간본성의
선악논쟁에서 인간의 본성이 선하다(性善)고 주장한 맹자(孟子)와
악하다(性惡)고 강조한 순자(荀子)가 서로 다른 견해를 드러낸 것
으로 생각하지만, 사실 맹자는 사람의 심리적인 측면을 강조한 것
이며 순자는 생리적인 방면을 지적한 것일 뿐이다. 두 주장은 동
일한 대상에 대한 다른 의견이 아니라 대상의 다른 측면을 언급한
것이다.

이처럼 주장하는 근거를 올바르게 이해하지 못한 관점이 논쟁
을 불러오듯이, 어쩔 수 없다는 변명을 앞세워 주어진 세상의 가
치 속으로 자신을 밀어 넣는다면, 우리는 언제나 세상의 가치에
휘둘리게 될 것이다. 나를 '나'라고 고집하는 일도 마찬가지다.

그렇다고 나답게 산다는 것이 세상의 가치를 부정하라는 뜻은
아니다. 다만 그런 생각에 끌려가지 않을 수 있는 지혜의 눈이 필
요할 뿐이다. 성공과 출세의 달콤한 유혹이 나를 흔들 때마다 한
걸음쯤 물러서서 그것을 바라볼 수 있어야 한다.

● 장자와 혜시가 호수의 다리 위에서 노닐고 있었다. 장자가
   말하기를, '물고기가 유유히 노니는 것을 보니 물고기가 즐

거운가 보다.'라고 했다. 이에 혜시가 '자네가 물고기가 아
닌데 어떻게 물고기의 즐거움을 아는가?'라고 물었다. 그러
자 장자가 말하기를, '그렇다면 자네는 내가 아닌데, 어떻
게 내가 물고기의 즐거움을 모른다고 생각하는가?'라고 말
했다.

「莊子」秋水

　　많이 안다고 해서 지혜로운 것은 아니다. 물론 지식이란 과거 경
험의 결과로서, 미래의 일에도 적용할 수 있는 유용한 잣대임에는
틀림없다. 하지만 잣대 그 자체가 세상도 아니지만 미래는 더더욱
아니다.

　　우리의 삶은 마주하는 순간순간이 선험적(先驗的, a priori), 즉 한
번도 경험해보지 못한 상황이기 때문에 지나간 경험에 바탕을 둔
지식으로는 마주할 수 없다. 그러므로 때로는 지식을 넘어서는 직
관이 요구되는 것이며, 이 직관을 지혜라 한다. 다시 말해 지혜란
세상의 흐름에서 한 걸음쯤 물러서서 바라볼 수 있는 태도를 말하
지만, 거기에는 세상이 요구하는 가치가 그야말로 망상이요 허상
임을 깨닫게 하는 직관이 함께한다.

　　고상하고 폼 나게 살고 싶다면 사회적 가치에 순응하는 예행연
습이 필요하다. 하지만 우리의 삶은 반복되는 연습이 필요한 그리
고 각본대로 진행되는 연극이 아니다. 연극이라면 같은 순서로 되
풀이하는 연습이 필요하겠지만, 우리의 삶은 순간순간이 처음이
자 마지막이다. 삶의 물결이 밀려오는 대로 물결을 넘어설 수 있
는 지혜에 눈을 떠야 한다.

● 　어느날 엄양이라는 젊은 스님이 조주(趙州)스님을 찾아와서

인사를 드리며 말했다.

'한 물건도 없이 빈손 들고 와서 송구합니다.'

그러자 조주스님이 말했다.

'내려놓게.'

'가져온 것이 없는데 뭘 내려놓으시라는 겁니까?'

'그럼 도로 들고 있게.'

「碧巖錄」

윗사람을 뵐 때는 작은 선물이라도 있어야 체면이 선다고 생각하는 젊은 스님에게 조주스님은 필요한 것은 빈손을 부끄러워하는 체면이 아니라 마음을 비우는 자세라고 타이르고 있다. 조주스님의 가르침 역시 '나'와 '내 것'을 생각하는 어리석은 아집(我執)으로는 본성의 온전함에 다가갈 수 없다는 데 있다. 나를 생각한다는 것은 '나'를 실체화한다는 뜻이며, 그것은 온전함과는 거리가 멀다.

이처럼 세상의 가치와 지식으로는 온전한 자신을 만날 수 없다. 오로지 '나는 나다' '적어도 내가 이것은 해야 하는데'라는 선입견을 내려놓을 때 비로소 나답게 사는 삶, 다시 말해 본성의 온전함에 대한 자각이 자신의 내면에서 불을 밝히게 될 것이다.

그런데 '나는 나다'라고 믿는 그 믿음 자체가 잘못되었다고 하면, 사람들은 '다 내려놓고 나면 어떻게 하지. 아무것도 하지 말고 그저 가만히 있어야 하는가?'라는 의심을 일으킨다. 집착하는 마음을 내려놓으라는 것이지, 아무것도 하지 말라는 뜻이 아니다. 마음이 작용을 일으키되, 그 어느 것에도 매달리지 않게 작용을 하라는 것이다.

산다는 일 또한 순간순간 최선을 다하되 그 어느 것에도 매달리지 않아야 한다. 돈을 벌지 말라는 것이 아니다. 돈을 벌되 돈에 대한 집착을 하지 말라는 뜻이다. 돈에 대한 집착을 버리면 많이 벌어야 한다는 생각에서 벗어날 수 있다. 그렇게 되면 적게 벌어도 괴롭지 않을 수 있으며, 많이 벌었다면 언제든지 베풀 수 있게 된다. 마찬가지로 사랑을 하지 말라는 뜻이 아니다. 사랑을 하되 그 사랑에 집착해서는 안 된다. 상대를 진심으로 사랑한다면, 그 사람이 떠난다고 해도 나를 위해 잡지 말고 그를 위해 보내주어야 한다. 사랑하는 사람이 나를 떠난다는 것을 배신으로 생각하고 상대를 증오하는 것이 집착이다.

집착을 내려놓으면 '내가 한다'는 마음이 일어나지 않는다. 나아가 '나'라는 생각을 내지 않으면, 설령 괴로움이 닥치더라도 괴로움의 주체가 없으므로 괴롭지 않을 수 있다. 괴로움을 느끼는 '나'를 버렸으니 괴롭지 않은 것이다. 다만 괴로움이란 현상만 있을 뿐, 괴롭다는 느낌에서 자유로울 수 있게 된다. 이 자유를 '있는 그대로'의 온전함이라 한다.

그래서 온전함의 자각을 방해하는 것이 바로 이 '나'라고 하는 것이다. 이 '나'가 생각하는 '내 생각'이란 사실 나를 중심으로 '나'와 '나 아닌 것'을 나누는 자기중심적인 고집으로서, 온전한 세상을 분리하고 차별하는 편견일 뿐이다.

● 어떤 학인이 조주(趙州)스님에게 물었다.
　'어떤 것이 도(道)입니까?'
　'저 담 너머에 있다.'
　'그런 길을 묻지 않고 대도(大道)를 물었습니다.'
　'큰 길은 장안(長安)으로 뚫려 있지.'

「碧巖錄」

뜻글자로서 형성된 한자(漢字)는 다양한 이미지를 내포하고 있다. 여기서 말하는 '도(道)' 역시 길을 의미하기도 하지만, 때에 따라서는 이치나 방법 또는 기능 등을 나타내기도 한다. 조주스님은 이러한 도의 다양한 의미를 끌어와서 질문하는 승려의 의표를 찌르고 있다.

조주스님은 편견을 버리고 온전한 눈으로 본다면, 보이는 것마다 천지만물 그 자체로서의 도이자 법칙이라고 질책하고 있다. 하지만 선입견에 매달려 있는 제자는, '도는 무엇이다'라고 해야 도를 정의한 것으로 받아들인다. 내가 어디선가 들은 내용과 비슷한 이야기라야 답이라고 생각한다.

이와 같은 사실을 이해하기 전까지, 우리가 만나는 세상도 마찬가지다. 우리가 받아들이는 대상은 진정한 그 자체의 허상, 즉 우리의 생각에 의해 분리되고 나누어진 대로 이해되는 대상일 뿐이다. 달리 말하자면 여지까지 알고 있는 지식이나 관점으로는 세상을 온전하게 볼 수 없다.

우리에게 진정 필요한 것은 선입견에 매달리지 않을 수 있는 참된 용기다.

● 단하(丹霞)선사가 낙양(洛陽)의 혜림사(慧林寺)에 머물고 있을 때였다. 어느 추운 겨울날 하도 추워서 법당의 목불(木佛)을 꺼내다 불을 지폈다. 이것을 안 그 절 원주(院主)가 달려오더니 펄쩍 뛰며 고함을 질렀다.
'이럴 수가 있느냐?'
그러나 단하선사는 태연하게 말했다.
'나는 부처님을 태워서 사리(舍利)를 얻으려는 참일세.'

그러자 그 원주는 더욱 화를 내며 대들었다.

'목불인데 무슨 놈의 사리가 있단 말이오!'

이때 오히려 단하선사가 호통을 치며 말했다.

'만약 사리가 없는 부처님이라면 불을 땠다고 해서 나를 책

할 것이 없지 않느냐!'

「傳燈錄」丹霞天然

　나무로 만든 불상에서 사리가 나올 리는 없다. 불상이기 이전에 먼저 나무임을 본다면, 진정한 믿음은 나무로 만든 불상으로부터가 아니라 마음에서 우러나오는 일이라는 것을 알 수 있다. 단하 스님의 행동은 바로 그것을 보라는 것이다. 이것이야말로 지혜의 눈으로 세상을 보는 일이며, 허상에 매달리지 않는 용기다.

　이처럼 허상에 매달리지 않으려면 지혜의 눈이 필요하지만, 지혜를 얻기 위해 거창한 계획을 세우거나 힘든 수행을 지속해야 하는 것은 아니다. 그것은 단지 '있는 그대로' 세상을 바라보는 일일 뿐이다.

● 마음이 바르다면 계율이 무슨 소용 있으며,

　행실이 바르다면 참선이 왜 필요한가.

　은혜를 알아 어버이를 섬기고,

　믿음으로 서로를 사랑하라.

　겸손과 존경으로 위아래 화목하고,

　참으면 나쁜 일들 조용히 사라지네.

　진리는 그대 마음에서 찾아야 하거늘,

　어찌하여 밖으로만 찾아 헤매나.

「六祖壇經」疑問品

온전한 삶 그리고 나답게 사는 삶이란 계율을 지키거나 경전을 읽음으로써 느낄 수 있는 일시적인 안도감이 아니다. 그것은 일상 속에서 자연스럽게 생활화되는 행동이다. 일상의 사소한 문제들뿐만 아니라 삶의 본질을 꿰뚫어 볼 수 있는 사건이나 기회까지 편안함으로 연결되어야 진정으로 그 삶이 온전하게 될 것이다.

이처럼 일상적인 행위 하나하나가 온전한 마음으로 드러난다면, 그것이 곧 깨달음으로 사는 일이 된다. 온전하게 산다는 것 또한 어떤 특별한 방법이 아니다. 단지 현재 머무는 곳에서 온전한 마음으로 있는 그대로 본다는 뜻이다. 거기에는 올바른 규범이라든가 올바른 노력 등의 요구사항이 필요한 것은 아니다. 오로지 마음을 집중하고 일어나는 현재의 순간을 분별 없이 알아차리는 것일 뿐이다.

거기에는 작은 것 하나에도 감사할 줄 아는 마음이 저절로 일어나고, 다른 이의 아픔에도 함께하는 마음이 자라게 된다. 이런 마음으로 삶을 대한다면, 산다는 일 자체가 모두 환희요 충만함일 것이다.

● 자세히 보니,
　냉이꽃 피었구나.
　생 울타리 옆.

　　　　　　　　　　　　　　　바쇼(芭蕉)

보아도 보이지 않는 사람과 보고 느끼며 가는 사람의 길은 같은 길을 갔다고 생각하지만 사실은 전혀 다른 길이 된다. 존재하는 모든 것들은 홀로 존재하는 것이 아니라 중중무진(重重無盡)의 연기

(緣起)로 이루어져 있다. 비록 하나의 작은 들꽃이라 하더라도 그 안에 존재하는 모든 것의 이치가 함께하고 있다. 마찬가지로 떨어지는 나뭇잎 하나에서도 변화하는 존재의 현상을 알 수 있으며, 발길에 차이는 돌멩이 하나에서도 우주의 조화를 읽을 수 있다.

온전한 마음으로 삶을 마주한다면 거기에 진정한 행복이 있고 편안함 또한 자리 잡게 된다. 세상이 변하는 것도 상황이 변하는 것도 아니다. 다만 끌려 다니며 흔들리는 우리의 마음이 있을 뿐이다.

● 남해의 법성사(法性寺)에서 인종(忍宗) 법사가 『열반경』을 강의하고 있을 때였다. 마침 바람이 불어 깃발이 흔들리자 두 스님이 서로 다투었다. 한 스님은 바람이 움직인다고 했고, 다른 스님은 깃발이 움직인다고 했다. 곁에서 이 광경을 지켜보던 혜능(慧能)이 한마디 했다. '움직이는 것은 바람도 아니고 깃발도 아니고 그대들의 마음이다.'

『六祖壇經』

구체적인 현실을 떠나서 존재의 의미를 생각할 수도 없지만, 마음의 본성을 올바르게 이해하지 않고서는 온전한 삶을 살 수는 없다. 생각해보면 우리는 스스로 자신의 뜻대로 산다고 하지만, 사실은 마음의 본성을 알지 못하는 어리석음으로 말미암아 제멋대로 분별한 여러 가지의 모습에 취해 한바탕 꿈과 같은 삶을 살 뿐이다.

● 원효(元曉)와 의상이 당나라로 가고자 백제 땅의 서해안 당진에 이르렀으나 중도에 심한 폭우를 만나 길 옆의 토감 사

이에 몸을 숨겨 회오리바람과 습기를 피했다. 밤중에 심한 갈증으로 웅덩이에 고여 있는 물을 손으로 움켜 마셨을 때 맛이 좋았는데, 이튿날 아침에 그 물이 시체가 썩어 고인 것임을 알고 심한 구토를 하였다. 이에 원효는 '마음이 생긴 즉 모든 것이 생기고, 마음이 사라지니 모든 것이 사라진다(心生卽種種法生 心滅卽種種法滅).'고 읊고는 당나라고 가는 길을 포기하고 신라로 돌아갔다.

「林間錄」

  원효스님이 깨달았던 이치는 우리 또한 언제 어디서라도 깨달을 수 있다. 마음을 내기에 따라 대상이 전혀 다르게 인식되는 것처럼 세상은 오로지 마음의 작용에 의해 드러나고, 모든 존재 역시 오직 마음으로 인해 다가오거나 멀어져간다.

  마음이란 그 자체로는 마음이 아니며 대상으로 인해 마음이 일어난다. 대상 또한 그 자체로는 대상이 아니라 마음으로 인하여 대상이 된다. 이를 이해할 수 있다면 '나'는 마음이기도 하지만 몸이기도 하다는 사실도 알 수 있다. 몸과 마음은 둘이면서 하나요(二而一), 하나이면서 둘이다(一而二). 이것이 몸과 마음의 올바른 이해다.

  「백유경(百諭經)」에서는, 육도(六道)의 윤회 가운데 사람으로 태어나는 인연은 지극히 어렵다고 하였다. 하지만 사람으로 태어났다고 해도 사람다운 사람으로 살기도 어렵고, 깨닫고 살기는 더더욱 어렵다고 했다. 세상만사는 오로지 마음 짓기에 달려 있으니, 어떻게 살 것인가 또한 우리의 마음에 달려 있을 뿐이다.

2부

행복한 삶

03

확
신
의

올
가
미

●

우리는 가끔 자신의 삶이 보잘것없다고 생각하면서 '만약'을 앞세운 엉뚱한 상상의 세계에 빠져들기도 한다. 경우에 따라서는 단 하루만이라도 지금의 상황에서 벗어나고 싶다는 생각이 마음을 흔들어놓는다. 어렵사리 진학한 대학에서도 전공수업보다 자격증에 집착하는 학생들도 그렇고, 힘들게 입사한 회사에서도 퇴근 후 상사를 안주 삼아 술잔을 기울이는 것도 마찬가지 이유에서다.

이처럼 지금 그리고 여기를 부정하고 싶은 마음이 생기는 것은, 주어진 상황이 숨 막히기 때문이다. 하지만 생각해보면 여기까지 오기 위해 그토록 애를 썼으면서도, 한편으로는 이 자리를 떠나고 싶어 하는 것은 기막힌 아이러니다.

어쩌다 어설프게라도 떠날 기회가 주어지면, 해결해야 할 사소한 문제까지 억지로 기억해내고서는 자조 섞인 푸념을 곁들이며 그냥 슬그머니 꼬리를 내린다. 어렵사리 마련한 여행의 기회조차도, 해야 될 일과 주변의 상황을 중얼거리면서 다음으로 미룬다. 그리고 오래지 않아 그렇게 하지 못한 것을 후회한다.

마음을 내었다가 다시 접고, 떠나려고 일어섰다 주저앉는 일의 반복이다. 어쩌면 우리 인생은 다람쥐 쳇바퀴 돌 듯 이와 같은 과정을 되풀이하다 어느 날 흔적도 없이 허망하게 사라지는 한심하고 초라한 것인지도 모른다. 돌이켜보면 우리의 일상에서 수 없이 거듭되는 일이지만, 그래도 여전히 그런 충동을 버리지 못한다.

지금이라도 떠날 수 있다면 잠시 동안만이라도 자신이 겪고 있는 골치 아픈 문제들을 피할 수도 있으리라는 생각 때문이다. 물론 그럴 수도 있다. 가령 주위 사람들과의 관계에서 생긴 갈등이나 풀리지 않는 매듭으로부터 벗어나 남들이 모르는 곳에 잠시라도 잠적한다면, 주위의 껄끄러운 관계나 복잡한 일들로부터 벗어날 수는 있을 것이다.

그러나 그렇게 숨어버린다고 끊임없이 떠오르는 생각까지 지울 수 있을까?

자신을 힘들게 하는 괴로움과 불안함으로부터 벗어날 수 있을까?

● 아주 늦은 밤, 나스레딘이 가로등 아래에서 뱅뱅 돌고 있었다. 밤늦도록 놀다가 귀가하던 이웃 남자가 그 곁을 지나게 되었다.
'이 늦은 시간에 도대체 뭘 하고 있는 건가, 나스레딘?'
'집 열쇠를 잃어버렸어.'
'걱정하지 말게. 내가 찾는 걸 도와줄 테니.'
이웃 남자는 나스레딘과 함께 열쇠를 찾기 시작했다. 그들은 돌, 낙엽, 흙을 들춰가며 샅샅이 뒤져보았지만 소용이 없었다. 열쇠는 흔적도 없었다.
'나스레딘, 열쇠를 여기서 잃어버린 게 분명한가?'
'아니, 저기 다른 골목에서 잃어버렸어.'

'그런데 왜 여기서 찾고 있나?'

'저기는 캄캄한데 여기는 빛이 있어 밝기 때문이지.'

「이슬람의 현자 나스레딘」

이 이야기는, 문제란 바로 자신에게서 비롯된다는 사실을 일러주는 모든 가르침에서, 주인공의 이름만 바뀌어 나타나는 동일한 내용이다.

얼핏 생각하면 누구라 할 것 없이, 이야기의 주인공이 어처구니 없다고 느낄 것이다. 이유는 말할 것도 없이 물건을 잃어버린 곳이 아니라 엉뚱한 곳에서 찾고 있기 때문이다. 하지만 이 어리석은 사람의 행동이 다름 아니라 바로 우리의 모습이다.

우리는 이런 식으로 세상을 살고 있다. 괴롭고 골치 아픈 일들은 덮어버리고, 밝고 즐거운 쪽만을 선택하면 모든 것이 해결될 것이라고 생각한다. 그래서 '이번 문제만 잘 처리되고 나면…' '이 일만 이루어지면…' 모든 것이 아름다워질 것이라고 끊임없이 중얼거리며 자신에게 주문을 걸고 있다. 이를 두고 심리학에서는 사람의 나이가 열 살을 넘지 않는다고 한다. 마치 열 살짜리 아이가 생각하는 것과 같다는 뜻이다.

원하는 학교에 들어가기만 하면 젊음의 낭만을 만끽할 수 있으리라 생각한다. 하지만 막상 진학을 하고 나면 취업문제가 걱정거리로 다가 서게 된다. 졸업 즈음에 이르러서는 직장문제만 해결되면 진정 아름다운 시절이 펼쳐질 것이라고 꿈꾸지만, 결혼과 집 장만, 자녀 교육 등등의 어려움들이 또다시 우리를 기다리고 있다. 죽음에 이르기까지 끊임없이 '만약'이라는 주문을 외우지만, 또 다른 문제들이 기다리는 반복적인 과정을 되풀이하면서도 정작 우리는 그것을 모른다.

문제는 자신에게 있는데도 다른 사람 탓을 하고, 사회를 원망하고, 환경 때문이라고 한다. 마치 열쇠를 잃어버린 곳이 어둡고 컴컴한 곳 인줄 알면서도 환하고 밝은 곳에 있다고 믿고 싶은 나스레딘처럼 행동한다.

　생각하기 싫은 괴롭고 부끄러운 일들은 어둠 속에 묻어둔 채, 밝은 곳으로 나오면 전혀 다른 세상이 열릴 것이라고 믿는다. 어디 먼 곳으로라도 떠나면 문제가 사라질 것 같다는 착각에 빠지기도 한다. 하지만 그리 오래지 않아 우리는 떠나고 싶다는 그 생각까지도 다시 자신을 괴롭히고 있다는 사실을 발견하게 된다.

　경우에 따라서는 순간적으로 문제를 회피함으로써 일종의 안도감을 느낄 수는 있지만, 분위기가 바뀌면 문제들은 또다시 다가온다. 마치 구두쇠가 주위 사람들의 눈총이 싫어 이사를 가더라도, 자신의 태도를 바꾸지 않는 한 머지않아 똑같은 시선을 받을 수밖에 없는 것과 마찬가지다.

　누구나 짜증 나는 현실을 피하고 싶다.

　'어디까지 피할 수 있을까?' '그것으로부터 벗어날 수 있을까?'

● 도신(道信)이 승찬(僧瓚)에게 말했다.

　'스님, 자비를 베푸시어 해탈하는 법문을 일러주소서.'

　승찬이 말했다. '

　누가 너를 속박했더냐?'

　'아무도 결박하지 않았습니다.'

　'그렇다면 왜 해탈하고자 하는가.'

「傳燈錄」僧璨大師

괴로움을 벗어나고자 답을 찾아 나선 제자에게, 스승은 '문제는 스스로 만든 것이고, 그 답 또한 자신에게 있다'고 한다.

어디를 간다 하더라도 가는 사람은 그 문제를 안고 있는 자신이다. 마음속의 괴로움과 두려움 그리고 고독감을 느끼고 있는 자신을 벗어날 수는 없다. 밝은 곳에서 아무리 찾아봐도 어두운 곳에서 잃은 열쇠를 얻지 못하듯이, 떠난다고 해서 해결될 문제는 아니다.

갈등과 후회와 불안함으로부터의 자유란 떠남으로써 얻어지는 순간적인 안도감이 아니다. 자유란 순간적인 도피로써 얻을 수 있는, 즉 구속하는 조건이 사라질 때 누릴 수 있는 해방감은 더더욱 아니다. 진정한 자유란 어떤 구속이 있더라도 거기에 매달리지 않을 때 나타나는 편안함이다. 이는 곧 갈등과 불안함이 '지금, 여기'서 해소되어야 진정한 자유를 만끽할 수 있다는 의미다.

아침부터 짜증 나는 일이 생기면 우리는 하루 종일 우울해지고 사소한 일에도 화를 내게 된다. 생리학적인 변화로 본다면 화를 내는 행위는 심장의 박동 수를 늘이게 되고, 그렇게 되면 자연히 혈압은 올라가게 된다. 혈압이 올라가면 혈관은 수축되어 탄력을 잃고 만다. 이런 상황이 지속되면 혈관이 버텨내지 못하는 지경에 이를 수도 있다. 이것이 흔히 말하는 중풍(中風)이라는 무서운 병이다. 이는 곧 화를 낸다는 행위는 단지 마음에서만 그치는 것이 아니라 생리순환에도 영향을 끼쳐 치명적인 일까지 일어날 수 있는 상태로 연결되어 있다는 뜻이다. 자신도 모르게 화를 낸 일이 자신의 생명을 위협하게 된다.

이런 사실을 모르지도 않는데, 일상에서는 시도 때도 없이 짜증이 나고 떠나고 싶은 충동이 일어난다. 그 이유야 수없이 많을 터이지만, 단도직입으로 말하자면 '사는 것이 힘들다'고 느끼기 때문이다. 그래서 누군가는 '사는 것이 전쟁'이라고 했다. 설령 전쟁까지는 아니라 해도, 누구라고 할 것도 없이 사는 동안 진정으로 마음 편한 상태를 경험하기가 어렵다. 때문에 '내 심정 누가 알겠느냐?'는 말을 입버릇처럼 달고 다닌다.

● 원율사(源律師)라는 이가 와서 물었다.
 '화상(和尙)께서도 도를 닦으실 때에 공력(功力)을 들이십니까?'
 '그렇다. 공력을 들인다.'
 '어떻게 공력을 들이십니까?'
 '배고프면 밥을 먹고, 피곤하면 잠을 잔다.'
 '다른 사람들도 모두 그러하니, 스님과 같이 공력을 들인다 하겠습니까?'
 '같지 않다.'
 '왜 다릅니까?'
 '그들은 밥을 먹을 때에 밥을 먹지 않고 백 천 가지 분별을 따지며, 잠을 잘 때엔 잠을 자지 않고 백 천 가지 계교를 일으킨다. 그것이 다른 까닭이다.'

「傳燈錄」大珠慧海

아침에 일어나서 잠들기까지, 아니 모든 것으로부터 벗어나 편안하게 휴식한다고 생각하는 잠든 시간조차도, 우리는 온전한 휴식을 취하지 못한다. 이리저리 뒤척이고, 긴장되고, 더구나 악몽으로 시달리는 우리의 잠자리는 결코 편안하다고 할 수 없다. 거기에다 꿈속에서 보거나 경험했던 사건이나 일들을 또다시 짜 맞추고 꿈 해몽을 뒤적거리며 우리 스스로를 구속하고 있다. 우리는 그렇게 산다.

여기에 한 술 더 떠서 '사는 것이 다 그런 것'이라고 중얼거리며 포기하거나, 아니면 이내 체념해버리곤 한다. 단지 그것만이라면 그래도 나은 편이라 할 수 있다. 심각한 문제는 주위 사람들의 일에까지 간섭하면서 그와 같은 생각에 동조하기를 요구한다.

단 한 번만이라도 스스로의 생각을 되짚어보면 힘들어하는 문제가 어디에서 비롯된 것인지를 헤아려볼 수 있다. 여러 말 할 것도 없이 산다는 일이 내 생각처럼 그렇게 되는 것이 아니기 때문이다. 하지만 사실상 머릿속에서 끊임없이 일어나는 생각이란 내 스스로 짜 맞추고 끼워 넣은 상상의 이미지일 뿐이다.

이런 이치만이라도 깨달을 수 있다면 우리는 더 이상 괴로움에 시달리지 않을 수 있다. 이를테면 '이것은 단지 나 혼자서 짐작하는 것일 뿐, 내가 고민하는 일들 가운데 대부분은 실제로 일어나지 않는 일들'이라고 자신을 다독거린다면, 우리는 너무도 간단하게 괴롭다는 생각에서 벗어날 수 있다.

꼬리를 물고 일어나는 생각이란 단지 상상으로 연결한 이미지임을 깨닫게 되면, 괴롭고 불안한 생각에서 벗어나는 일은 언제 어디서라도 가능하다. 뿐만 아니라 불안한 생각이 다시 일어나더라도 그것 역시 우리를 흔들거나 구속하지는 않는다. 마치 수면에 손가락으로 그림을 그리면 그리는 동시에 사라져버리는 것처럼, 걱정되고 불안한 생각 역시 생겼다 사라지는 그림과 같게 될 것이다.

그러나 우리가 반드시 알아야 할 것은, 설령 괴롭거나 불안한 생각이 끊임없이 일어나더라도 생각 자체가 결코 나쁜 것이 아니라는 점이다. 상황에 따라 일어나는 생각을 감출 수는 없다. 우리의 삶에서 정작 중요한 것은, 더 이상 생각에 따라 흔들리지 않는 일이다. 꼬리에 꼬리를 물고 이어지는 생각을 따라가지 않는다면,

우리는 괴롭고 불안한 생각으로부터도 자유로울 수 있다.

　그러나 스스로 세상의 괴로움을 모두 당한다고 느끼는 사람들은 자신이 원하는 것을 얻지 못한다고 또는 자신이 원하지 않는 일을 하고 있다는 생각으로 끊임없이 괴로워한다. 하지만 세상은 나 혼자가 아니며 괴로움 또한 나 혼자만 겪는 일도 아니다. 더구나 괴로움이라는 것조차도 확실하게 다가오는 그 무엇이 아니라, 내가 보는 세상에 대한 편견일 뿐이다.

● 영훈(靈訓)이 귀종(歸宗)에게 떠나겠다고 하니, 귀종이 물었다.
　'자네는 어디로 가려는가?'
　'영중(嶺中)으로 가겠습니다.'
　'자네가 여기에 여러 해 있었으니, 짐을 꾸려놓고 잠시 들러라.'
　영훈이 짐을 꾸려 떠나기 전에 귀종에게 들렀다.
　귀종이 말했다.
　'가까이 오너라.'
　영훈이 그의 앞으로 다가서니, 귀종이 말했다.
　'날씨가 차가우니 가는 길에 조심하거라.'

「傳燈錄」靈訓禪師

　아마 제자는 오랫동안 스승을 모신 결과에 대한 보상을 기다렸는지도 모른다. 그래서 스승이 마지막 가는 길에 들르라 하니, 내심 기뻐하며 그 무엇을 기대했을 것이다. 하지만 스승의 응답은 전혀 엉뚱하였다.
　'네 생각대로 세상을 재거나 자르지 마라!'

사람들은 '그렇게 할 수밖에 없지 않느냐'고 목소리를 높인다. 배운 대로 행동하는 것이야말로 너무나 당연한 사실이라고 생각한다. 그렇게 할 수밖에 없다는 것은 세상의 가치에 순응한다는 뜻이지만, 세상의 가치란 결국 인간의 합의된 욕망일 뿐이다. 괴롭다는 것 역시 욕망의 충족을 삶의 의미로 해석하는 현실에서 이루지 못한 불만족을 그대로 받아들이거나 아니면 거부함으로써 애착이나 미움을 끊임없이 연결하고 있다는 증거다.

　달리 말하자면 생겨났다 사라지는 감정을 있는 그대로 받아들이지 못하거나, 아니면 집중적으로 그것에만 매달리기 때문에 괴로움이 생긴다. 그런데 그 사실을 우리는 이미 알고 있으며, 해결 방법도 모르지는 않는다. 단지 문제는 애착이나 미움을 내려놓기가 쉽지 않다는 점이다. 그래서 우리는 고민하며 산다. 심지어 그 고민을 인생의 의미로까지 거창하게 생각하기도 한다.

　흔히 우리가 '무엇에 대해서 안다'고 할 때의 앎이란 크게 두 가지의 뜻을 지니고 있다. 하나는 경험과 지식이라고 말하는 일반적인 의미이며, 또 하나는 안다는 것 그 자체로서, 지식을 습득하고자 하는 자신에 대한 앎이다. 지금까지 우리는 우리가 알고자 하는 지식과 사회적 가치에 대해서는 충실했을지 몰라도, 그것을 알고자 하는 우리 자신에 대해서는 너무 무관심했다.

　말할 것도 없이 지식이란 학습을 통해 많은 사람들이 알아왔던 그 앎의 결과로서, 과거의 것이며, 대상에 관한 것이며, 경험한 것들이다. 우리가 교육이라고 생각하는 것이 바로 지난 경험의 결과인 지식만을 습득하려 하는 것이며, 그렇게 훈련되어왔다. 그러나 교육을 통해 얻는 지식보다 더욱 중요한 것은 '왜 그것을 알아야 하는가?'에 대한 앎 그 자체다. 하지만 우리는 '왜 배우고자 하는가?' '배움으로써 어떤 삶을 살 것인가?'를 배우지는 않았다.

사람은 자신이 받아들인 지식이나 사회적 가치를 바탕으로 대상을 판단하지만, 그 판단으로부터 부딪힘과 고통을 겪게 된다. 때문에 자신의 관점으로 판단한 확신이 강하면 강할수록 다른 주장과 타협할 수 없게 되고, 자기만족 쪽으로 세상을 살게 된다. 그렇게 되면 사는 것이 투쟁의 연속일 수밖에 없다. 그러나 우리는 그것을 또 '사는 게 다 그런 것이 아니냐?'고 하면서 자기합리화를 시도한다. 그러다 보면 결국에는 자신의 틀, 즉 '자기'라는 고독한 감옥 안에 스스로 갇히게 된다.

　문제는 바로 여기에 있다. 지식과 판단 그리고 주장으로 이어지는 과정이 우리 스스로를 가두는 확신의 올가미가 된다. 때문에 바로 이런 과정을 알아차려야 하는 자신에 대한 앎 자체가 더욱 중요하다. 이 또한 우리가 잘 알고 있지만, 스스로를 되돌아보는 기회를 갖지 않는다. 오히려 자신의 견해만을 앞세워 상황을 판단하고, 또 그 판단을 근거로 결정한 일들이 우리의 삶을 고통과 괴로움으로 얼룩지게 할 뿐이다.

04

어떻게 살 것인가 •

자기 자신을 안다는 것은 지금까지의 경험과 지식으로 세상을 분별하고 판단하는 일이 과연 옳은가를 되물음으로써 온전한 삶의 의미를 깨달아가는 과정이다. 그것은 생각이 일어나고 사라지는 순서를 살피는 가운데 변화하는 현상과는 다른 전제가 개입되지 않았는지를 확인하는 일이다. 이와 같은 일을 흔히 되돌아보기라고도 한다.

되돌아보기는 대개 '나는 누구인가?' '왜 내가 여기 있는가?' '나는 어디로 가고 있는가?' '나는 왜 이 일을 하는가?'와 같은 질문을 통해서 이루어진다. 이 물음들은 단도직입으로 나는 어떻게 살고 있으며 또 무엇을 위해 사는가를 생각하게 만들지만, 한편으로는 이런 질문의 과정 자체가 존재의 의미를 다시금 생각하도록 이끌기 때문에 자신을 알아가는 결정적인 기회가 되는 것이다.

스스로에게 이런 질문을 던짐으로써 자신의 삶을 돌아보는 일에는 특별한 훈련이나 기술이 요구되지는 않는다. 다만 우리의 삶이 너무도 빠르게 바뀌는 세상의 변화와 새로운 것들에 치우쳐 있다는 사실을 알아차리면 되는 일이다.

비바람이 몰아칠 때 창문을 열어두게 되면 집안의 물건들이 뒤죽박죽이 되는 것처럼, 빠르게 변해가는 세상의 흐름에 눈길을 두게 되면 우리의 생각은 혼란스러워지기 때문이다. 이를테면 되돌아보기란 비바람이 칠 때 문을 닫는 일과 다르지 않다. 세상의 변화에 무조건 따라가야 한다는 강박관념을 진정시킬 수 있을 때, 비로소 우리의 생각은 흔들리지 않을 것이다.

사실상 우리가 사는 세상을 '자본주의'라고 표현하는 것도 그렇지만, 우리 자신을 '소비자'라고 지칭하는 어투에는 '소비하는 자'라고 하찮게 여기는 모멸감이 묻어 있다. 거기에다 자본의 논리로 무장한 기업들은 유혹적인 광고를 통해 억지 구매를 유발시키고는 '공급이 수요를 창출한다'는 황당한 논리까지 만들어내고 있으며, 우리 역시 실속도 모르고 남이 하는 대로 좇아서 앞뒤 가리지 않고 저질러버리는, 이른바 '지름신'의 강림을 연출하고 있다.

그렇게 이루어진 얼개 속에서 우리는 오로지 '티내고, 폼 잡고, 힘주는' 일로써 나와 남을 나누는 일에 열중하고 있다. 그것은 사실 얼마나 많이 지니고, 얼마나 많이 누리느냐의 잣대로 평가되는 '껍데기'에 매몰되어 있다는 뜻이다. 그 껍데기뿐인 '나'를 언제나 '나'라고 생각하는 것이 문제의 핵심이지만, 그 '나'란 지금까지 그렇게 믿도록 만든 헛된 믿음들의 뭉치일 뿐이다.

그렇다 보니 우리의 일상 또한 '지금, 여기'의 문제가 아니라, 과거와 미래에 대한 후회와 불안으로 채워져 있다. 한 번만이라도 자신을 되돌아본다면, 삶의 대부분은 과거에 대한 회상이나 미래에 대한 기대로 흘려보내고 있음을 알 수 있다. 이는 곧 몸은 '지금, 여기'에 있지만, 마음은 과거나 미래에 있다는 뜻이다. 몸과 마음이 따로 따로 분리되어 있다면, 그것만으로도 '나'는 내가 아니라는 사실은 분명하다.

이런 이치를 알아차린다는 것도 쉬운 일이 아니지만, 몸과 마음을 함께한다는 것은 더더욱 어렵다. 지금 이 순간 단순하게 숨을 들이쉬고 내쉬는 호흡에 주의를 기울인다 해도, 아마 우리는 너무도 빨리 숨쉬기에 집중하는 일에서 벗어나 있다는 사실이 그것을 말해준다. 이는 우리의 몸과 마음이 항상 '지금, 여기'에 있다는 느낌에 익숙하지 않다는 것을 의미한다. 이것이 바로 우리가 스스로를 되돌아보아야 하는 이유이기도 하다.

하지만 자기 자신을 알아야 한다는 말 자체가 우리를 혼란스럽게 만드는 것도 사실이다. 생각해보면 우리의 일상적인 생각과 태도에는 '본성'이라든가 '마음'이라는 말을 생뚱맞게 여기는 분위기가 만연되어 있다. 이는 말할 것도 없이 물질적 가치를 우선시하는 사회적 분위기에 우리 스스로 매몰되어 있기 때문이다. 뿐만 아니라 우연한 기회에 자신의 삶을 되돌아보게 하는 사건에서 느껴지는 부끄러움이나 반성을 어떻게 처리해야 할지 모른다는 것도 문제다. 이런 이유들로 인해 우리는 자신을 알아야 한다는 말에 어찌할 바를 모른다.

자기 자신을 알아가는 과정에 대한 실천의 내용과 방법을 흔히 명상(瞑想, meditation)이라고 표현하지만, 명상은 매우 포괄적인 의미를 지니고 있다. 명상을 행하는 방법은 인류의 역사와 더불어 지역과 문화적 환경에 따라 다양하게 나타났으며, 각기 나름대로의 수행법을 제시하고 있다. 이를테면 요가(yoga)도 명상법이며, 위빠사나(vipassana)도 명상법이다. 단학(丹學)이나 선(禪) 그리고 기독교의 묵상(黙想)이나 이슬람교의 수피즘(Sufism) 등과 같이 종교마다 지역마다 또 다른 이름으로 된 수행법들이 모두 명상에 속한다. 이처럼 서로 다른 이름으로 전해진다 해도 이들의 공통점은 자신의 내면을 들여다보는 되돌아보기에 있다.

그런데 되돌아본다는 말에는 지난날을 회상하며 지금의 현실을 비추어본다는 의미도 내포되어 있다. 스스로의 행동을 관찰한다는 이미지로 인해 일부 사람들은 이런 태도로 세상을 대하는 것은 염세주의와 다르지 않다고 한다. 하지만 이렇게 말하는 사람은 염세주의의 의미도 제대로 이해하지 못한 사람이다.

흔히 세상을 보는 태도를 염세주의 또는 낙관주의라고 판단하는 방법이 있지만, 이는 진리를 지나치게 간소화시킨 표현이다. 염세적인 태도란 일반적으로 주어진 여건을 부정적으로 느끼고 판단하는 경향을 말한다. 이를테면 어떤 일에 대해서 부정적인 자기 암시를 확신함으로써 자신의 생각을 정당화하고 거기서 마음의 안정을 얻고자 하거나 안 될 것이라는 확신을 느낌으로서 오히려 마음의 안정을 취하고자 하는 태도를 말한다. 때문에 이런 태도는 결과적으로 어떤 일이든 간에 나쁜 쪽으로 치닫게 되어 삶이 불행으로 이어지는 일을 막지 못하게 된다.

기분이 나쁘다거나 짜증스러운 감정이 생길 때 그런 감정은 내 밖의 어떤 상황이 나를 그렇게 만든다고 느끼지만, 사실 그런 감정은 바로 내 자신 속에서 일어난 것이다. 그런데 의외로 기분 나쁜 느낌을 예측하면서도 그것을 통해 오히려 정서적으로 자신의 근거를 마련해가는 사람이 있다. 이를테면 '안 될 거야' '아플 거야' '잘못했다고 사과해도 용서하지 않을 거야'라고 스스로에게 말하거나, 거기서 더 나아가면 '이 일을 하면 다른 사람들이 나를 비웃을 거야. 그래 하지 말자'라는 이유를 만든다.

이처럼 부정적인 근거를 마련한다고 해서 이런 사람이 행복해지고 싶은 욕망이 없는 것은 아니다. 마음이 아프지만 살면서 그렇게 자주 행복감을 느낄 수 없다는 사실을 잘 알기 때문에, 미래에 일어날 일들이 아름다울 것이라는 기대를 하지 않을 뿐이다. 바로 이와 같은 태도를 염세적이라 한다.

자기 자신을 알아간다는 것은 이런 태도와 감정이 내 삶 속에 있지 않은지를 돌아보는 일이기도 하다. 자신의 내면을 되돌아보는 일을 염세적인 태도와 혼동할 수는 없다. 오히려 되돌아본다는 말은 일상적인 단어의 의미 속에서 혼란을 가져오기도 한다. 이를테면 일상적인 뜻으로 받아들이는 '자기 자신'과 '나'와 같은 말들의 의미, 즉 나를 '자신'이라고 할 때, '자신이란 몸을 뜻하는가 아니면 마음을 지칭하는가?'의 문제와 같은 것들이다.

몸은 '나'일 수도 있고, 아닐 수도 있다. 하지만 몸이 '나'이든 아니든 간에, 사람은 마음과 몸으로 이루어져 있다. 이는 곧 사람을 몸이라 하든 마음이라 하든 간에, 어느 한 면으로는 설명할 수 없다는 의미다. 정확하게 말하자면 사람이란 몸이면서 마음이며, 마음이면서 몸이다. 이것이 올바른 이해다.

그러나 우리가 '나'나 '자신'이라고 할 때의 의미는 대개 일방적일 경우에 한정되어 있다. 다시 말해 '나' 또는 '자신'이라고 할 때, 우리는 당연히 육체적인 면만을 떠올리는 것이 습관화되어 있다. 때문에 우리는 여지까지 별 의심 없이 이 몸을 '나'라고 생각하면서 '나'와 '내 것'을 주장해왔지만, 거기에 마음은 있지 않았다. 설령 마음이 있다 해도 그것은 집착으로 덧칠된 껍데기였다.

때문에 자기 자신을 알아야 한다는 것은, 바로 이 몸이면서도 마음이며 마음이면서도 몸인 '나'가 무엇을 의미하는가를 올바르게 알아야 한다는 뜻이기도 하다. 이 '나'라는 말을 제대로 이해하지 못한다면 끝내 동어반복의 모순에서 벗어날 수 없으며, 자신을 알아야 한다는 말에도 여전히 갈피를 잡지 못할 것이다.

이처럼 스스로를 되돌아보는 일은 평소의 생각이나 방법으로는 접근하기 어렵다. 자신의 내면을 되돌아보려는 노력은 세상에서의 성공이나 출세를 위한 준비로서의 실천과는 거리가 멀다. 아니 오히려 세상이 바라고 원하는 출세와 성공이라는 세속적 가치와는 전혀 상관이 없는 노력이라고 말하는 것이 정확할 것이다.

자기 자신을 알아야 한다는 관점에서 보면, 자신의 삶을 열심히 산다는 것은 세상이 요구하는 가치에 매달려 자신에게 주어진 삶을 소모하는 일이기도 하다. 극단적인 비유이기는 하지만 입력된 프로그램에 따라 행동하는 것이 로봇이라면, 우리의 행동 또한 로봇과 다르지 않다고 한다.

이런 표현에 대해서, 그것은 보는 사람의 관점이 다르기 때문이라고 항변할 수도 있다. 물론 이것도 옳은 말이다. 그러나 지금 여기서 말하고자 하는 것은, 이 사회가 요구하는 가치와 제도에 죽은 듯이 끌려가고 있는 모습이 우리의 삶이라는 데 있다.

● 달팽이 뿔 위의 헛된 명예와
　파리 대가리 같은 작은 이익.
　무엇하러 바삐 따지는가.
　부디 나를 놓아버리고
　제멋대로 좀 살게 하자.
　인생 백 년을 온통 다 취해서 보낸다 해도
　삼만 육천 번뿐.

「東坡樂府」卷上, 滿庭芳

되돌아보기는 우리 자신을 온전한 삶으로 안내하는 가장 간단하고도 진솔한 방법이다.

단 한 번이라도 자신을 되돌아볼 수 있다면 분명 세상만사가 순간순간 변해가며 영원한 것은 존재하지 않는다는 것을 느낄 수 있다. 마음도 끊임없이 변화하고 있을 뿐만 아니라 우리가 느끼는 세상의 사물들 또한 시시각각으로 변하고 있다. 보고 듣고 느끼는 모든 것들도, 심지어는 이러한 것들을 알아차리는 그 무엇도 순간순간 변한다. 이런 흐름을 온몸으로 느낄 수 있다면, 일상생활에서 겪고 있는 작은 괴로움이나 집착은 정말 사소한 일들임을 깨달을 수 있다. 그리고 그것이야말로 내가 힘들다고 여기는 괴로움의 원인이라는 것도 알 수 있다.

이와는 달리 '나'를 중심으로 하여 '나 외의 것'을 나누고 따지다 보면, '나' 외의 모든 것에 대해 항상 관심의 끈을 놓을 수 없게 된다. 그렇게 되면 자연히 마음은 그쪽으로 치우치게 되고, 몸과 마음은 분리되고 만다. 번민으로 밤을 지새우고 나면 밥맛이 없어지는 것처럼, 마음이 근심으로 가득 차 있거나 무언가에 빠져 있으면 우리의 생활은 흐트러지게 된다.

이런 경험들은 누구나 공감하는 일이다. 그런데 이 경험들이 오히려 우리를 힘들게 하는 괴로움이나 분노의 원인을 다시 바라보게 만들며, 쉽사리 그런 감정에 휘말리지 않으려는 여유를 얻게 만든다. 이것이 바로 되돌아본다는 뜻이다. 물론 이때는 무턱대고 감정을 누르거나 다스린다는 의미는 아니다.

지금까지 우리는 편안한 마음을 가지려고 노력했다기보다는 '나'와 '나 아닌 것'을 구별하면서 괴로움과 분노의 감정들에만 예민하게 반응해왔다. 만약 분노란 이해가 부족한 데서 오고 또 아주 쉽게 일어난다는 사실을 되돌아볼 수 있다면 우리는 분노와 원한에서 한 걸음 멀어질 수 있을 것이다.

되돌아본다는 것은 끊임없이 끌려다니는 생각의 흐름을 멈추고 자신을 편안하게 하려는 것이다. 되돌아보기를 통해 걱정스럽고 불안한 생각에서 벗어나는 순간 우리의 마음은 편안해져 있을 것이다. 그런 경험을 조금씩 늘려서 넓혀나간다면, 과거나 미래의 분노와 불안이 만들어내는 허상으로부터 벗어나 우리의 삶 자체가 온전하게 될 것이다.

물결이 호수를 뒤흔드는 동안 물은 맑지 않지만 물결이 가라앉을 때 비로소 그 물이 정화되고 맑아지듯이, 마음속의 분노와 불안이 사라질 때 우리의 정신은 더욱 투명해질 것이다.

05

느
끼
고 자
각
하
라

우리가 원하는 삶이란 어떤 모습일까?

길을 가는 사람 누구에게 물어도 하나같이 행복하게 살기를 바랄 것이다.

하지만 우리가 그리도 누리고자 하는 행복이란 어떤 수준에 다다라야 하는 상태이거나, 실현되어야 하는 일이나 결과를 지칭하는 것은 아니다. 행복이란 삶속에서 느끼는 흐뭇함 또는 그런 감동을 말한다. 다시 말해 행복이란 가지고 누리는 데서 오는 것이 아니라 느끼고 반응하는 마음에서 비롯된다.

행복을 느끼는 것은 바로 우리의 '마음'이다. 마음에서 행복하다는 느낌이 일어나지 않는다면, 그 어떤 부족함이 채워지더라도 우리는 진정으로 행복할 수 없다. 비유하자면 이가 아파 견딜 수 없는 고통을 당하다 보면 치통이 없을 때가 얼마나 좋은지 알게 되지만, 치통을 앓고 있지 않는 순간에도 즐거운 마음이 생기지 않는 이유는 그것을 느끼지 못하기 때문인 것과 마찬가지다. 이는 곧 행복한 삶이란 지금 이 순간을 충분히 느끼고 감사하는 일상이라는 것을 말해준다. 행복한 사람은 작은 일에도 감사할 줄 알고,

반복되는 생활에서도 충만함을 느끼는 사람이다.

달리 말하자면 행복한 사람은 할 수 있는 대로 소유하려 하기보다는 작은 것 하나에서도 누릴 수 있는 즐거움을 찾는 사람이다. 하지만 물질적 가치로 매몰되어 있는 현실에서는 '더 좋은 것'을 소유해야만 행복할 수 있다고 끊임없이 사람들을 부추긴다. 소유에 초점을 맞추게 되면 일시적인 만족감을 누릴 수는 있을지언정 진정한 행복감을 느낄 수 있는 시간은 줄어들게 된다.

그런데 세상에는 즐겁고 행복한 일들이 너무도 많이 있지만, 우리는 그것을 느끼지 못한다. 마음을 열지 못하기 때문에 우리는 그것을 알 수 없다. 생각해 보면 우리는 행복해지기를 원하면서도, 즐겁고 행복한 일에 관심을 기울이기보다는 괴롭고 근심스러운 일에 더 많은 시간을 소모하고 있다. 마음이 따뜻해지는 아름다운 일로 고민하는 경우는 매우 드물다.

행복을 느끼자면 무엇보다도 먼저 마음이 편안해져야 한다. 편안함이란 물에 떨어진 물감처럼 은근하게 퍼져나가지만, 그것은 크고 많은 것을 이루고 얻는 데서 오는 만족감이 아니라 아주 작고 사소한 것이라도 소중하게 마주할 수 있는 마음에 깃들게 된다. 이를테면 길섶에 핀 작은 꽃을 보고도 환한 미소를 지을 수 있거나, 건널목을 건너고자 다가섰을 때 때맞추어 바뀌는 신호등을 즐거움으로 받아들이는 일들이다.

편안한 마음이 행복을 느낀다는 것은 순간순간의 일상이 '지금, 여기'에서 온전하게 펼쳐진다는 생각으로 바뀌는 것을 의미한다. 언제나 그런 마음을 지닐 수 있다면 주변에서 일어나는 일들이 아름답게 다가올 것이다. 오늘 하루도 아름다웠다는 소박한 기쁨이 밀려드는 저녁나절의 한가로움도 온몸을 적시지만, 내가 지금 하고 있는 일이 보람 있는 삶을 위한 길이라는 뿌듯함도 그렇다. 그것이 바로 편안함이고 행복이다.

한 순간만이라도 자신을 돌아보고 편안함을 누릴 수 있는 계기를 만드는 것만이 우리가 행복을 느낄 수 있는 구체적이고 실천적인 방법이다. 그리고 그 과정에서 온전함을 만끽할 수 있다면 우리가 사는 이유를 확인할 수 있을 것이다. 이것이 바로 또 다른 의미에서의 되돌아보기다.

마음을 편안하게 한다는 것은 세상이 원하는 사람으로 살기 위해 사회적 가치의 틀 속으로 쉴 새 없이 자신을 몰아붙이고 있다는 사실을 알아차리는 데서 시작된다. 사회적 가치란 얼마나 가지고 얼마나 누리느냐에 따라 그 단계가 달리 평가되는 것들이다.

하지만 사회적 가치란 사실상 우리가 일상에서 별다른 의미 없이 말하는 '나'로부터 만들어진 것이다. 여기서 말하는 '나'란, '나는 독자적이고 주체적인 존재'란 뜻과 '나 외의 것은 나와 다르다'는 견해를 확신하는 일반적인 생각이다. 바로 이 '나'들의 합의된 욕망이 사회적 가치를 형성시켜왔으며, 시대의 변화에 따라 새로운 가치들을 추가해왔다.

그런데 지금 이 순간 지구상에 사는 70억 명이 모두 70억 개의 개체로서 '나'를 주장한다면, 단순히 생각해도 '우리'를 묶을 수 있는 가능성은 아무것도 없다. 모두가 '나는 나다'라고 한다면, 그 '나'는 바로 나와 다른 그 사람일 뿐이다. 내 생각만 옳은 것도 아니지만, 다른 사람의 견해 또한 틀린 것이 아니다.

바로 이 '나'가 분열과 갈등으로 얼룩진 이 세상의 한 사람이다. 이를 알아차릴 수 있다면 사회적 가치란 실제로 있지도 않은 망상일 뿐이며, '나'라는 생각이 세계와 나, 즉 우리를 분리시킨다는 것도 알 수 있다. 그러나 이 또한 이 사회가 원하는 출세와 성공을 이루기 위해 물불을 가리지 않은 일들이 얼마나 어리석은가를 이해하는 사람만이 깨달을 수 있다.

출세와 성공을 위해 배워야 했던 사회적 가치와 지식, 즉 주입된 신념들도 마찬가지다. 그것들은 우리가 살아온 길의 나침판 역할을 했던 믿음들로서, 이를테면 '물질은 내가 보는 대로 존재한다'거나 '나는 태어났으니 언젠가는 죽는다' 등과 같은 것들이다. 이런 신념들을 확신하고 있는 한, 죽음으로 끝을 맺게 되는 시한부의 삶을 살아야 한다. '나'와 '남'을 가르고 '나'와 '대상'을 다르다고 생각하는 틀 속에 갇힌 채 세상을 바라보아야 한다.

불교가 지향하는 이상적인 상태를 곧잘 '열반(nirvana)'이라고 표현하지만, 이 말은 본래 '불어낸다' '숨을 내쉰다'는 의미를 지니고 있다. 여기에는 숨을 내쉬는 일은 들이쉬는 작용이 없으면 불가능하며, 반대로 숨을 들이쉰 뒤 내쉬지 않는다면 생명을 잃고 만다는 뜻이 내포되어 있다. 그러나 일단 내쉬게 되면 내쉰 호흡이 되돌아오듯이 열반의 의미가 지니는 핵심도 바로 여기에 있다. 때문에 불교는 이상적인 삶을 원한다면 들이쉰 숨, 즉 가지고 누리는 것에 매달리지 말라고 타이른다.

행복한 삶 역시 불교에서 말하는 이상적인 삶과 다른 것이 아니다. 행복이란 오로지 집착하지 않는 마음을 통해서만 느낄 수 있으며, 집착을 내려놓은 마음에는 세상의 모습이 온전하게 드러난다.

이처럼 '나'를 이해하는 관점을 바꾸는 일, 다시 말해 나를 '나'라고 생각하며 집착하는 일로부터 해방되지 않는다면, 행복함을 느끼는 일은 불가능하다. 세상이 요구하는 가치에 죽은 듯이 따라가면서 그것을 '나'의 모습이라 착각하지 않으려면 들이쉰 숨을 내쉬어야 한다. 그것이 곧 행복한 삶이자 온전하게 느끼는 길이다.

온전하게 느낀다는 것 또한 특별히 다르게 체험한다는 의미가 아니다. 다만 우리에게 주어진 순간순간을 '있는 그대로' 받아들인다는 뜻이다. 이를테면 차 한 잔을 마실 때나 신문을 읽을 때나 음식을 먹을 때, 그 일에 몰두하는 것이다.

불행하게도 우리는 그렇게 하지 못한다. 우리는 차를 마실 때 차를 음미하기보다는 찻잔을 감상하거나 과거나 미래의 상념에 잠기게 된다. 물론 찻잔을 감상하거나 생각을 하는 일이 필요 없다는 뜻은 아니다. 찻잔을 감상하는 것도 좋은 일이다. 문제는 찻잔에 집착하거나 다른 잡념에 빠지지 않고 차 맛을 제대로 음미하는가에 있다.

● 깊은 숲속 새들은 피리처럼 지저귀고
　수양버들은 가지가지 금실처럼 춤추네.
　구름이 돌아오니 산골짝 더욱 고요해지고
　살구꽃 향기는 바람에 묻어 오누나.
　온종일 그 자리에 조용히 앉았으니
　마음은 맑아지고 만 가지 근심은 사라진다.
　어찌 말로 다 표현할 수 있으리오.
　그대 이 숲속에 오거든 함께 느껴나 보세.

「傳燈錄」法眼文益

선(禪)에서 '평상심이 곧 도(道)'라고 강조하는 것은 일상생활 자체가 곧 마음공부이자 수련이기 때문이다. 일상이 마음공부라고 한 것 역시 '나'라는 생각을 내려놓고 온전하게 느껴야 한다는 뜻이다. 내 판단과 내 생각으로 이해하고 받아들이는 세상은 차를 마시면서도 진정으로 차 맛을 즐기지 못하는 일과 다르지 않다.

그와 같은 경지를 차마 말로써 표현할 수는 없다. 금실처럼 춤추는 수양버들이나 바람에 묻어 오는 살구꽃 향기도 마찬가지다.

그러기에 단지 이 숲속에 오거든 함께 느껴보자고 할 뿐이다. 오로지 그것과 하나가 됨으로써 온전함의 깨달음이 열리는 것이다. 거기에 '나'는 없다.

얼핏 생각하기에 매일매일을 그렇게 살아간다는 것은 불가능하리라고 생각하겠지만, 주어진 삶을 온전하게 느끼자면 다른 방법은 없다. 이것이 곧 살아 있음, 즉 존재의 온전한 자각이기 때문이다. 여기에는 어떤 동기나 어떤 선택도 있을 수 없다. 단지 '있는 그대로' 바라보는 일, 그 자체가 온전함이다.

돌이켜보면 가끔씩 우리는 지금의 나와는 전혀 다른 사람이 되고 싶다는 희망을 가지기도 한다. 물론 그것은 현실적으로 불가능한 일이다. 우리는 우리 자신밖에 될 수 없지만, 그것 또한 쉬운 일은 아니다. 우리 자신이 되기 위해선 '지금, 이 순간'에 있어야 하기 때문이다.

지금 이 순간에 있기 위해선 오롯이 자신과 하나가 되어야 한다. 그렇게 하지 않으면 우리는 자신의 감정과 주변에서 일어나는 일에 휩쓸리고 만다. 예를 들어 어떤 강연회에 참석했을 때, 강사의 이야기가 마음에 들지 않는다면 강의실 밖으로 나가면 될 것이다. 그런데도 다른 이들의 눈총이 두려워 그곳을 벗어나지 못한 채 엉뚱한 생각만 한다면, 몸은 강의실에 있고 생각은 다른 곳에 있게 된다. 몸과 생각이 따로 있게 된다면, 그 시간만큼은 자신에게 주어진 삶을 낭비하고 있을 뿐이다.

이런 이야기에는 누구나 쉽게 공감한다 해도, 강의실 밖으로 선뜻 나서기란 쉽지 않다. 말할 것도 없이 그런 행동은 지금까지 우리에게 주입된 사회적 의식과 다르기 때문이다. 우리가 사는 현실은 물질과 소유만이 삶의 의미라고 부추기고 있으며, 사회적 가치 또한 성공과 출세를 삶의 목표로 설정하고 있을 뿐이다. 동쪽으로

가면서 동시에 서쪽으로 갈 수는 없듯이, 내면을 돌아보는 일과 현실의 삶은 이렇게 서로 어긋나 있다.

그렇다고 온전한 삶을 산다는 일이 머리 깎고 산 속으로 들어가야 할 만큼 심각하고 어려운 결정을 해야 한다는 뜻은 아니다. 그것은 단지 이 세상의 모든 것들을 '있는 그대로' 바라보는 일일 뿐이다. 이를테면 우리가 깨어 있는 것, 웃는 것, 숨 쉬는 것을 온전하게 느끼는 일, 그것이 바로 있는 그대로의 현실을 바라보는 방법이자 온전함으로 돌아가는 길이다. 현재 일어나고 있는 일을 온전하게 느끼는 것이 현실을 '있는 그대로' 보는 것이고, 그것이 삶의 전부이기 때문이다.

우리가 감정에 반응하는 방식에서도 '있는 그대로' 본다는 것은 전혀 다른 결과를 가져온다. 좋거나 싫거나 간에, 감정이란 어떤 상황이 주어졌을 때 내게서 일어났다 사라지는 반응이다. 그러나 그 반응을 있는 그대로 바라보지 못하고, 일어났다 사라지는 감정을 따라간다면 감정이 '나'로 바뀔 것이다. 여관에 든 손님이야 오고 싶을 때 오고 떠나고 싶을 때 떠나지만, 여관 주인이 손님같이 처신할 수는 없는 일이다.

그렇다고 '있는 그대로' 본다는 것이 반응하지 않는다는 뜻은 아니다. '있는 그대로' 보려면 마음의 흐름을 이해해야 할 뿐만 아니라, 나를 둘러싸고 일어나는 상황들을 '나'의 생각으로 평가하는 일을 내려놓아야 한다.

거기에서 그치는 것이 아니라 더욱 열린 마음과 더 넓은 통찰력을 얻기 위해, '있는 그대로' 보는 가운데 느낀 깨달음을 실천으로 옮겨야 한다. 때문에 '있는 그대로' 보는 것이 곧 온전함을 자각하는 길이 된다고 한다. 있는 그대로 봄으로써 우리 자신을 변화시킬 수도 있지만, 주어진 상황을 변화시킬 수 있는 방법을 깨닫기도 한다.

순간적이기는 하지만 어쩌다 우리는 한때의 편안함을 경험하기도 한다. 그러나 그런 느낌은 이내 사라지고 만다. 사실 편안함을 경험한다는 것은 그리 어려운 일은 아니다. 마음을 집중하는 연습을 하면 편안함은 쉽게 경험할 수 있다. 그러나 그것이 곧 마음의 편안함은 아니다.

마음의 편안함이란 일상을 의미하기 때문에 늘 자신을 통제할 수 있어야 한다. 때문에 있는 그대로 본다는 것은 실천에 익숙해지는 것을 의미하기도 한다. 그것은 그렇게 되고자 애쓰는 것이 아니라 자연스럽게 그렇게 되어가는 것이다. 이는 어떤 실용적인 목적을 위해 실천하는 아무것이 아니라, 오로지 편안한 상태에서 자발적으로 드러나야 한다.

● 도(道)의 본체는 본래 닦을 수 없어서
　스스로 도에 합하면 닦음이 아니다.
　도를 닦았다는 마음을 일으키면
　그 사람은 도를 알지 못한다.

「傳燈錄」本淨禪師

때로는 의도적인 노력으로 편안함이라든지 동정심을 일으키는 경우가 있지만, 이런 생각들은 자신의 내면을 되돌아본다기보다는 이 사회가 원하고 바라는 사람이 되고자 하는 욕망의 표현일 뿐이다. 사실 의도적인 노력은 '나는 이것이다' '나는 이것이 아니다'와 같은 표현에서 시작된다. 그런 분별이 더욱 단단해져갈수록 '있는 그대로' 볼 수 있는 마음의 창문은 더욱 좁아진다. 때문에 진짜와 매우 유사해 보이지만 의도적인 동정심이라든지 편안함 등은 우리가 두려운 것으로부터 달아나려 할 때, 다시 말해 '그런

척하기'를 할 때 보이는 감정과 태도일 뿐이라는 걸 알아야 한다.

있는 그대로 봄으로써 온전함을 자각한다는 것은 세상과 멀어지는 일이 아니다. 오히려 세상을 좀 더 깊고 넓게 볼 수 있게 함으로써 자기중심적인 관점과 나와 남을 가르는 이분법에서 벗어나 전체적이며 통일된 방식으로 세상을 대하는 연습이다. 이는 도피하는 것이 아니라, 자신으로 돌아와서 현재 일어나고 있는 일과 상황을 함께한다는 뜻이다.

이런 방법들은 종종 겉으로는 다르게 표현되기도 한다. 그러나 이 길로 가든 저 길로 가든, 빨리 가든 늦게 가든, 마음을 집중하는 연습에서는 모두가 같은 길일 뿐이다. 모든 방법들이 궁극적으로 만나게 되는 하나의 본질적인 핵심은 '나'에 대한 집착을 내려놓는 일, 즉 놓아버리는 일이다.

눈을 감는다고 자신의 내면을 볼 수 있는 것은 아니다. 오히려 모든 존재의 참모습을 온전히 보기 위해서는 두 눈을 활짝 뜨고 세상의 실제 상황에 깨어 있어야 한다. 사는 것이 괴롭다는 생각을 하지만, 괴로움은 실체가 아니다.

● 안개 속을 걸어가면 비록 옷이 젖지는 않지만, 젖은 옷을 발견한다.

「孔子家語」交友篇

온전함의 깨달음이란 어느 날 갑자기 다가오는 행운이 아니다. 있는 그대로 본다는 것 역시 반복된 훈련을 의미하며, 그 누구도 노력 없이 성공한 사람은 없다. 스스로를 되돌아보는 일 또한 저절로 이루어지는 또는 마음만 먹는다고 열리는 길도 아니다. 성공한 사람의 자유는 오로지 인내 덕분이다.

06

마 음 을 다 스 려 라 •

'꽃을 들어 대중에게 보이니, 마하가섭만이 빙그레 웃었다(拈華示衆微笑)'는 일이 있었다.

● 세존 석가모니불이 영산회상에서 법을 설하셨다.
　그때 세존이 한 송이 꽃을 들어서 대중에게 보였다. 대중들은 모두가 무슨 뜻인지 몰라 어리둥절하였는데, 다만 가섭(迦葉)만이 빙긋이 웃었다.
　이에 세존이 말씀하시기를 '나에게 정법의 안목을 갖추었고, 열반에 이른 미묘한 마음이며, 상(相)이 없는 실상인 불가사의한 법문이 있느니라. 이는 문자를 세우지 아니하고, 말 밖에 따로 전하는 법이니, 이를 마하가섭에게 부촉한다.' 하였다.

「無門關」

이는 붓다께서 설법을 듣고 있는 대중들 앞에서 꽃 한 송이를 집어 들고는 오랫동안 말씀이 없었던 사건에서 비롯된 이야기다.

설법을 들은 대중들은 의외의 모습을 보여주신 붓다를 보고는 꽃을 든 의미를 알아내려고 저마다 골똘히 생각했다. 잠시 후 붓다께서 갑자기 미소를 지으셨는데, 그것은 바로 그들 중의 한 사람이 붓다와 그 꽃에 미소를 지었기 때문에 붓다께서도 미소로써 답하셨던 것이다. 붓다의 행동을 보고 미소를 지었던 이의 이름은 마하가섭이었다. 그러자 붓다께서는 '내 통찰력의 보물을 마하가섭에게 전수하노라'고 하셨다. 이것이 이 이야기의 전부다.

이 일이 있은 후 수많은 사람들이 이 사건을 예로 들며 그 의미를 분석하고 나름대로 제각기 붓다의 행동이 뜻하는 바가 무엇인가를 언급해왔다. 사실상 붓다의 행동은 보는 사람에 따라 다르게 보일 수도 있다.

생각해보면 누군가가 꽃 한 송이를 들어 보여주는 것은 그 꽃을 보기를 원하기 때문일 것이다. 하지만 상대방이 자신의 일로 인해 애를 태우는 중이라면 꽃을 보여주어도 보지 못한다. 오직 다른 잡념에 빠져들지 않고 온전히 몸과 마음을 하나로 한 사람만이 바로 그 순간 꽃을 만날 수 있으므로 미소를 지을 수 있다.

이것이 바로 우리의 문제다. 언제 어디서라도 현재의 순간마다 온전하게 몸과 마음이 함께하지 않는다면 우리는 모든 것을 놓치고 말 것이다. 누군가가 내게 아름다운 마음을 전한다 해도 우리가 다른 문제에 정신이 팔려 있다면 그 마음을 만날 수 없다. 온전하게 느끼려면 항상 몸과 마음이 함께해야 한다.

● 쓸데없이 다른 사람의 일에 관심을 기울이는 일로 당신의 생애를 낭비하지 말라. 현재만이 인간이 소유할 수 있는 유일한 것이다. 가장 중요한 것은 현재를 어떻게 사느냐이다.
　　　　　　　　　　　　　　　　　아우렐리우스 「명상록」

온전하지 않은 눈, 즉 온갖 생각에 팔려 있는 눈에는 길가에 피어난 작은 들꽃이 보이지 않는다. 보지 못한 것이 아니라 보아도 보이지 않는다. 그 눈에는 꽃이 피는 봄의 생기 있는 모습도, 녹음이 우거지는 여름의 싱그러움도, 낙엽 지는 가을과 눈 내리는 겨울의 아름다운 경치도 보이지 않는다. 단지 이루고자 하는 일의 결과와 누리고자 하는 사회적 지위만이 머릿속을 맴돌 뿐이다.

보아도 보이지 않는 눈에는 그저 스치고 지나갈 뿐이지만, 온전한 눈에는 사소하다고 생각되는 사물에도 엄청난 신비가 깃들어 있음을 알아차릴 수 있다. 이를 두고 선문답에는 흔히 '네 앞에 있는 그 물건, 그것이 바로 도(道)'라고 한다. 그러나 온전하지 않은 눈에는 본바탕 그대로의 세계가 눈앞에 펼쳐져 있어도 보일 리 없다. 그저 대충 보고 자신의 생각으로 결론을 내려서 판단하고 행동할 뿐이다.

온전하게 본다는 것은 남다른 기술이나 특별한 방법을 말하는 것이 아니다. 오로지 '지금, 여기'서 밖으로 달려가려는 마음을 다독거리는 일, 즉 몸과 마음을 하나가 되게 함으로써 현재 순간을 있는 그대로 알아차리는 일일 뿐이다. 흔히 그것을 '노력 없는 노력'이라고 하는 것은 무엇을 얻거나 달성하려는 노력이 아니라 오로지 주어진 상황을 온전하게 알아차리기 위한 일이기 때문이다.

● 조주(趙州)스님이 법당에서 예불하는 스님을 보고는 한 대
  때렸다.
  '예불하는 것은 좋은 일이 아닙니까?'
  '좋은 일도 아무 일 없느니만 못하다(好事不如無).'

  「趙州錄」

아무리 좋은 일이라 하더라도 일 없느니만 못하다고 한 조주스님의 가르침은 비록 훌륭한 일이라 할지라도 하지 않는 것(無爲)보다 못하다는 데 있다. 여기서 하지 않는 것이란 아무것도 하지 않는다는 의미가 아니다. 오히려 온전하게 알아차리기 위해 어떤 목적을 정하지 않고 오로지 몸과 마음을 함께하는 일이다. 그런 뜻에서 보면, 부처가 되려고 애쓰는 것이나 굳이 명상이라는 자세를 고집하는 것은 하지 않는 것보다 못한 일이 된다. 뿐만 아니라 그저 목탁을 두드리며 입으로만 예불하는 일도 마찬가지다.

붓다께서 말씀하신 정법의 안목 또한 특별히 뛰어난 견해라 할 것도 없다. 일체의 존재는 원인과 조건들이 모여서 형성된 것이므로 그 자체로서 독립적으로 존재하는 것은 단 하나도 없다는 사실을 똑바로 보는 것, 그것을 말한다. 원인과 조건으로 인해 형상을 이룬 것들은 인연이 다하면 본래의 자리로 돌아갈 뿐이다. 홀연히 생겨났다가 덧없이 사라지는 현상을 굳이 좋은 일이라고 생각하는 자체가 곧 망상일 따름이다.

● 원인과 조건에 의해 형성된 모든 것들은 꿈과 같고, 물거품 같고, 허깨비 같고, 그림자 같다. 또한 이슬과 같고, 번갯불과 같으니 응당 그와 같이 보아야 한다.

「金剛經」三十二章

우리의 모습 또한 단지 겉보기로는 변화가 없거나 매우 느리게 변하는 것같이 보이지만 실제의 상태로는 지극히 짧은 순간이라도 같은 존재가 아니다. 비슷한 형상들이 연이어 나타났다가 사라지기를 반복하기 때문에 그 변화를 감지하지 못할 뿐이다. 그래서 순간적으로 나타났다 사라지는 꿈과 같고, 물거품 같고, 허깨비 같고, 그림자와 같다고 한 것이다.

모습만 그렇게 변하는 것이 아니라 마음도 변한다. 우리의 마음은 몸보다도 더 빠르게 바뀌고 달라지는 영상의 그림자에 불과하다. 그것은 누가 그렇게 만든 것도 아니지만 일부러 그렇게 보려고 해서 그렇게 보이는 것도 아니다. 그러나 우리는 애써 그것을 외면하거나 그 변화를 부정하고 싶어 한다.

그래서 모든 존재는 무상(無常)하다고 하지만, 무상이란 말은 인생이 허망하다는 것을 강조하기 위한 것은 아니다. 모든 현상이 잠시도 머물지 않고 순간적으로 변한다는 것을 바로 봄으로써 행여 변하지 않고 지속되는 것이 있다는 착각을 하지 말라는 것이다. 지속되지 않는데도 지속되는 무엇이 있다고 여기고 싶은 것은 바로 '나'에 대한 집착 때문이다.

● 낮과 밤이 흘러가서
  인생은 어느덧 종착지에 다다르니
  유한한 존재의 여정은 끝나가네.
  마치 강물이 흘러가 버리듯.

「那先比丘經」

변하지 않고 지속되는 존재라고 믿고 싶은 생각이 '나'에 대한 망상에 매달리게 만들지만, '나'에 대한 집착은 대상 세계도 변하지 않기를 간절하게 바란다. 그와 같은 집착은 매우 은밀하지만 한편으로는 너무나도 끈질기다. 우리의 언어습관 또한 끊임없이 그런 집착을 부채질한다. 모든 이름들이 대상들의 변화하는 실상을 나타내기보다는 그것의 고정된 면만을 강조하는 것이 그렇다.

설령 나를 '나'라고 표현한다 해도 그것은 은유적인 개념일 뿐
이다. '나'의 경계를 나의 피부로 할 것인지, '나'라는 인간으로 할
것인지, 좀 더 넓혀서 내 가족으로 할 것인지, 더욱 넓혀서 인류로
할 것인지는 정하기 나름이다. 세상을 확대된 자신으로 보고 세상
의 이야기를 자신의 이야기로 여긴다고 해서 달라질 것은 없지만,
'나'라는 말이 어떻게 만들어졌으며 어떤 뜻으로 사용되는가를 이
해해야 '나'와 '나 아닌 것'을 나누는 구분이 잘못되었음을 알 수
있다.

'나'를 앞세우게 되면 당연하게 '나 아닌 것'이 따라오게 된다.
그러나 그 '나'가 실체로서 존재하지 않는다면 '나 아닌 것' 역시
존재할 수 없다. 뿐만 아니라 '내 생각' 또한 상상으로 만든 허구
의 세계일 뿐이다. 다시 말해 그 '나'가 스스로 만든 환상의 실체라
면, 끊임없이 일어나고 사라지는 생각 또한 이미지의 세계에 지나
지 않는다.

● 선한 것과 악한 것을 결코 차별해서는 안 되며, 명상을 한다
　고 마음을 집중시키는 일에 얽매여서도 안 된다. 마음으로
　마음을 가만히 응시해서도 안 된다. 만일 마음을 응시한다
　면, 마음은 마음을 응시한다는 집착에 빠진다. 또 일부러 의
　식하여 마음을 안으로 거두어 들어서도 안 되며, 밖으로도
　멀고 가까움을 보아서도 안 된다. 마음 그 자체는 본래 텅
　빈 것이다.

　　　　荷澤神會, 「南陽和上頓教解脫禪門直了性壇語」

모든 존재는 잠시도 머물지 않고 끊임없이 변한다는 사실을 '있
는 그대로' 받아들일 수 있어야 그때 비로소 '나'나 대상에 대해 더

이상 매달리지 않을 수 있다. 사실 변하지 않기를 바라는 대상 역시 우리가 마음대로 상상한 형상이지만 그런 대상은 실제로 존재하지도 않는다.

그러므로 '있는 그대로' 본다는 것은 '나'와 '나 아닌 것'이 마침내 본래의 평등한 관계를 형성한다는 뜻이 된다. 다시 말해 '나'의 분별과 판단의 대상으로서가 아닌 그 자체로서의 존재로 다가오게 된다. 이를 깨닫는 것을 온전하게 알아차린다고 하지만, 그것 또한 특별한 노력이나 행동에 의해 그렇게 되는 것은 아니다.

다만 선한 것과 악한 것을 구분하지 않고 어떤 것에도 집착하지 않는 마음, 즉 본래의 텅 빈 마음에서 어떻게 생각이 나타나고 사라지는가를 살피는 일이 전부다. 다시 말해 감정의 변화를 따라가지 않고 오로지 생각이 일어나는 지점으로 거슬러 올라가는 것을 의미한다.

생각을 따라가는 방법에는 두 종류의 서로 다른 길이 있다. 이를테면 '개를 닮거나, 사자를 닮거나'이다. 실제로 사람들은 자신에게 던지는 돌들을 차례차례 쫓아다니는 개처럼 일어나는 생각에 접근한다. 이를테면 생각이 일어날 때마다 그것에 끌려다닌다. 그렇게 되면 처음의 생각은 계속해서 꼬리에 꼬리를 무는 생각을 낳아 결국은 혼란 상태에 빠지고 만다.

반면에 어떤 사람은 돌을 하나밖에 던질 수 없는 사자처럼 반응한다. 돌을 던진 사람에게로 돌아서서 그 사람을 덮치는 사자처럼, 생각이 일어나기 시작하는 근원에 집중하여 생각이 일어나고 사라지는 과정을 헤아리는 것이다.

생각의 근원에 집중하게 되면 텅 빈 마음에서 나타나기 시작하는 생각이란 단지 상상으로 만드는 이미지일 뿐이라는 사실을 알아차릴 수 있다. 그것이 환상이라는 것을 알게 되면 끝없이 이어지는 생각도 멈출 수 있으며, 반복되는 환상으로부터도 벗어나 더 이상 고통과 괴로움에 빠져들지 않게 된다.

그러나 생각이 일어나고 사라지는 과정을 살피기 위해서는 무엇보다도 먼저 마음이 편안한 상태가 되어야 한다. 온갖 잡념으로부터 벗어난 이후라야 비로소 자신의 생각을 되돌아볼 수 있기 때문이다. 주변의 공기가 고요할 때 촛불이 흔들리지 않고 타오르듯이, 휘몰아치는 감정을 진정시킬 수 있을 때 우리의 마음은 편안해질 것이다. 물론 여기에 도달하기까지는 반복적인 연습이 필요하다.

● 생각 생각에 얽매이지 말라
  생사(生死)의 강물을 이루게 되니
  육도(六道)의 바다에 헤매면서
  끝없는 파도를 벗어나지 못한다.

「傳燈錄」智威禪師

이 세상 모든 것이 우리의 생각에 달려 있다. 우리의 생각이 삶을 풍성하게 할 수도 있지만, 오히려 지독한 가난에 시달리게 할 수도 있다. 순간순간 사는 일이 즐거움이 될 수도 있지만, 한편으로는 견디기 어려운 고통이 되기도 한다.

청소를 하는 동안 청소가 끝난 후에 마실 한 잔의 커피를 생각한다면, 그 생각은 가능한 한 빨리 지루한 일에서 벗어나야 한다고 자신을 재촉한다. 다시 말해 커피를 마시고 싶다는 생각이 청소를 하는 동안의 자기 자신을 사라지게 만든다. 때문에 청소를 한다면, 청소를 하면서 깨끗해지는 것을 느끼고 즐기는 일이 우리 삶에서 가장 중요한 일이 되어야 한다. 마찬가지로 커피를 마실 때는 커피를 마시면서 그것을 느끼고 음미하는 일이 온전하게 다가와야 한다. 설령 그것이 어떤 일이든지 간에 그 일이 자신의 삶에서 가장 귀중하고 요긴한 일이 되어야 한다. 그것이 곧 '있는 그대로' 보는 것이며, 생각의 근원에 집중하는 일이다.

우리는 그것이 무엇이든, 하는 일이 곧 자기 자신이 되어야 한다. 일상에서도 항상 그런 생각으로 자신의 삶을 마주한다면 우리는 모든 것이 연결되어 있음을 느낄 수 있다. 이런 상황을 좀 더 구체적으로 표현하자면, '한정되어 있지 않고 열려 있음'이라고 할 수 있다. 온전하게 알아차린다는 것 역시 아무것도 없는 텅 비어 있는 상태의 느낌이라기보다는 오히려 더욱 풍부한 열림의 세계임을 알 수 있다.

우리 주위에는 되돌아보기를 권하는 수많은 길과 방법들이 있지만, 그 길과 방법들이 수단이라는 사실을 먼저 알아차려야 한다. 뿐만 아니라 그 방법들 또한 그것만을 목적으로 사용되어서는 안 된다. 그 길은 단지 일시적인 수련이나 즐거움의 상태를 만들어내고자 하는 것이 아니다. 결국에는 길과 방법이라는 그 자체까지도 넘어서야 할 것이다.

3부

선(禪)과 깨달음

07

속
박
으
로
부
터
풀
려
나
다

●

'어떻게 살까?'

원하는 일이 잘 풀리지 않을 때 우리는 이렇게 말한다. 그뿐만 아니라 하고자 하는 일마다 어려움을 겪을 때도 중얼거리듯이 내뱉는 말이지만, 어쩌면 죽는 날까지 반복해서 물을 독백이기도 하다.

말할 것도 없이 앞으로 기대할 수 있는 가능성이 모두 사라졌다는 탄식이다. 그러나 그 속내를 들여다보면 원하는 일들이 뜻대로 이루어지지 않는다는 불만의 표현이다. 인간이란 욕망을 추구하는 일로부터 자유로울 수 없으니, 산다는 것이야말로 수많은 갈등의 연속이다. 그래서 누구라 할 것 없이 시도 때도 없이 이렇게 혼잣말로 중얼거린다.

인간이 마주하는 끝없는 욕망으로부터 비롯되는 갈등과 괴로움에 대해 그 원인을 분석하고 대안을 제시한 선각자들은 수없이 많다. 심지어 그들의 가르침이 지금까지 영향력을 누리고 있는 경우도 적지 않다. 영향력을 발휘한다는 것은 그들의 설명, 이를테면 약삭빠른 처세술이거나 아니면 아예 은둔하는 방법이거나 간에, 그런 생각과 관점을 따른다는 것을 의미한다. 따른다는 것은 그 가르침의 잣대로 세상을 재단한다는 뜻이다.

그러나 붓다(Buddha)의 가르침으로부터 시작된 불교는 처음부터 맹목적인 모방을 요구하지 않았다. 이는 붓다가 죽기 전 후계자를 지목해 달라는 제자들의 권유에 '내가 죽은 후 한 인간으로서의 붓다를 의지하려 하지 말고, 내가 설한 가르침 즉 진리에 의존하라'고 한 말에 그런 뜻이 드러나 있다. 뿐만 아니라 '이 진리는 내가 이 세상에 태어났건 태어나지 않았건 상관없이 존재한 것이다. 내가 이 진리를 발견한 것이 아니라 중생들이 잊고 있었던 것을 자각시킨 것에 지나지 않는다'고 한 데 이르러서는 더욱 명확해진다. 오로지 진리만이 살아온 사람, 살아갈 사람의 의지처가될 뿐이라고 강조한다.

예로부터 해오던 방식을 그대로 따르지 않는다는 입장을 '개방성'이라 부를 수 있다면, 불교는 그 개방성으로 말미암아 교주가사라진 뒤에도 끊임없이 붓다의 이름을 빌려 진리의 말씀을 전하는 '경(經)'을 저술해내었다. 내용면으로는 붓다의 가르침을 부연설명하고 있지만, 때로는 시대의 변화에 따른 확대해석도 주저하지 않았다. 심지어 붓다의 가르침을 실천으로써 잇는다고 한 선(禪)에서는, 붓다의 이름을 발설하는 사람에게 입을 씻으라는 충고까지 했다. 붓다의 가르침조차 무조건적으로 따르지 말라는 뜻이다.

선(禪)은 중국으로 전래된 불교가 노장사상이라는 훌륭한 후원자를 만나 아름다운 꽃을 피우게 된 불교의 한 갈래로서, 모든 인간의 내면에 불성(佛性)이 있다고 믿음으로써 오로지 수행을 통하여 성불을 이루고자 하는 가르침을 따르는 종파다. 노장사상 역시불교와 마찬가지로 현실에 매달리고 집착하는 마음이 문제라고해석하는 방향을 공유하고 있었기 때문에 선의 심지에 불을 붙인

도화선이 된 것이다.

사실 노장사상(老莊思想)이란 몰락한 주(周)나라의 문물제도가 지닌 허위성과 형식성을 문제 삼음으로써 반문명적 사상을 내세운 노자(老子)와 장자(莊子)에 의해 틀을 갖추게 된 소극적 현실주의의 가르침이다. 이때의 '소극적'이란 말은 노장사상과 쌍벽을 이루었던 유교의 가르침을 '적극적'이라고 할 때, 그 대비가 되는 뜻에서 사용하는 의미다.

노자(老子)보다는 오히려 장자(莊子)의 시각에서 불교는 더욱 생명력을 얻고 있는데, 그것은 장자의 가르침이 보다 신랄한 현실비판의 내용을 담고 있기 때문이다. 이를테면 장자의 가르침 가운데 사람다운 사람을 '현해(縣解, 「莊子」 養生主)'라고 정의하는 데 이르러서는 붓다의 가르침과 별반 다를 바 없음을 알 수 있다.

'현해'란 글자 그대로 해석하자면 '속박으로부터 풀려난다'는 뜻이다. 장자에 따르면, 사람의 삶이 고통스러운 이유는 속박되어 있기 때문이라고 했다. 인간은 외물(外物, 사물들)에 속박되어, 태어나서 죽는 날까지 돈과 명예와 부귀 등에 묶여 끌려다닌다는 것이다. 따라서 장자는 이 속박으로부터 벗어난 사람만이 진정한 자유인이라고 강조한다.

그런데 인간이 외물에 속박되어 있다고 하지만, 사실대로 말하자면 인간을 얽어매는 것은 바깥의 사물 그 자체가 아니다. 돈과 명예 등에 무의식적으로 매달리고 집착하는 우리의 욕망이다. 그러므로 부정되어야 하는 것은 이 세상이거나 물건이 아니라 어떤 것에 늘 마음이 쏠려 잊지 못하고 매달리는 우리의 이기적인 욕망일 뿐이다.

● 봄에는 꽃이 피고, 가을에는 달이 밝다.

여름에는 시원한 바람 불고, 겨울에는 눈이 내린다.
자잘한 일들에 끌려다니지 않는다면,
인생살이 그대로가 참으로 좋은 시절이다.

「無門關」

과거의 현자들이 남긴 말들을 음미하며 그렇게 살고자 애쓰는 사람들이 있다. 이는 마치 강을 건너고서도 뗏목을 머리에 이고 가는 사람처럼 어리석은 일이다. 뗏목이란 강을 건널 때는 필요하지만 건너고 나서는 버려야 한다. 강을 건넌 뒤에도 뗏목을 가지고 가야 한다고 고집을 부리는 것은 때와 상황을 가리지 않고 무조건적으로 그 가르침에 매달린다는 뜻이다. 그들은 '이것은 당연히 이렇게 되어야 한다'고 생각한다.

● 비구들이여, 나의 설법은 뗏목과 같은 줄 알아라.
법도 버려야 하거늘 하물며 법 아닌 것이랴.

「金剛經」六章

현자들의 가르침 속에 표현된 내용은 그때 그 상황일 뿐이다. 우리의 삶은 말이나 책 속의 표현도 아니지만, 무엇이라고 정의할 수 있는 틀은 더더욱 아니다. 산다는 것은 계산대로 되지 않는다. 학교에서 배운 수학공식이야 하나에 하나를 더하면 당연히 둘이겠지만, 쌀 한 되에 물 한 되를 더한다고 두 되가 되는 것이 아니다. 내가 다른 이보다 더 오래 책상에 앉아 있었다고 해서 내 성적이 나은 것도 아니다. 그것이 바로 우리의 삶이다.

오히려 생각도 못했던 황당한 일이 닥친다든가, 꿈에도 바랄 수 없었던 일이 어느 날 이루어졌을 때 '아! 사는 것이 이럴 수도 있구나!'라는 말이 저절로 나오게 된다. 이처럼 비논리적인 사건이나 일들이 삶에서 지배적인 역할을 하고 있지만 사람들은 이것을 또 인간과 세계의 너머에 있는 어떤 힘이라는 개념으로 설명하려 한다.

어떤 힘이라는 개념에 또다시 추상적인 해석을 보태지만, 그것역시 관념적인 동어반복의 나열을 넘어서지 못한다. 이것이 바로삶이란 틀 속에 있지 않다는 증거다. 어느 누구도 자신이 모르는것을 가르쳐줄 수 없으며, 상대방이 모르는 것을 가르쳐줄 수도없다. 사상과 철학이 내세운 관념을 실재(實在)로 믿는 데서 비롯한 모든 해석들 역시 상상으로 만들어낸 허구일 뿐이다.

우리가 어릴 때부터 수없이 들어오면서 귀에 못이 박혔던 이야기들도 그렇다. 이를테면 '착하게 살아라' '너무 일찍 기뻐하지 마라. 반드시 어려운 일이 따른다' '일단 시작했으면 끝을 보아야 한다' '인간은 만물의 영장이다' '김칫국부터 마시지 마라'는 등의 신념들도 사실은 이치에 맞지 않은 전제들이다. 하지만 우리는 지금까지 이런 잣대로 내 삶을 해석하면서, 그렇게 살려고 발버둥 쳐왔다.

지금도 여전히 자신의 생각과 행동에서 스스로를 통제하는 결정적인 신념들을 지니고 있다. 수년 또는 수십 년 동안 자신도 의식하지 못하는 가운데 자동적으로 머릿속에 새기고 있다는 사실을 부정하는 사람은 없다.

문제는 바로 이 자동화된 생각에 대해 왜 한 번도 되돌아보지않는가에 있다. 자동차도 안전하게 타려면 몇 년에 한 번씩은 반드시 안전검사를 해야 하듯이, 우리가 지닌 신념들 가운데 혹시그 기준이 잘못되었거나 부당한 전제들이 있다면 그것을 수정하거나 다른 대안을 마련해야 하는 것은 너무나도 당연하다. 자신의신념을 수정한다고 해서 체면이 말이 아니다거나 다른 사람에게 어리석게 보일지라도, 멀리 보면 오히려 바람직한 일이다.

사실 생각해보면 우리의 욕망이 빚어낸 무의식적인 집착들이 '사회적 가치'를 만들어왔고 또 만들어갈 것이다. 사회적 가치란 다수의 욕망을 수용하여 '이렇게 하면 좋을 것이다'는 계산된 방향으로 규범과 법을 정한 것이다. 그리고 우리는 스스로 그 틀에 어긋나지 않는 삶을 살기 위해 노력한다.

그렇게 보면 우리는 이 사회가 요구하는 제도와 가치에 순종하는 인물이 되기 위해, 한편으로는 이 세상이 판단하는 기준에 맞는 성공을 얻기 위해 끊임없이 매달려가는 셈이다. 이렇게 사는 것이 과연 옳을까?

우리는 스스로 자신의 문제를 잘 안다고 생각한다. 하지만 정작 자신이 왜 그렇게 생각해야 하는지에 대해서는 잘 알지 못한다. '이것이 아닌데'라고 느끼지만, 실제로 왜 아닌지에 대한 이유도 모른다. 이는 마치 남에게 속임을 당하는 사람이 억울하다고 하소연하지만, 당하는 요인은 자신이 지니고 있음을 모르는 것과 같다. 문제의 핵심은 바로 여기에 있다.

내가 살아가는 이유나 목표에 대한 판단이 어디서부터 비롯되었는지를 우리는 제대로 알지 못한다. 지금이라도 자신을 솔직하게 되돌아볼 수 있다면, '내가 누구인지도 모른 채, 이 사회가 요구하는 대로 살았구나!'라는 반성과 마주할 수 있을 것이다. 세상이 요구하는 가치라는 것이 바로 우리의 족쇄란 것을 느낄 수 있다면, 더 이상 그것에 매달리지 말아야 한다.

이때 '매달리다'란 말을 온전히 이해하기는 쉽지 않다. 매달린다는 말 자체가 지니고 있는 뜻도 그렇지만, 대부분 그것을 설명하고 있는 내용들이 오히려 우리를 허구의 세계로 안내하고 있기 때문이다. 비유하자면, 우리가 살아가면서 하는 일들의 많은 부분은 사실 필연성의 범주 안에 있다. 물건을 사고 그냥 나올 수는 없는 것은 돈을 지불해야 하는 필연성이 있기 때문이다. 마찬가지로 남에게서 빌린 것은 돌려주어야 한다. 문제는 '그렇게 해야 한다'는 생각을 자신의 사고방법에까지 적용한다는 점에 있다. 이를테면 '나는 모든 사람들의 마음에 들어야 한다' 또는 '나는 성공해야 한다' '나는 남보다 잘살아야 한다'는 생각들이 그렇다. 이런 생각을 지니고 있다면, 그것이 바로 이치에 맞지 않는 일이다. 다시 말해 그렇게 되어야 한다고 생각하는 것이 문제의 시작이다.

그것이 문제임을 알 수 있다면, 그와 같은 생각을 하지 않는 것이 매달리지 않는 것이다. 이처럼 매달리지 않는 것은 우리가 엄두도 내지 못할 만큼 어려운 일이 아니다. 그냥 간단히 '내가 많은 사람들 마음에 든다면, 그것은 정말 좋은 일이지'라고 생각하면 된다. 그렇게 되면 전혀 다른 세상이 우리 앞에 펼쳐질 것이다. 마찬가지로 속박으로부터 벗어난다는 것 역시 고통을 참으며 실천해야 하는 괴로운 수행이 아니다. 단지 내 생각을 바꾸는 일일 뿐이다.

08

진리란 무엇인가

흔히 「불경(佛經)」이라고 하는 불교의 경전들은 붓다의 말씀을 기록한 책이다. 때문에 불경의 첫머리에서는 언제나 '이와 같이 나는 (붓다께서 하신 말씀을) 들었다(如是我聞)'라고 시작된다. 그러나 사실 경전이 전하는 내용이 모두 붓다의 말씀은 아니다.

자신을 신격화하기보다는 진리에 의지하기를 원했던 붓다의 뜻에 따라 붓다의 이름을 빌린 새로운 경전들이 끊임없이 만들어졌던 것이다. 그러나 그렇게 만들어진 경전들이라 해서 그 내용이 붓다의 가르침과 전혀 다른 것도 아니다. 달라진 부분은 대개 시대와 상황의 변화를 수용하여 재구성한 내용들이다.

경전의 편찬 작업은 크게 네 번에 걸쳐 이루어지는데, 그것을 흔히 '4결집'이라 한다. 최초의 편찬 작업은 붓다가 열반에 들고 4개월 후에 시작되었다. 아난(阿難)을 비롯한 500여 명의 장로들이 모여, 그들이 붓다를 모시고 다닐 때 붓다께서 하신 말씀을 일일이 기억해서 글로 옮긴 것이다.

두 번째의 작업은 100여 년의 세월이 지나서 이루어지므로, 그때의 내용들은 사실상 붓다의 생생한 말씀이라고 할 수는 없다.

세 번째, 네 번째의 편찬 작업 또한 인도 통일의 기념사업으로 재정리한 것이므로, 훨씬 더 뒤의 일이 된다.

그렇게 보면 처음의 편찬 작업 때 나타나는 이야기들이 어쩌면 가장 생동감 있는 붓다의 말씀이라고 할 수 있다. 초기경전에 나타나는 붓다의 가르침은 일일이 사람들의 이야기를 듣고 그것에 답하는 형식으로 이루어져 있는데, 이를 '수기설법(隨機說法)'이라 한다.

수기설법이란 글자 그대로 듣는 사람의 수준에 맞추어, 그가 이해할 수 있는 적절한 언어와 방편으로 설명하는 방법이다. 사람들의 이해도가 다르기 때문에 설법의 내용은 그야말로 사람들의 괴로움만큼이나 다양하고 다채롭다. 이를테면 똑같은 질문에 대해서도 듣는 사람에 따라 각기 다른 비유나 다른 대답들이 제시되고 있다.

뒷날 경전을 편집할 때, 지난 일을 돌이켜 생각하며 붓다의 말씀을 떠올린 제자들은 다른 사람들이 기억하고 있던 또 다른 방편의 내용들로 인해 혼란스러워하기도 했다. 그 까닭은 주로 괴로움에 대한 구체적인 대답이나 그에 따른 실천적인 노력이 다양했기 때문이다. 이것이 빌미가 되어 훗날 여러 관점과 주장들이 나타나기도 했지만, 붓다의 수기설법을 이야기할 때 예외 없이 언급하는 예화가 있다.

붓다께서 사위성(舍衛城) 기원정사(祇園精舍)에 계실 때였다.

● 태어난 지 일 년여 만에 병으로 죽은 첫 아이를 안고 젊은 여인 크리샤 고타미가 붓다를 찾아왔다. 비탄에 빠진 그녀는 죽은 아이를 안고 미친 듯이 거리를 돌아다니며 아이를 살릴 약을 구하다가 붓다의 이야기를 들었다. 그녀는 붓다

의 발밑에 아이의 시신을 내려놓고 자신이 찾아온 사연을 말했다. 붓다께서는 무한한 자비심으로 그녀의 이야기를 듣고는 이렇게 말했다. '당신의 상처를 치유할 수 있는 단 한 가지 방법이 있습니다. 시내에 들어가서 죽음을 겪지 못한 집이 있거든 거기서 겨자씨 하나만 가져오세요.' 크리샤 고타미는 아이를 살릴 수 있게 해준다는 말에 귀가 번쩍 뜨여 단숨에 시내로 달려갔다. 그녀는 온 시내를 돌아다녔지만 붓다가 제시한 조건을 충족시킬 수 있는 집을 찾을 수 없음을 깨달았다.

그녀는 화장터로 가서 아이의 시신과 마지막 인사를 했고, 곧바로 붓다에게 되돌아왔다. 붓다가 물었다. '겨자씨를 가져 왔습니까?' 그녀가 말했다. '아닙니다. 붓다께서 저에게 가르치신 교훈을 이제야 이해합니다. 자식을 잃은 비통함에 눈이 멀어 저 혼자만 죽음의 손아귀에서 신음한다고 착각 했습니다.' 크리샤 고타미는 붓다의 발 앞에 무릎을 꿇었고, 삶의 마지막 순간까지 붓다를 따랐다.

「比喩經」

붓다는 발 앞에 무릎을 꿇은 고타미에게 '이 우주에서 변하지 않는 단 하나의 법칙이 있으니, 모든 것은 변하고 모든 것은 덧없다'고 타일렀다. 고타미 역시 '사랑하는 이를 잃은 사람이 어찌 혼자이겠으며, 죽은 아이를 살려달라는 것이 얼마나 어리석은지'를 절절하게 깨달은 뒤라, '죽음이 무엇이며, 죽음을 넘어서 무엇이 있는지, 그리고 무언가가 있다면 내게 있어서 어떤 것이 죽지 않는지'를 되물었다. 고타미의 고뇌 속에 감추어진 깨달음을 읽은 붓다는 '고통을 겪음으로써 이제 배울 준비가 되었다'고 하며 고타미를 제자로 받아들였다.

생각해보면 고통과 번뇌의 근본 원인은 외부의 조건과 환경에 있지 않다. 오로지 스스로의 마음속에 자리 잡은 욕심 때문이다. 하지만 이 생각이 사람들을 곤혹스럽게 만든다. 우리는 언제 어디서나 모든 문제를 '바깥'이나 '남 탓'으로 돌리는 데 익숙해져 있기 때문이다.

이런 생각들을 다독거리는 붓다의 수기설법은 초기경전 속에 자주 나타난다.

● 그대는 온 사람의 길을 모르고, 또 간 사람의 길도 모른다. 그대는 삶과 죽음의 두 끝을 보지 않고 부질없이 슬피 우는 가. 어리석음에 붙들려 울고불고해서 무슨 이익이라도 생긴 다면 그렇게 할 것이다. 그렇다고 해서 죽은 사람이 어떻게 되는 것도 아니지 않은가?

「經集」

● 깨끗한 행실을 닦지 못하고 젊어서 재산도 쌓지 못하면, 고기 없는 빈 못을 지키는 늙은 따오기처럼 쓸쓸히 죽는다.

「法句經」

이 표현들은 붓다께서 직접 설법하실 때도 그랬을 것이지만, 지금도 여전히 우리의 가슴을 적시는 잔잔한 감동으로 다가온다. 말할 것도 없이 우리 삶의 적나라한 단면들이기 때문이다. 붓다는 삶과 죽음, 재산과 인격 등의 문제를 허심탄회하게 이야기했으며, 거기에 적절한 비유를 들어 우리가 사는 이 세상은 무상하고 괴로움 또한 가득하다고 듣는 이를 설득하고 있다.

구체적으로 현실적인 문제들을 열거하고는, 삶이 힘들고 괴롭다는 공감의 바탕에서 그의 설득은 사람들을 감동시키고 있다. 붓다는 현실의 문제를 굳이 이해하지도 못할 어려운 말로써 돌려버리거나 외면하지 않았다. 무엇보다도 먼저 현실의 인간임을 이해하고, 거기서부터 문제를 풀어갈 방법을 논의한 것이다.

이런 대화들은 붓다의 가르침이 합리적이고 논리적이었으며, 사람의 행복에 도움이 되지 않는 일에 결코 논란을 벌이지 않았다는 것을 말해준다. 뿐만 아니라 모든 사항에 대해 확실하다고 생각하는 것과 그렇지 않은 것으로 나누고 있으며, 확실한 것에 대해서는 명확한 의견을 말했지만 그렇지 않은 문제에 대해서는 잠정적인 의견을 제시하고 있을 뿐이다.

이처럼 붓다는 사람들이 겪는 다양한 갈등들을 하나씩 풀어감으로써 인간의 삶이란 고통과 불안 그리고 괴로움의 연속임을 스스로 느끼게 하였으며, 그것은 자신이 만든 내적인 갈등과 욕망에서 비롯된다는 사실을 알아차리게 하였다. 나아가서는 밑바닥에 깔려 있는 그 욕망들을 정화하려고 끈기 있게 노력하지 않는 한 괴로움으로부터 벗어날 수가 없다는 사실을 잘 깨닫도록 이치를 밝혀 말해주고 있다.

● 가까이 사귄 사람끼리는 사랑과 그리움이 따른다. 사랑과
　그리움에는 괴로움이 따르기 마련이다. 애틋해하는 마음에
　서 근심이 생기는 것임을 알고, 물소의 뿔처럼 혼자서 가라.

「經集」

● 이 세상에 영원히 존재하는 것은 없다. 그러므로 실체도 없
　는 '나'에 집착하면 항상 근심과 고통이 생기는 법이다. 내가

있다면 내 것이 있을 것이고, 내 것이 있다면 내가 있을 것이다. 그러나 나와 내 것은 어디서도 찾을 수 없다.

「南傳 中部 蛇喩經」

사실 우리는 '사는 것이 괴롭다'고만 생각하지, '왜 괴로운가?' '그 원인은 무엇인가?'에 대해서는 진지하게 되돌아보지 않는다. 붓다에 따르면 괴로움의 원인은 '나'는 영원히 변하지 않을 것이며, '나'가 원하는 모든 것들은 이루어져야 한다고 생각하기 때문이다. 욕망의 주체인 '나'를 올바로 이해하지 못하는 데서 괴로움은 시작된다는 의미다.

붓다와의 대화에서 이미 처방은 제시되어 있으며, 그 내용은 누구라도 이해할 수 있다. 그것은 가상의 절대자를 끌어오는 것도 아니며, 이 세계 밖에 허구의 세계를 건설하자는 것도 아니다. 괴로움이란 자신에 대한 무지와 오해로부터 비롯되었기 때문에, 그 무지와 오해를 알아야 하는 것일 뿐이다.

붓다에 따르면, 이 무지와 오해를 밝혀줄 이치가 곧 '연기(緣起)'다. 붓다는 '연기'를, '이 법칙은 내가 만든 것도 다른 사람이 만든 것도 아니다. 이 법은 항상 있는 것이다'라고 하였다. 연기란 모든 존재에게 적용되는 법으로서, 모든 것은 공간적으로나 시간적으로 어느 하나도 독립됨이 없이 서로가 원인이 되고 서로가 결과가 되어 서로 서로 의지한 채로 나타나고 사라진다는 뜻이다.

인간을 포함한 만물은 서로 맺고 걸리는 상의적(相依的) 관계 속에서 나타났다 사라질 뿐이다. 우리 또한 바람처럼 흔적 없이 왔다가 때가 되면 인연 따라 떠날 것이다. 여기에 어떤 목적이 있다거나 또는 어떤 의미를 부여해야 한다는 주장은 단지 인간의 욕심에서 비롯된 생각일 따름이다.

이런 이치를 깨달은 이들은 삶을 마감할 즈음에 이르러 '그냥 이렇게 왔다가 간다'고 했다. 하지만 홀연히 생겨났다 덧없이 사라지는 존재의 도리에 눈을 감은 사람들은 '살아 있는 동안, 나는 나다'라는 망상에서 벗어날 줄 모른다. 연기의 이치도, 상의적 관계도 오로지 관념적으로 조직된 논리나 체계화된 학설과 다르지 않다고 생각한다.

무지(無知)는 단지 아는 것이 없다는 데서 그치지 않는다. 오히려 '나'를 일정하게 지속하는 존재로 착각하고, 이로부터 자기중심적인 투쟁을 마땅히 해야 할 일로 받아들인다. 뿐만 아니라 '나 아닌 것'과의 갈등을 당연하다고 여기며, 모든 존재는 본래부터 다르다고 믿는다.

이와 같이 처음부터 잘못된 집착에서 모든 문제가 생기게 되었다는 것을 꿰뚫어 알아차렸던 붓다는 괴로움을 없애기 위해서 사회의 구도를 개혁해야 한다는 주장을 하지는 않았다. 인간이 벗어나고자 하는 괴로움이란 처음부터 마음속에 있는 집착으로부터 생긴 것이기 때문에 붓다가 가장 먼저 언급한 내용 역시 한쪽으로 치우친 생각을 벗어나 자신의 삶을 바로 보라고 한 것이다.

붓다의 가르침은 많은 사람들을 감동시켰고, 그 결과 불교는 순식간에 넓은 지역으로 전파되었으며, 교단의 규모도 방대해졌다. 그러나 동시에 지역적인 관습과 문화적인 차이가 연관됨에 따라 불교 역시 어쩔 수 없이 분열의 소용돌이에 휩싸이게 된다. 종파분열의 원인이 되었던 '십사(十事)'의 문제는 화폐의 보시와 무소유에 대한 논쟁으로 시작되었다.

도시국가의 시장경제로 확장되던 당시의 상인들에게 음식의 보시는 매우 어려운 일이 되었다. 음식 대신 화폐로 보시하고자 하였으나 수행자가 화폐를 소지할 수 있는가가 문제였다. 또 다른 문제는 소금의 소유에 대한 관점의 차이였다. 이는 '무소유'를 주장한 붓다의 말씀을 두고 벌인 논쟁으로, 아열대 기후인 남쪽에서 일사병의 예방을 위해 필수적으로 지참해야 했던 소금이 '소유'라는 개념에 묶여 서로 다른 목소리를 내기 시작한 것이다.

문제는 '소유'와 '무소유'란 표현이나 계율이 중요한 것이 아니다. 진정 붓다가 왜 그런 말을 했는가를 되짚어 물어야 했지만, 상황과 여건을 무시하고 단순히 말과 개념에 묶여 서로가 옳다는 주장을 포기하지 않았던 것이다.

이런 문제들이 불교가 널리 전파되는 가운데 나타나고, 그것이 불교이해의 함정으로 작용하게 되었다. 이들 가운데 가장 대표적인 오류가 바로 괴로움에 대한 통찰이다. 이를테면 괴로움의 통찰이 사람을 해방시키는 것이 아니라, 고통을 제거시키는 길이라고 오해하게 된 부분이다. 문제는 거기에서 그친 것이 아니라, 그런 이론들이 오히려 삶의 질서를 위한 보호막으로 변질되었다는 점이다. 그렇게 되자 불교 본래의 통찰과 목적들이 다른 방향으로 흘러가 버리는 결과를 가져왔다.

이런 현상은 초기의 양상에서는 단지 유형과 종류를 나누는 경향의 시작에 불과했지만, 여러 가지 요소들이 가미되면서 부파불교에 이르러서는 극도로 복잡해졌다. 각 종파들이 나름대로 분류한 분석들은 유형과 종류를 나누는 일이었지만, 사실상 그것은 구체적 응답이나 실천적 노력과는 거리가 멀었다. 고통에 대한 분석과 인간에 대한 분석, 그리고 존재의 세 특성(苦, 無常, 無我)들이 종파마다 각기 다른 범주에서 제기되었던 것이다.

이와 같은 개념화의 과정은 서구의 사유발달 과정에서도 유사하게 나타났던 현상이다. 사실상 학문의 아버지라 불리는 그리스의 철학자 플라톤(Platon, BC 427-347)은 상상으로 구성한 이상세계를 '이데아(Idea)'라 불렀다. 이에 대해 아리스토텔레스(Aristoteles, BC 384-322)는 존재의 근원으로 이데아 대신 '순수형상(Eidos)'이라는 개념을 내세웠다. 이후 수많은 이들이 이런 허구의 세계를 믿고, 또 그것에 이름 붙이기를 수없이 반복했다. 그리고는 각기 자신이 제시한 그것만이 궁극적인 것이라고 목소리를 높여왔으며, 그것을 '형이상학(Metaphysics)'이라 불렀다.

그런 가상세계가 실재(實在)하느냐의 문제는 정작 우리가 알 수 없다. 하지만 그것에 대한 이름은 플로티노스(Plotinus, 205-270)의 '일자(to hen)'에서 칸트(Immanuel Kant, 1724-1804)의 '물자체(Ding An Sich)'로, 헤겔(G. W. Friedrich Hegel, 1770-1831)의 '절대정신(Absoluter Geist)'으로 이어졌다. 나아가서는 이와 같이 이름을 붙이고 쪼개고 나누는 작업을 지식이라고 했다. 이는 마치 퍼즐게임을 어렵게 만드느라 수없이 쪼개고 나누는 것처럼, 분석하고 나누다 보니 본래의 모습조차도 상상할 수 없게 된 지경에 이르게 되었다.

한편에서는 이렇게 분석하고 분류하는 작업 자체가 문제임을 간파하고, 그것이 본질이 아니라고 항변한 사람들 또한 끊임없이 나타났다. 흄(David Hume, 1711-1776)은 '사람들이 모든 문제들의 본질을 인식할 수 있다고 내세운 형이상학적 체계 자체가 곧 무분별한 시도'라고 했으며, 니체(Friedrich Nietzsche, 1844-1900)는 '인간의 삶이란 아담과 이브의 원죄에 의해 구속된 비참한 참상'이라 했다. 마르크스(Karl Heinrich Marx, 1818-1883) 또한 '종교는 아편이다'란 주장과 함께, '신의 존재를 신비화함으로써 인간을 끝없이 추락하게 만드는 망상으로부터 인간을 해방시켜야 한다'고 주장했다.

존 스튜어트 밀(John Stuart Mill, 1806-1873)은 '사람들을 노예화하는

가장 강력한 속박은 폭군들이 아니라 인간의 고결함과 자주성을 제거하는 어리석은 믿음'이라고 강조했으며, 심리학자인 프로이드 (Freud Sigmund, 1856-1939)는 '나와 남을 다르다고 생각하는 틀로부터 벗어나 인간 내면 깊숙이 있는 창조적 힘들을 해방시켜야 한다'고 했다. 비트겐슈타인(Ludwig Wittgenstein, 1889-1951) 역시 '언어에 의해서 인간의 지성이 신비화되는 것, 즉 언어로써 표현하지 못하는 것은 없다는 생각을 경계해야 한다'는 반론을 제기했다.

이는 곧 본래의 온전한 그 자리, 즉 쪼개고 나누기 이전의 제자리로 돌아가야 한다는 절박함을 강조한 것이다. 불교 또한 처음부터 이런 관점을 제시하고 추구해왔지만, 부파불교가 성행하면서 복잡해졌던 이론들은 놀랍게도 서양의 사유발달 과정과 흡사한 경로를 밟아왔다.

분석하고 개념화시키고 또 새로운 이론을 덧붙임으로서 본래의 온전함을 잃어왔다는 사실은 우리가 추구하는 사회질서 역시 사회구조와 환경에 의해 유사하게 충동된 수많은 사람들의 축적된 욕망의 힘에 의해서 유지되고 있다는 사실을 명확하게 보여준다. 이것이야말로 우리가 스스로의 온전함을 잃고 우리가 만들어놓은 개념화된 틀의 세계 속에서 살고 있다는 반증이기도 하다.

적어도 이런 사실을 이해할 때까지는 새로운 세계에 필요한 새로운 질서를 만들어야 한다고 하는 어떤 방법들도 결국은 사회적 충동들을 강화시키는 또 다른 도구가 될 수밖에 없다. 그 과정에서 새로운 방법에 이름을 붙이고, 거기에 체계를 분류한 관념적인 내용을 이론으로 정리한 작업을 '사상'이라 불러왔다. 그러고는 '사상'은 논의의 과정을 거치고 다듬어져서 후대들에게 암기되었으며, 검증이나 조절을 위해서 적당히 조작되어 진리라는 명칭을 얻어왔던 것이다.

역설적이게도 진리를 지속시키는 방법은 또다시 적당한 새로운 이론을 만들어내는 일이다. 어쩌면 이론이란 인간이 발명해낸 것 중 가장 강력한 무기이기도 하다. 가장 대표적인 사례가 바로 '냉전'이란 말로써 표현된 이념대립이었던 것을 누구나 알고 있다. 산다는 것은 누구 할 것 없이 별반 다를 바도 없는데, 인간 스스로가 '민주주의'니 '공산주의'란 이념의 틀 속에 묶어놓고 수천 만의 죽음을 강요했던 세계대전이 바로 그것이다.

사실 이론이나 논리라는 틀 속에 묶는다는 것은 처음부터 논리와 이론적 지식만큼 본질과의 거리를 두게 된다. 하지만 지금도 여전히 첨단과학의 이름으로 새로운 이론들이 인간이해의 지평을 넓혀가고 있으며, 우리 역시 그 이론들에 현혹되고 있을 뿐이다.

● 어떤 행자가 물었다.
　'나고 죽는 일에 대해 한 말씀 해주십시오.'
　'그대는 언제 나고 죽었더냐?'
　'저는 잘 모르겠습니다. 스님께서 말씀해주십시오.'
　'모르겠거든 한번 죽어봐라.'

「傳燈錄」神山僧密

세상에 존재하는 그 어떤 것도 그것 자체는 모두 온전한 것이다. 인간의 관점에 의해 관념화되어 분석되거나 분류될 성질은 아니다. '좋다' '나쁘다'거나, '선'이니 '악'이라는 것 역시 처음부터 존재한 것이 아니다. 단지 인간의 입장에서 판단하여 인간에게 유익하고 도움이 된다면 '좋다'와 '선'이란 판정을 받았을 뿐이다.

그러나 인간만이 그렇게 볼 수 있다는 근거는 어디에도 없다. 세상의 모든 존재는 그 어떤 경우에라도, 근본적인 가치는 합리화될 수 없을 뿐만 아니라 인간의 논리와는 별개로 자신의 본질에 의해 존재한다. 불교가 우리에게 일깨워주고자 하는 내용 또한 지식과 논리로 무장한 만큼 사물의 핵심에서 멀리 떨어져 있다는 사실이다. 이런 관점에서 보면, 왜 붓다가 처음부터 인간을 괴로움으로부터 벗어나게 하려고 노력했는지를 짐작할 수 있다.

'나'도 그렇지만 삼라만상 역시 서로 맺고 걸리는 상의적 관계 속에서 나타났다 사라지는 존재일 뿐이다. 고정된 실체 즉 일정하게 지속하는 존재라는 잘못된 생각에서 벗어나게 되면 삶이란 단지 하나의 흐름이며 나누어지지 않은 연속적인 순간임을 깨닫게 된다. 괴로움으로부터 벗어난다는 것 또한 주어진 조건을 회피하는 것이 아니라 상황이나 사물들을 있는 그대로, 즉 주관을 개입시키지 않은 모습으로 받아들인다는 의미다.

이는 이론으로 설명되거나 조작되는 어떤 것이 아니라, 단지 몸소 체험하여 알게 되는 상태를 뜻한다. 다시 말해 괴로움으로부터의 해방이란 머리로 계산하고 헤아리는 인식의 내용이 아니라 온몸으로 느끼는 존재의 상태다. '지금, 이 순간'에 구체적인 사실로 나타나야 하므로, 그것이 곧 자신을 바로 보는 방법이 된다.

그러나 우리의 의식이 지닌 한계를 극복하지 못하고, 허구의 세계에 대한 관념에 집착하는 한 진정한 자유는 형이상학일 수밖에 없다. 머리로 헤아리려고 생각하는 한, 계산은 계산일 뿐이다.

09

믿어야 한다고
믿는 것들

사람은 사람이기 때문에 귀한 것이 아니라, 사람다울 수 있을 때 비로소 그 삶이 높고 귀하게 평가되기도 한다. 사람의 귀함이 사람다움의 실현에 있다면, 그 삶은 질적(質的)으로 헤아릴 수밖에 없다. 얼마나 오래 살았느냐가 아니라, 가치 있는 삶을 살았느냐다.

우리가 진정으로 가치 있게 보낸 삶을 소중하게 여긴다면, 사는 동안 반드시 요구되는 것은 사회적인 지위나 재물이 아니라는 것은 분명하다. 그러기에 옛 글에서는 주어진 삶을 오로지 자신이 누리고 지니는 것만을 생각하며 보낸 이를 두고, '그 사람 죽었다는 소리조차 들리지 않는다'고 했다.

가치 있게 산다는 것은 어떻게 사는 것인가?

무엇보다 자신이 누구인지를 알아야 가치 있는 삶도 가능하다. 그것은 언제나 '나는 누구인가?'를 스스로 묻는 삶이 되어야 한다는 의미다. 인간이 지닌 값어치를 실현하는 길에는 신분이나 돈이 우선되지 않는다.

사람다운 사람의 가치를 '사람(人)'이란 글자를 네 번(人人人人) 겹침으로써 풀었던 옛 사람들은, 항상 '사람이면 다 사람이냐. 사람다워야 사람이지'란 의미를 가슴 한 곳에 담고 있었다. 여기에는 사람이란 온전한 존재가 아니라 온전함으로 나아가는 존재라는 뜻이 내포되어 있다. 결과가 중요한 것이 아니라 살아가는 과정을 소홀히 해서는 안 된다는 뜻이다.

물론 과정의 가치를 평가하는 관점은 다를 수도 있다. 이를테면 사회적 가치에 대한 만족의 정도로써 다른 사람이나 자기 자신을 바라보는 데 익숙해진 버릇 때문에 경제적 성공이나 신분의 상승을 당연한 잣대로 삼는 것이 그와 같은 경우다. 남보다 더 '티 내고, 폼 잡고, 힘 주면서' 사는 것을 사람을 평가하는 기준으로 적용할 수는 있지만, 여기서는 그런 관점 자체가 사람다운 가치를 실현하는 길은 아니라는 데 있다.

설령 그런 기준으로 삶의 의미를 평가한다고 하더라도, 갑작스런 상황의 변화나 사업의 실패는 '삶이 덧없다'는 의미를 되새기기도 한다. 하지만 우리는 곧 아무 일도 없다는 듯 제자리로 되돌아간다. 가까운 이의 부음을 전해 듣고 문상을 간 자리에서 만난 사람들과의 대화가 그런 사실을 적나라하게 말해준다. '이렇게 가고 말 것을 그렇게 발버둥 치며 살았는가?' 또는 '산다는 것이 참으로 허무한 일이다. 이렇게 살지는 말아야지'라는 말들이다. 대개 살아온 삶에 대한 반성의 표현이다.

그러나 그 대화들에 나타난 되돌아보기는 단지 그 자리에서일 뿐이다. 그 곳을 떠나는 순간, '내가 언제 그런 생각을 했던가?'의 모습으로 돌아간다. 이것이 바로 우리의 모습이다. 삶에 대한 진실한 이해나 괴로움을 직시할 의지 대신 사회나 환경을 탓하며 불평을 늘어놓기에 바쁘다. 되풀이되는 상황을 넘어서기 위한 노력은 하지 않는다.

그러다 보니 지식과 기능만을 중요시하는 사회적 가치를 반영하고 있는 교육과정에서도 사람답게 사는 삶에 대한 이야기는 찾아보기 힘들다. 오로지 새로운 이론과 기능들만이 그 자리를 차지하고 있을 뿐이다. 덕분에 오늘날 우리는 예전 사람들에 비해 아는 것이 너무도 많다. 전문가가 아니라도 잡다한 지식과 정보를 소상히 알고 있다.

많이 안다는 것이 나쁘다는 이야기는 결코 아니다. 그러나 '아는 만큼 그렇게 살고 있는가?'라는 질문에는 대답할 말을 잃고 만다. 정보와 지식에 대해서는 모르는 게 없을 정도지만, 정작 자신의 문제에 부딪혀서는 어찌할 바를 모르고 허둥대는 것도 우리의 모습이다.

우리가 알고자 함은 말할 것도 없이 지식과 정보를 통하여 세상을 이해하고 받아들여 더 넓은 시야를 확보하려는 데 있다. 나아가서는 폭 넓은 지식으로 지혜로운 생각을 가다듬고 내 삶을 아름답게 가꿈으로써 사람답게 살기 위해서다.

그러나 '아는 것'이 '사는 것'과 연결되지 않는다면 평생을 그 지식에 끌려 다녀야 한다. 자신의 삶은 되돌아보지 않고 늘 남의 행동을 평가하며 '공자왈, 맹자왈'을 떠들고 다니는 사람들이 있다. 때로는 말은 많이 하는데 도대체 무슨 말을 하고 있는지를 이해하기 어려운 사람들도 만난다. 많이 알면 알수록 그만큼 생각은 분산된다. 아무리 많은 지식을 지녔더라도 지식이 곧 지혜는 아니다.

고도로 정제된 고열량의 음식을 먹으면서 운동을 하지 않는다면 비만이나 성인병으로 고통받을 수밖에 없다는 사실은 누구나 알고 있지만, 아는 만큼 실천으로 옮기는 이는 드물다. 이는 사이버공간과 신기술의 틀 속으로 밀려 들어가는 세상은 사람다운 삶의 의미를 뭉개고 있는데도, 그것이 오히려 이 시대를 살아가는 모습이 아니냐고 반문하는 일과 매한가지다. 이처럼 앞뒤가 맞지 않거나 이치상 두 가지가 동시에 따로 성립될 수 없는 일을 하고 있으면서도 정작 우리는 그 사실을 자각하지 못한다.

우리의 모습을 솔직하게 돌아본다면, 욕망의 충족이 행복을 보장하지 못한다는 사실을 모르거나 부정하는 사람은 없다. 사실 어지간히 지니고 누리는데도 우리의 마음은 여전히 가난하고 불만족스럽다. 이는 곧 우리가 삶을 대하는 태도에 문제가 있거나 아니면 길을 잘못 든 것이 분명하다는 사실을 말해준다.

사람답게 사는 길이 욕망을 쫓아가는 과정이 아니라는 사실을 이해한다면, 이미 세상을 사는 목표와 의미가 사회적 가치에 따라 설정되어 있다는 사실을 알고 있다는 뜻이다. 그러나 우리는 이솝 우화의 '소풍 간 돼지 열 마리' 이야기처럼, '나는 빼고'를 달고 다니면서, 그런 사실조차도 모른다.

위대한 스승이었던 공자(孔子)는 그 안타까움을 이렇게 표현하고 있다.

● 어떻게 해야 할까? 어떻게 해야 할까를 묻지 않는 사람은,
　나도 어찌할 수 없다.

「論語」衛靈公

물에 빠진 사람은 그 물이 어디서 와서 어디로 흘러가는지를 알수 없다. 오로지 물 밖으로 나와야 비로소 그 물의 흐름을 알 수있을 따름이다. 마찬가지로 내 삶의 기준을 가지고 누림의 만족에 따른 잣대로 계산하면서 아름답고 편안한 삶을 살고자 하는 것은 더 이상 술을 채울 수 없는 낡은 술통에 새로 담근 술을 억지로 붓는 일과 다르지 않다.

어쩌다 깨달은 바가 있어 삶의 의미를 수정하는 목표를 세운다

해도, 지금까지와는 다른 길로 접어드는 일 또한 쉬운 일이 아니다. 머리 깎고 산속으로 들어가 세상과 인연을 끊거나 무인도에서 홀로 살 수 있는 사람이 아닌 이상에야 사람은 세계와 단절하고 살 수는 없기 때문이다. 그래서 인간을 사회적 동물이라고도 한다.

사람은 그것이 어떤 방식이든지 간에 세계와의 관계 속에서 존재한다. 내가 존재한다는 것도 사실이지만, 세계가 객관적 존재로 있든지 단지 나의 관념 속에 있든지 간에, 존재한다는 것 또한 사실이다. 우리의 삶은 이러한 세계와의 관계 속에서 이루어진다.

그렇다 보니 우리의 일상적 행위는 그 관계 속에서 형성된 사회적 가치를 무의식적으로 따라간다. 생각해보면 우리의 행동은 사실 내가 의도해서 이루어진다기보다는 오히려 무의식적인 충동에 의해서 강요되고 있다는 것이 정확한 표현이다. 일반적으로 충동에 의해 이루어지는 행동을 '노이로제'라고 할 때, 우리의 행동을 그렇다고 표현하면 기분 나쁜 것이 사실이다. 하지만 그것은 단지 노이로제 환자들 뿐만 아니라 우리들 모두에게 해당되는 표현이기도 하다.

정신이상자란 자기를 괴롭히는 강박관념이 극도로 격렬해서 자신이 무슨 행동을 하고 있는지조차 모를 경우만을 국한시켜 일컫는 말이다. 그러나 사실 빈도나 강약에 있어서의 차이는 다를지라도, 우리의 행동에도 적용될 수 있다. 이를테면 '내 생각만이 옳다'고 주장하며 행동하는 경우가 그렇지만, 그것 역시 세계와의 관계 속에서 형성된 편견이다.

● 마음이 어리석으면 법화(法華)에 의해 구르게 되고
  마음을 깨달으면 내가 법화를 굴리네.

오래 읽어도 마음을 밝히지 못하면
이치와는 영원히 원수가 된다.

「傳燈錄」洪州法達

우리는 언제나 자신이 누구인지도 모르는 채 '나'라고 생각하며
살아간다. 그러면서 우리는 사회적 행동을 한다. 사회적 행동이란
자신을 얽어매고 있는 조건들을 수용한다는 의미이지만, 단지 스
스로는 묶여 있는 줄 모를 뿐이다.

사람은 스스로 만물의 영장이라고 큰소리치지만, 결국은 사회
적으로 투사된 자신의 욕망을 만족시키기 위해 스스로 자신의 족
쇄들을 계획하고 만들어낼 뿐이다. 그리고는 자신도 모르는 사이
에 욕망에서 비롯된 사회적 목적들을 추구하고 있다. 나의 욕망을
만족시키기 위해 또는 내가 편하고자 여러 가지의 규칙과 법들을
만드는 데 찬성하고 동의하지만, 결국에는 자신이 스스로 만든 그
법과 규율에 묶이고 만다.

이보다 더 심각한 문제는 사회적 가치에 의해 충동되는 행동의
원인을 알 수 없다는 데 있다. 이를테면 자신의 생각 속에 있는 어
떤 신념들은 분명히 자각할 수 있지만, 어떤 신념들은 우리가 잘
알지 못하면서 그렇게 행동한다. 어쩌면 너무도 당연해서 하나도
이상할 것이 없는 그런 신념들, 즉 자각하지 못하는 신념들이 우
리의 판단과 행동에 결정적인 영향을 끼치는 경우가 너무도 많다.

가령 '최소한 대학은 졸업해야 한다'는 신념을 당연하다고 생각
한다면, 그 생각은 우리가 다른 길을 선택할 가능성에 대한 모든
시도를 무너뜨린다. 사실 그렇게 행동하는 것이 진정한 나의 선택
이 아니지만, 그렇게 믿고 싶기에 그냥 덮어둔 것이다. 그것은 말
할 것도 없이 우선 편리하다거나 굳이 내 신념이 아니라고 할 이

유를 찾지 못하기 때문에 그렇게 행동한다.

그러나 사실은 '우리가 진정으로 원하는 것이 무엇인가?'에 대해서나 우리가 '왜 이런 행동을 하는가?'에 대한 원인을 알 수 없기 때문에 그렇게 한다. 마찬가지로 사람들이 무엇을 믿는다고 할 때도, 믿는다는 그것을 그저 믿는 것이 아니라 그것을 믿어야만 한다고 믿고 있는 것이다. 그것이 사는 목표라고 생각하기 때문이다. 이를테면 '왜 그런 행동을 하는가?'에 대한 답은 '그렇게 해야 한다고 하니 그렇게 한다'는 것이다.

누구나 의심 없이 그럴 것이라고 생각하며 받아들이는 경우 그것을 옳다고 믿지만, 그만큼 사실과는 멀어져 있다. '인생이란 그저 그런 거야'라고 말한다면, 이것이 바로 증거다. 우스운 것은 그런 믿음은 바로 우리가 만든 것이다. 우리 스스로 자신에게 그렇게 생각하게끔 이끌고는, 뒤로 물러서서 들여다보고 있다.

이러한 사실들은 우리도 모르는 사이에 우리의 생각과 행동을 지배하는 것이 바로 지금의 사회적 구조와 질서라는 것을 의미하고 있다. 뿐만 아니라 사회의 구조와 질서야말로 '내가 학교를 졸업하고, 결혼을 하고, 취직을 해야 하는' 이유로써 내세우는 '나'의 근거이자, 우리가 의식적으로 자각하고 있는 행동의 이유이기도 하다. 하지만 사회의 구조와 질서는 아무리 시대와 상황을 달리한다 해도 똑같은 이유를 가질 것이며, 우리는 그러한 이유들을 충족시키는 한도 내에서 사회적인 활동을 하며, '출세'라는 목표를 위해 동분서주할 것이다.

설령 우리의 삶이 그런 구조 속에 얽매여 있다고 하더라도 살아야 하는 이유들을 정당한 것으로 여기면서 스스로를 위로하지만, 끊임없는 불안감은 언제나 마음을 짓누르고 있다. 시도 때도 없이 나타나는 불안을 없애려고 애쓰지만, 그런 시도가 계속될수록 불안은 더욱 심해진다. '내가 도대체 왜 이래야만 하지?'라는 이유조차 생각할 여유도 없이 새로운 문제를 끌어온다. 항상 무엇인가를 생각해야만 하고, 늘 무엇인가를 하고 있어야 하는 우리의 행동이 바로 이러한 불안으로부터 끊임없이 도망치고 있다는 반증이다.

동쪽으로 가면서 동시에 서쪽으로 갈 수는 없다. 생각의 순서를 바꾸거나 하고 싶은 일 한두 가지를 포기한다고 해서 불안이 제거되지는 않는다. 불안은 우리의 내면에 도사리고 있는 욕망과 집착의 충동적 힘, 즉 사회의 구조와 질서에 매달려가는 자신을 이해할 때까지 사라지지 않을 것이다.

불안으로부터의 해방은 사회적 가치에 대한 확신이 아니라, 그 믿음이 과연 옳은가를 생각하는 유연성에서 시작된다. 이것이 바로 우리가 스스로를 되돌아보아야 하는 이유다. 우리의 내면에 도사리고 있는 무의식적인 충동의 원인을 똑바로 보아야 한다.

똑바로 본다는 것은 우리가 '나'라는 거짓된 실체와 사회적 가치라는 근거 없는 신념들을 묻지도 따지지도 않은 채 믿고 있다는 사실을 깨닫는 일이다. 근거 없는 신념으로부터 뻗어 나와 끝없이 이어지는 생각의 고리를 끊어야 과거의 후회와 미래의 불안으로부터 넘어설 수 있다. 여기서 말하는 '과거와 미래'란 자신으로부터 연결되며 계속 영향을 발휘하고 있다고 생각되는 삶의 유기적인 모든 것을 의미하며, 넘어선다는 것은 무의식적 충동들의 구속으로부터 벗어난다는 뜻이다.

나침반이 있어야 방향을 알 수 있듯이, 지금까지와는 다른 방향으로 목표를 수정하기 위해서는 무엇보다도 먼저 자신에 대한 반성과 자각이 우선되어야 한다. 그러나 이런 필요성조차도 쉽사리 알아차릴 수 없다는 것이 더욱 심각한 문제다. 그것은 사회가 우리에게 요구하는 압력이나 강제력들이 증가하고 있다는 사실을 알고는 있지만, 그 대부분은 매우 미묘해서 처음에는 알아채지 못하다가 너무 늦게 깨닫기 때문이기도 하다.

하루가 다르게 시시각각으로 변해가는 신기술에 적응해야 한다는 강박관념도 한몫을 한다. 이전에는 단지 걸음이 느려서 늦으려니 생각했던 자녀들의 귀갓길도 이제는 교통사고와 더불어 범죄를 걱정해야 하는 일에 이르러 있다. 사태가 이 지경에 이르도록 우리는 눈치 채지 못하고 단지 편리함에 반겼던 일들이다. 전쟁이나 죽음 등과 같은 극한적인 상황이라면 쉽게 포기라도 할 수 있지만, 오히려 매일 접하는 대중매체들에 의해서 묘하게 심리적으로 통제되거나 새로운 정보나 그와 관련된 압력을 받음으로써 우리의 사고나 행동은 획일화되어왔다.

그러다 보니 한편으로는 심리적 자각의 반응에 마음을 빼앗기는 역설적인 현상들도 나타난다. 그것은 자각 그 자체가 목적이 될 정도로 자아탐구에 몰두하는 일들이다. 기(氣)를 수련하는 것도 그렇지만 최면요법을 통해 받아들이는 잠재의식의 리메이크 현상도 마찬가지다. 심지어 명상을 통해 미용에 도움을 얻는다고도 한다. 이런 행위들을 통해서 성공적인 사회생활을 도모하고자 하는 이들이 날로 증가하고 있다.

스스로를 되돌아본다는 것은 인간의 정신적인 성숙과 인간성 자체의 도약을 위해 '나'를 이해하려는 것이다. 이는 '나'를 발전시키거나 건전하게 하려는 것이 아니다. 그렇게 된다면 그런 과정 역시 동어반복의 모순이 될 뿐이다. '나'를 이해하려는 것은 우리를 파괴하는 억압들에 대항함으로써 우리의 온전함을 자각하려는 데 있다. 억압에 대항하는 유일한 방어는 내적 체험뿐이기 때문이다.

● 본래의 마음 법을 통달하면

법도 없고 법 아닌 것도 없다.
깨닫고 나면 깨닫기 전과 같나니
마음도 없고 법도 없다.

「傳燈錄」提多迦

　신라의 원효(元曉)스님이 깨달음을 얻었다고 전해지는 사건, 즉 어제 저녁 깜깜할 때는 그렇게 달고 시원했던 물이 이튿날 아침 그것이 해골바가지에 고인 물이라는 것을 알았을 때는 구역질이 났다는 이야기는, 어제 저녁이나 이튿날 아침이나 간에 다른 물이 아니었지만 단지 '나'의 생각으로 시원하기도 했고 구역질도 났다는 것이다.

　사실 '더럽다' '깨끗하다'는 생각은 오직 '나'의 의식 활동으로 인한 것일 뿐이다. 사회적 가치에 매달려가는 자신을 '나'라고 생각하며, 그 '나'를 발전시키려고 노력하는 일들 역시 마찬가지다.

　'나'라는 생각을 내려놓아야 한다는 것은 대상을 따라 일어났다 사라지는 생각들이 허상이기 때문이다. 그러므로 현실에 적응하고자 하는 생각들을 부정하는 부정의 수행은, 그럼에도 불구하고 전적으로 긍정의 노력이 된다. 이를 통해 얻어지는 경험은 부정적으로 표현될지언정 사실은 온전함으로 되돌아가는 길이다. 그 길에서 비로소 사람다운 사람의 의미를 이해할 수 있을 것이다.

　사람답다는 의미 또한 어떤 효과를 얻기 위해서가 아니라, 오히려 일체의 외적인 형식을 버리고 본래의 자기에게로 돌아가고자 함이다. 거기에서 펼쳐지는 온전함의 세계란 만들어낸 허상이 아니기에, 신(神)도 필요 없을뿐더러 내세의 구원조차도 불필요한 형식이다.

　그러나 현실존재로서의 인간은 결코 그 자체로서는 완벽할 수 없다. 불교에서는 무명(無明)이라고 하는 불완전한 인간존재 상태가 인식을 결정하기 때문이라고 한다. 따라서 인간이야말로 불완전한 존재의 상태라는 것을 깨닫는 것이야말로 올바른 인식이 된다. 델피(Delphi) 신전에서 가장 지혜로운 사람이라는 신탁을 받았던 소크라테스(Socrates)의 탄식도 바로 여기에 있다. '세상 사람들이 모두 무지(無知)하기는 마찬가지이지만, 오로지 나 혼자만이 그 사실을 알고 있다'는 것이다.

사람의 가치란 무지로부터 깨달음에 이르는 과정에서 비로소 빛을 내기 시작한다. 깨달음을 추구하는 길은 말할 것도 없지만, 사람답게 사는 길이라 해도 지속적으로 노력해야 한다는 점에서는 다르지 않다. 지금도 여전히 깨달음으로 나아가려는 이들이 있고, 그 길로 안내하는 수행방법이 존재한다. 뿐만 아니라 사람답게 살고자 하는 이들의 행로 역시 끝없이 이어진다는 것은, 그것이 바로 인간의 문제이기 때문이다.

10

인간의 내면에 잠재하고 있는 불성(佛性)을 발견(見性)함으로써 열반에 도달하고자 하는 선(禪)을 이해하려는 방법은 다양하게 시도되어왔다. 그러나 큰 줄거리로 추려보면, 두 가지의 관점에서 그 핵심에 가까이 다가가고 있다.

하나는 일어났던 사건을 중심으로 선(禪)의 양상과 흐름을 이해하는 방법으로, 시대적인 변화에 따라 의미를 확장시켰던 인물과 사건을 중심으로 하고 있다. 특히 융성과 쇠퇴를 반복했던 선종사(禪宗史)를 근본적인 줄거리로 하면서 극적인 장면에 대한 부연 설명을 통해 선(禪)의 독특성을 다른 종파와 차별화시키고 있다. 하지만 이런 관점은 종교일반의 의의와 기능의 범주를 크게 넘어서지 못한다.

다른 하나는 선승(禪僧)들이 몸소 체험하여 이르게 된 경지에 대한 가르침이나 문답 속에 숨겨진 비밀한 뜻을 논의하고 분석하는 방법이다. 이는 「어록(語錄)」이나 「전등록(傳燈錄)」 등과 같은 책으로 전해진 '선문답(禪問答)' 혹은 '공안(公案)'이라는 독특한 대화법을 인용하여, 선(禪)이란 문자를 떠나 마음에서 마음으로 전했다는 사실을 부각시킴으로써 선의 핵심에 접근하려 한다.

여기서 말하는 선문답이란 스승과 제자 사이에 오고 간 대화로 이루어져 있지만, 주고받은 이야기의 내용은 상식적인 의미로는 쉽게 이해할 수 없는 모호함을 지니고 있다. 때문에 선(禪)을 문제로 삼는 사람들조차도 논리를 뛰어넘는 발상과 비합리성을 강조하는데, 이것이 오히려 선의 신비성을 한층 더 높여준 계기가 되었다.

사실 선문답에서 주고받은 대화의 내용은 도대체 무슨 뜻인가를 헤아리기 어려운 당혹감마저 느끼게 한다. 따라서 선(禪)을 모호함과 동일한 의미로 받아들이기도 하는데, 이는 일상적인 인과 관계로 볼 때 대화의 내용 자체를 이해하기 어렵기 때문이다. 하지만 대화에 사용된 단어들은 그야말로 일상적인 말들이다. 심오한 표현이나 현학적인 어휘는 없다. 어쩌면 너무나 단순하고 일상적인 어투이기에 그것이 오히려 의심을 일으키기도 한다. 마치 심오하고 어려울 것이라는 우리의 생각을 꿰뚫기라도 하듯이, 너무도 단순하고 간단하기에 그것이 도리어 어렵다.

이처럼 선문답으로 드러나는 선(禪)이란 사실 간단명료한 가르침의 방법이자 바로 그 내용이다. 깨달음의 바탕인 '불성(佛性)'이란 잊고 있던 옛 추억과 같이 누구나 처음부터 지니고 있다는 사실을 일깨워주는 방법이다. 이것이 바로 혜능(慧能)이 자신을 쫓아온 혜명(惠明)에게 '비밀은 이미 너에게 있다'고 했던 말이다.

달리 표현하자면, 백 팔 번뇌로 다가오는 고해(苦海)의 세상은 팍팍하고 고통스럽지만, 그럼에도 불구하고 우리는 언제나 자신의 존엄을 회복해가는 기적을 연출한다. 불성(佛性)이란 바로 이 힘, 즉 누구에게나 평등하게 내재되어 있는 생명의 불가사의를 말하는 것이기도 하다. 바로 이 생명의 불가사의는 '여기, 이 자리'를 떠나 따로 있는 어떤 것이 아니지만, 우리는 늘 이것을 잊고 살 뿐이다. 그래서 조주(趙州)는 진리를 묻는 제자에게, '차나 한 잔 들게(喫茶去)'라고 했던 것이다.

사실 불성이란 처음부터 깨달을 바도, 얻을 바도, 설할 바도 없는 것이다. 너무나도 단순한, 단지 잊고 있었던 사실을 자각하는 일일 뿐이다. 때문에 선에서는 불성을 자각하려면 이미 깨우친 스승의 가르침에 따라 좌선(坐禪)하고 자신의 마음속에서 일어나는 일들을 살피는 것이 전부라고 한다.

따라서 선(禪)은 단도직입으로 '사람의 마음을 가리켜(直指人心), 본래의 불성을 자각함으로써 부처가 될 뿐(見性成佛), 글로 표현된 경전에 구애받지 않는(不立文字), 그러므로 기존의 교리와는 동떨어진 전통(教外別傳)을 수립한다'는 특징으로 기술된다.

이와 같이 선(禪)에 대한 이해는 '선문답'에 나타난 대화의 내용을 꿰뚫어 알아차리는 데서 출발하지만, 그것 또한 무언가 색다른 그리고 특별한 방법이 아니라 단지 항상 삶의 순간순간에 감사함을 느끼며 온전한 마음으로 살라고 할 뿐이다. 문제는 온전하게 산다는 것은 어떻게 사는 것이며, 또 어떻게 생각해야 하는가에 있다.

어떻게 살 것인가를 결정하는 것은 우리의 마음이다. 시시각각 떠올랐다 사라지는 생각에 따라 이리저리 흔들리지 않는다면, 보고 듣고 느끼는 것들이 '있는 그대로'일 것이다. 비유하자면 갓난아기의 순진한 눈과 실직자의 공허한 눈에 비치는 세상과 같이, 나누고 따지는 데 물들어 있는 눈과 자연스럽게 받아들이는 눈은 다르다.

갓난 아이의 눈처럼 '있는 그대로' 보고 느끼는 것이 곧 온전한 마음이다. 온전한 마음이란 사회적 가치가 나누어놓은, 즉 경제적인 능력이나 사회적인 지위 등으로 자리매김 된 차별과 분별에 묶이지 않는 마음이다. 그 마음은 대상을 두고 선악을 판단하거나 우열을 분별하지 않는다. 그러므로 온전한 마음으로 산다는 것은 순수한 삶 그 자체가 된다.

흔히 우리가 마음에 대해 이야기할 때, 여지까지 배운 지식을 빌미 삼아 서양적 개념으로 표현하는 경우가 많다. 일반적으로 '유심론(唯心論)' 또는 '인식론(認識論)'에서는 마음을 존재의 속성으로 생각한다. 이를테면 '눈길 닿는 곳마다 마음이 따라간다'고 할 때, 이 '마음'은 대상을 따라 일어나는 마음을 가리킨다. 이것은 대상에 대한 '마음의 움직임' 또는 그것에 대응하는 '마음의 변화'를 가리킨다. 일반적으로 '마음'이란 표현은 바로 이런 뜻으로 이해되지만, 이때의 '마음'은 '나'와 사물이 이원적으로 대립한 상태를 지칭하며, 각각 따로따로 있는 것처럼 인식된다.

선(禪)에서 말하는 '온전한 마음'이란 그것이 아니다. 온전한 마음이란, 유물론(唯物論)이나 유심론(唯心論)에서의 마음이라든지, 또는 '마음의 산물'이나 '존재의 속성'이라는 뜻과는 다르다. 선(禪)에서 말하는 온전한 마음이란 대상(자연이나 진리)과 마음이 일체가 된 경지를 일컫는다. 객관과 주관이 융합한 세계로서, 나와 대상이 별개의 것이 아님을 느끼는 마음이다.

이처럼 온전한 마음이란 모든 생각의 주체로서, 결코 생각의 대상이 될 수 없다. 때문에 그것을 말이나 문자로 전달한다는 것 자체가 이미 할 수 없는 것을 하고자 하는 것이 된다. 그런 까닭에 선(禪)에서는 '수행하라' '좌선하라' 그리고 '체험하라'는 실천적인 가르침만을 제시할 뿐이다.

● 법이란 본래의 법엔 법이 없으나

법이 없다는 법 또한 법이라.

이제 법 없음을 전해줄 때에

법을 법이라 한들 어찌 법이랴.

「傳燈錄」釋迦牟尼佛

선(禪)에서 '마음을 깨닫는다'고 할 때의 마음 역시 이처럼 대상화될 수 없기에 말로써 표현되지도 않는다. 단지 체험을 통해서 느낄 수밖에 없다. 체험이란 단순한 영감에 의하여 투시되는 세계와는 다르다. 영리함과 어리석음에 관계없이 누구에게나 기회가 주어지고 노력하면 깨달을 수 있는 경지다. 때문에 선(禪)은 일상생활 자체를 중요시하며, '그 밖에 다른 세계가 없다'고 한다.

스승과 제자 사이의 문답에서 그것이 드러난다.

● 중국 선종의 2대 조사가 되는 혜가(慧可)가 달마(達磨)를 찾아가서 물었다.

'제 마음이 편안치 못하오니 스님께서 편안하게 해주소서.'

달마가 대답하기를, '마음을 가지고 오너라. 편안케 해주리라.'

혜가가 반문한다.

'마음을 찾아도 얻을 수 없습니다.'

이에 달마는 '내가 이미 네 마음을 편안케 했다.'고 했다.

「傳燈錄」菩提達磨

이 대화에서 표현되는 마음이 곧 선(禪)에서 말하는 온전한 마음이다. 여기서 '마음을 찾을 수가 없다'라는 말은 '내'가 있고 또 '내 마음'이 따로 있는 줄 알았다는 뜻이다. 하지만 알고 보니 '내'

가 곧 '내 마음'이요, '내 마음'이 곧 '나'임을 깨달은 것이다. 문답을 통해서 스승이 제자에게 일러주고자 한 것은 '나'와 '마음'을 따로 분별하는 그 망상을 알아차리라는 것이다. 분별하고 헤아리는 생각이 사라지니 마음도 무심(無心)이 되었다.

노자(老子) 역시 「도덕경(道德經)」의 첫머리에서 존재의 근원이라 할 수 있는 도(道)에 대해 같은 말을 하고 있다.

● 도(道)를 도(道)라고 말해버리면 이미 도(道)가 아니다.

　　　　　　　　　　　　　　　　　　　　「道德經」第一章

마음을 마음이라고 해버리면 그것은 이미 표현된, 즉 대상화된 마음이다. 대상화된 마음이란 환상일 뿐이다. 대상화된 마음, 다시 말해 대상과의 관련들로부터 생겨난 마음(의 고통)이란 다름 아니라 우리의 생각이 만들어낸 이미지에 불과하다.

그러므로 마음과 대상이 원래 아무런 관계없음을 깨닫는다면, 사람은 사람대로 괴로움에서 해방되고 사물은 사물대로 사람에 의해 평가되고 분리되는 일은 사라질 것이다. 그렇게 되면 어떤 일에 몰입하여 그 일속에 빠져버린 사람, 즉 '사람은 있으나 사람은 없고, 사람은 없으나 사람은 있는 것'과 같은 온전함으로 나타난다. 이것이 바로 주객이 온전히 융합한 마음, 즉 선(禪)에서 이야기하는 마음이다.

● 진리(法)를 구하는 이는 구하는 바가 없어야 한다. 마음 밖
　에 따로 부처가 없고, 부처 밖에 따로 마음이 없다.

　　　　　　　　　　　　　　　　　　　　「傳燈錄」馬祖道一

● 고행으로 부처를 구하는 이는 모두 어리석고, 마음을 떠나
　서 부처를 구하는 이는 외도(外道)고, 마음에 집착하여 부처
　라 하는 이는 마귀다.

「傳燈錄」大珠慧海

　온전한 마음이 곧 본래의 마음이며, 대상에 따라 일어나는 망상(妄想)이 활동하지 않는 마음이다. 망상이 활동하지 않는다는 것은 단지 대상화된 마음이 일어나지 않는 것일 뿐, 주체로서의 마음이 사라지는 것은 아니다. 비유하자면 파도는 바람으로 인해서 드러나지만, 파도가 사라진다 해서 물이 없어지지 않는 것과 마찬가지다.

　이처럼 선(禪)은 나와 남을 달리 보고, 나와 대상을 분리시키는 생각이 근거가 없음을 알아차리는 방법이다. 주체를 객체와 분리시키는 일이 모든 환상과 고통의 원인이기 때문이다. 그러므로 현학적인 개념으로 표현되는 경전들에서 사용되는 용어들이 선(禪)의 문답에서는 거의 발견되지 않는다.

　그렇지만 우리는 언제나 '나'를 앞세워 '나 아닌 것'을 별개로 생각하며, 쪼개고 나누는 일을 너무나도 당연하게 여긴다. 때문에 결코 이 우주가 언제나 온전한 상태로 존재하며, 모든 존재 또한 서로서로 의존하는 관계로 연결되어 있다는 사실을 받아들이지 못한다. 다시 말해 나와 남을 구별하는 생각으로 세상을 보는 한 우리는 현실을 올바르게 보는 것이 아니다. 단지 대상화된 현실, 즉 나의 욕망에 의해 '좋고 나쁨'으로 나누어진 현실을 보고 있을 뿐이다.

　따라서 우리가 현실적으로 살고 있다고 생각하지만 사실은 현실적으로 사는 것이 아니라 현실이라는 관념 속에 묶여 살고 있는

것이다. 뿐만 아니라 항상 '현재'에도 살지 못한다. 현재를 사는 것이 아니라 오히려 미래나 과거의 관념 속에서 살고 있을 뿐이다. 그것은 지금 여기서 우리가 무엇인가를 하고 있는 듯이 보이지만, 사실상 과거의 기억이나 미래의 추측들과 관련된 문제나 걱정들에 매여 있기 때문이다. 이것이 곧 현재에 살지 못하고, 현실에 살지 못한다는 뜻이다.

그러므로 선(禪)은 지나가버린 과거의 기억으로 괴로워하는 사람이나 오지 않은 미래의 일에 대해 불안해하는 사람은 결코 행복할 수 없다고 일러준다. 현재를 살지 못하고 온전하게 느낄 수 없기 때문이다. 이를 두고 중국의 유명한 선승 임제(臨濟)는 '바로 지금이지, 다시 시절은 없다(卽時現今 更無時節)'고 했다. 지금이 바로 그때이지, 지금 여기와 다른 어떤 때 어떤 곳이 있는 것은 아니다. 우리의 삶도 과거와 미래가 아니라 오직 지금 이 자리에서 이렇게 펼쳐지고 있을 뿐이다.

만약 우리가 지난 일에 대한 후회와 미련에 젖어 있다면 우리는 이미 지나가버린 과거의 시간에 매달려 있는 셈이다. 마찬가지로 우리가 미래를 두려워하면서 잠 못 이룬다면 그것은 아직 나타나지도 않은 시간과 사건을 미리 헤아리고 있는 것이다. 과거는 이미 지나가버렸고, 미래는 아직 오지 않았다. 그런데도 사라지고 없는 과거나 오지 않은 미래에 한눈 팔게 되면 정작 소중한 현재의 삶은 사라지고 만다.

우리의 삶이 펼쳐지는 곳은 지금 여기라는 현재의 순간이지, 이미 사라진 과거의 기억들이나 아직 일어나지 않은 미래의 꿈들이 아니다. 때문에 현재의 순간으로 사는 사람만이 실제의 삶을 사는 것이며, 그가 가장 행복한 사람이다. 그러기에 최고의 참선 교과서라고 알려진 『벽암록(碧巖錄)』의 저자인 원오(圓悟)는 '후회 없이 살고 미련 없이 죽어라(生也全機現 死也全機現)'라고 했다.

　사실상 모든 것이 변한다(無常)는 진리를 받아들이지 않고서는 온전한 삶을 누릴 수 없지만, 비록 그것이 참된 이치라 해도 받아들이지 못한다는 데 우리의 불행이 있다. 그래서 우리는 괴로움을 안고 산다. 이는 곧 괴로움의 원인과 변한다는 진리가 동전의 양면이라는 뜻이다. 단지 주관적으로는 '변한다'는 것이 괴로움의 원인이지만 객관적으로는 '모든 존재는 변한다'는 것이 진리다.

　'변한다(無常)는 진리를 온몸으로 느낄 수 있다면 거기에는 '나'라고 말할 무엇이 없다. 만약 '나'라고 부를 것이 있다고 한다면 그것이 곧 자성(自性)이며 전체세계다. 그것이 전부다. 우리의 마음이 이것을 알아차릴 만큼 고요하다면 거기에는 아무것도 없다. '나'도, 세계도, 몸도, 마음도 없다. '나'와 '세계'는 궁극적으로 다르지 않으며, '나'의 경험이 곧 우주의 흐름이다. 여기서는 더 이상 이것과 저것으로 나누어지지도 않을뿐더러, 분별하는 생각들도 생기지 않는다. 이것이야말로 자신도 모르게 자기를 지배하고 있는 복잡한 관련들로부터의 해탈을 의미한다.

　그러므로 '지금, 여기'서 우리가 할 수 있는 일은 존재하는 모든 것들이 하나의 흐름일 뿐이라는 깨달음이 열릴 때까지 마음을 열어 개방적이 되는 것뿐이다. 온전한 마음이 되어야 모든 것이 거리낌 없이 드나들기 때문이다. 그것은 어떤 특정한 가르침에 의존하거나 가르침을 체험으로 대신할 수도 없다. 그것이 곧 체험으로 존재하는 것이며, 깨달음으로 존재하는 것이다.

　깨달음의 진정한 목적은 사물을 '있는 그대로' 보는 것, 사물들을 '있는 그대로' 살피는 것 그리고 모든 것이 되어가는 대로 흘러가도록 내버려두는 것이다. 이것이 가장 넓은 의미에서 모든 것을 온전하게 하는 방법이다.

11

있기
도
하
고

없
기
도
하
다

●

'꽃을 드니 미소를 지었다(拈華微笑)'는 이야기는 선(禪)의 불씨를 지핀 최초의 역사적 사건으로, 선을 언급하는 모든 말과 글에서 자주 오르내리는 내용이다. 그런데 이 일화는 붓다와 마하가섭 그리고 붓다와 대중들 사이에 일어났던 일로서, 당시의 상황을 설명하는 사건의 기록일 뿐이다.

붓다께서 마하가섭에게 '마음에서 마음으로 전한다(以心傳心)'라고 했지만 붓다께서 전해준 그 마음이나 마하가섭에게 새겨진 마음이 무엇인지는 모른다. 설령 그 내용을 짐작한다 해도 그것은 전적으로 이 일을 해석하는 이에게 달려 있다.

그러나 처음부터 일체의 문자와 관념에 집착하는 것을 거부한다고 선언한 선(禪)은 심지어 형상에 매달리는 것도 허용하지 않는다고 한다. 그런데도 이 사건을 마치 선(禪)으로 안내하는 길잡이로서 인용하고 있는 것은, 오히려 의미를 전달하기 위한 수단으로서의 문자는 반드시 필요하다는 사실을 증명하고 있다.

표현하지 않고서는 다른 사람에게 전할 수 없기 때문에 의미를 전달하기 위해서는 반드시 말이나 문자를 사용할 수밖에 없다. 그러므로 선(禪)이 '마음에서 마음으로 전하는(以心傳心)' 일과 '말이나 문자에 얽매이지 않는(不立文字)', 그리고 '경전 외에 별도로 전하는(敎外別傳)' 수단이나 방식을 주장했다 할지라도, 보물처럼 소중하게 여기는 1700여 가지의 기이하고도 묘한 화두(話頭)와 문답을 문자로 기록하여 전하고 있다.

달을 보려면 어느 방향에 달이 있는지를 가리키는 손가락이 필요하다는 뜻이지만, 거기에서 그치지 않는다. 문자를 통해야만 그 뜻을 전할 수 있으므로, 비록 문자에 집착하지 않는다 하더라도 문자의 의의를 소홀히 취급해서는 안 된다고 경계하고 있다.

● 불립문자(不立文字)라고는 하나, 이 불립(不立)이라는 두 글자 역시 문자다. 대개 사람들은 남이 문자를 사용하는 것을 보고 문자에 집착한다고 비난하는데, 그들은 무엇보다도 자신이 어두운 것은 생각하지 않고, 부처의 경전을 무조건 깔보는 죄를 범하고 있다는 사실을 알아야 한다.

慧能, 「六祖壇經」

'불립문자(不立文字)'란 문자에 집착하지 않는다는 것이지, 말이나 문자가 진리를 가르치는 수단으로 부적당하다는 의미는 아니다. '경전 밖에 따로 전한다(敎外別傳)'는 선언 역시 모든 경전을 수용하지 않는다는 의미로 받아들인다면 또다시 문자의 덫에 걸리게 된다. 단지 어떤 것에도 걸림 없이 자유롭게 사용할 수 있어야 한다는 뜻이다.

그렇다고 해도 가르칠 수 있는 것은 내용이 아니라 말이며 명칭일 뿐이다. 가르쳐지는 것은 사건이나 상황에 머물 뿐, 체험하는 것은 받아들이는 이의 능력이기 때문에 내용 자체를 가르칠 길은 없다. 그래서 가르치는 것은 속이는 것이라고까지 말하기도 한다. 때문에 방편이 방편 그 자체로 의미를 갖는다면, 「전등록」에 나타나는 선문답의 기록들 역시 부질없는 문자의 혼란 속에 빠지고 만다. 그것은 선(禪)의 본래 모습과는 거리가 있다.

● (진리를 전할 다른 방법이 없기에) 말로써 설명한 진리를
　편협한 지식으로 망령되게 분별하니
　이것이 곧 장애가 되어
　스스로의 마음도 알지 못한다.

　　　　　　　　　　　　　　　　　　　　「祖堂集」馬祖

　이처럼 선문답이란 인간의 본성을 일깨우는 결정적인 원인이나 기회가 될 수 있다. 그러나 단순하게 문답으로 주고받는 말뜻을 따라가면, 말들이 지니는 실재론적 이미지 때문에 장벽에 부딪힐 수밖에 없다. 다시 말해 말이란 단지 의미를 전달하는 도구라는 사실을 잊어버리고, 말로써 표현되지 않는 것은 있을 수 없다는 입장을 취하게 되면 정작 본성을 일깨우려는 의도는 무시당하게 된다.
　언어란 사실상 인간이 경험한 사건이나 사물들을 표현하기 위해 만들어졌고 또 그렇게 사용하는 도구일 뿐이다. 따라서 언어는 처음부터 절대적 진리나 궁극적 실재의 본질을 표현할 수도 없다. 달리 말하자면 말로써 표현되지 않는다고 본성의 자각이나 체험의 내용이 없는 것은 아니지만 표현한다고 해서 그것이 곧 본성을 드러내는 것도 아니다. 그러므로 선문답은 수행과정에서 생기는 의문에 대한 답이기는 하지만 사실은 가르칠 수 없는 것을 가르치고 있는 셈이다.
　그러므로 선문답의 내용들은 어느 경우를 막론하고 모두 문답

이 이루어지는 당시의 상황과 밀접한 관련을 지니고 있다. 이를테면 '그렇다'고 하거나 '아니다'라고 하거나 또는 '있다'고 하든 '없다'고 하든 간에, 그 순간에 오고 간 질문과 대답의 단순한 의미를 넘어서는 상황을 중요시한다. 언어의 의미로 이해되는 '있다(有)' '없다(無)'를 지칭하는 것이 아니기 때문이다. 다만 말로써 표현되지 않는 본래세계와 문답이 이루어지는 상황을 온전히 느낄 수 있다면, 그것은 가장 단순하고 평범한 생활의 기록이다.

그러나 보통 사람들에게 있어서 선문답이란 무엇인지 이해할 수 없는 대화의 대명사로 통하듯이, 나누고 따지는 데 익숙해져 있는 사고로써 선문답의 대화를 분석한다면 그것은 여전히 난해할 수밖에 없다. 선문답에는 때로는 사전에도 없는 속어조차 포함되어 있지만, 그것은 도리어 일상의 대화이기 때문에 순간순간의 전부가 온전히 드러난다. 다시 말해 가장 자연스러운 입장에서 취할 수 있는 대화가 선문답이다.

● 한 번은 중 하나가 백장(百丈)에게 물었다.
　'부처는 누구입니까?'
　백장이 되물었다.
　'너는 누구냐?'

　　　　　　　　　　　　　　　　　「傳燈錄」百丈懷海

이처럼 선문답은 티 없이 맑고 단순하며 명쾌하다. 거기에다 소박하고 강력한, 그리고 생생한 상황으로 드러난다. 말할 것도 없이 문답이 근본적으로 향하는 곳은 일체의 분별을 넘어선 온전함의 세계다.

때문에 선문답으로 오고 가는 질문과 답은 어떤 유형으로도 묶을 수 없는 황당한 요소를 가지고 있다. 이를테면 어떤 사람이 특정한 상황 속에서 이야기한 내용이 다른 상황에서 같은 질문으로 나타나지만, 전혀 다른 답으로 그 의미를 변화시키고 있다. 그것은 선(禪)에만 한정되는 것은 아니지만, 초창기의 선문답에는 그런 경향이 강하게 나타난다.

● 어떤 중이 물었다.
  '어떤 것이 불법(佛法)의 대의(大義)입니까?'
  행사선사가 답했다.
  '노릉(盧陵) 지방의 쌀값이 어떤가?'

  「傳燈錄」青原行思

● 어떤 중이 물었다.
  '어떤 것이 조사께서 서쪽에서 오신 뜻입니까?'
  마조선사가 말했다.
  '지금의 것은 무슨 뜻인가?'

  「傳燈錄」江西道一

● 어떤 중이 물었다.
  '어떤 것이 조사께서 서쪽에서 오신 뜻입니까?'
  마조선사는 바로 중을 때리면서 말했다.
  '내가 너를 때리지 않으면 남이 나를 비웃는다.'

  「傳燈錄」江西道一

세 가지의 문답에서 질문자가 묻고자 하는 바는 다르지 않다. 즉 '불교의 핵심이 무엇인가?'를 묻고 있다. 그러나 각각의 답들은 질문자가 전혀 이해하지 못할 엉뚱한 내용들이다. 이와 같이 어떤 사람의 동일한 질문에 대하여 때와 장소를 달리한 다른 사람의 답이나 이미 다른 사람이 답한 것과 전혀 다른 내용의 답, 또는 있었던 문답에 대하여 다시 그 의미를 고쳐서 묻는 양식이 선문답의 전형적인 구도를 이루고 있다.

스승의 답은 어떠한 경우에도 상식적인 발상과 당연히 그런 대답이 나올 것이라는 질문자의 선입견을 근원적으로 차단하고 있다. 때문에 같은 질문에 대해서도 수없이 많은 새로운 답으로 바뀐다. 선문답은 그렇게 본래의 답과 날카롭고 예리한 반전, 그리고 끝없이 이어지는 새로운 문제 제기로 어우러져 있다.

● 대매법상(大梅法常)이 마조(馬祖)스님을 처음 방문해 이렇게 물었다. '무엇이 부처입니까?' 마조가 대답했다. '마음이 바로 부처다.'

훗날 마조가 그를 시험하기 위해 중 하나를 보냈다.

그 중이 물었다. '마조 스승 밑에 있을 때 당신은 무엇을 배웠소?' 대매는 '스승께선 나에게 마음이 곧 부처라고 말씀하셨다.' 그러자 중이 말했다. '스승께선 요새 가르치는 방법을 바꾸셨소.' 이에 대매가 어떻게 바뀌었냐고 물었다. '지금은 부처인 이 마음이 마음도 아니요 부처도 아니라고 가르치고 계시오.' 그러자 대매가 이렇게 말했다. '그 늙은이가 언제야 사람 우롱하는 버릇을 그만둘는지. 그가 아무리 마음도 아니고 부처도 아니라고 주장해도 나는 끝까지 마음이 곧 부처를 지키겠소.'

이 이야기를 들은 마조가 말했다. '매실이 다 익었군!'

「傳燈錄」大梅法常

마조(馬祖)가 한 제자에게는 '마음이 곧 부처다(卽心卽佛)'라고 가르쳤으나 다른 제자에게는 '마음도 아니고 부처도 아니다(非心非佛)'라고 했다. 스승의 의도는 비록 마음이 부처이거나 아니거나 간에, 제자의 수행이 하나의 방법이나 태도로써 처음부터 끝까지 한결같은지를 확인하려는 데 있다. 바로 여기에 문자나 말로 표현할 수 없는 세계가 있게 된다. 문자나 말로써 답하게 되면, 긍정으로 표현했든 부정으로 답했든 간에 고정적인 이미지를 전달할 수밖에 없기 때문이다.

그러나 중요한 것은, 질문에 대한 답은 자신이 직접 느끼고 수행함으로써 몸소 체험한 것이어야 한다는 것이다. 만약 스스로 깨닫지 못한 것을 남의 말로써 표현하려고 하면, '마음이 곧 부처다(卽心卽佛)'라거나 '마음도 아니고 부처도 아니다(非心非佛)'라고 알려준 대로 이리저리 고치게 될 것이다.

이처럼 선문답은 비록 말이나 문자로써 본성의 이미지를 드러내지만, 표현된 말 또한 표현한 사람의 체험과는 전혀 다른 내용일 수도 있다. 가르치는 이에게 있어 말이나 문자는 달을 가리키는 손가락의 역할 외에 아무것도 없다. 만약 듣는 이가 어리석게도 표현된 말을 도구적인 의미로서 받아들인다면, 가르치는 이의 직관으로 전해진 의도를 포착하기 어렵다. 뿐만 아니라 받아들이는 이의 의미 속에 한정되어버려 상투적인 관념과 논리의 속박에 빠지게 된다. 그렇게 되면 전하고자 하는 본래의 뜻과는 멀어진다.

때문에 선문답은 말로써 마음에 응하고, 물음에 따라 대답하며, 수식하지 않고 자연스럽게 이루어졌다. 기록으로 남아 전해지는 선문답의 예화는 수없이 많지만, 그 대부분이 구체적이며 생동감이 넘치는 것은 본성의 온전함이 꾸밈없이 드러나 있기 때문이다.

그러나 가섭(迦葉)과 같은 제자도 붓다가 꽃을 들어 보임으로써 비로소 깨달을 수 있었듯이, 스승이 제자에게 깨달음의 체험을 전수할 때 전달능력이 유한한 말로써 본성의 이미지를 충분하게 표현할 수 있는가는 매우 중요한 문제다. 그래서 한편으로는 '말로써 설명할 수 없다'고 하면서도 방편으로서의 역할은 부정하지 않았던 것이다.

● 대저 지극한 이치는 말이 없으나, 글과 말을 빌려서 그 뜻을 밝힌다.

「傳燈錄」永嘉玄覺

선문답 가운데 새겨둘 만한 것들을 추려 뒷날 그것을 '공안(公案)'이라고 불렀다. '공안'이란 본래 재판의 판례라는 의미를 지니고 있다. 그것은 비슷한 사건의 재판에 대해서 하나의 확실한 선례가 되는 점에서, '공(公)'이라는 이름을 붙였던 것에서 비롯된다. 공안은 어디까지나 특수하며 사사로운 것이면서도 하나의 표준 또는 기준의 의미를 지니고 있다. 두고두고 응용될 수 있기 때문에 공적인 의미를 지니고 있다는 뜻이다.

그렇다고 해도 재판의 타당성과 진리성은 어디까지나 각각의 사건에 입각해서 이해되어야 한다. 다시 말해 판례 그 자체가 기준이 된다고 하더라도, 각각의 사건을 떠난 추상적인 응용은 온전한 판단이라 할 수 없다. 그러므로 하나의 표준 또는 기준이라고 한 것은 보편적인 잣대로서의 새로운 전통을 형성하는 질적인 변화가 있었다는 사실을 암시하고 있다.

사실 '공안' 그 자체가 체험은 아니다. 단지 그곳으로 이끌어 가는 인식의 반전을 암시하는 내용을 담고 있을 뿐이다. 따라서 그것은 주체적인 직관의 방법이지 직관의 내용이 아니며, 반드시 그렇게 해야 한다는 전형 또한 아니다. 때문에 공안을 받아들이는 방법도 종파와 스승에 따라 다양하게 차이가 난다. 공안의 내용이 분석되어 부분별로 검토가 되기도 하고, 전체적인 이미지로서 받아들여지기도 한다.

종교사적 관점에서 본다면, 깨달음으로 나아가는 실천적인 방법들 가운데서도 선(禪)에서 사용한 '공안'을 응용하는 방법은 독특한 것이라고 할 수 있다. 본질적인 면에서 이와 같은 성격의 수행방법은 동서양을 막론하고 어떤 신비주의에도 등장하지 않았다.

수행에 요구되는 실천적인 방법들은 고대 인도의 명상으로부터 이어진 것이지만, 인도의 명상에는 공안과 유사한 방법은 보이지 않는다. 공안은 선(禪)이 중국으로 전래된 뒤에 그 틀을 갖추게 된 것이므로, 중국적인 실천적 사유의 특징이 잘 드러나고 있다. 이는 인도의 사유가 사물의 본질과 그 본질을 초월하는 방법을 추구한 반면, 중국적 사유는 일상의 현실을 긍정하는 바탕 위에서 정립되었기 때문이다. 실천적 사유에서의 현실이란, 어떤 상황이건 다 존재의 문제를 드러내는 것이기에, 삶의 순간들이 모두 공안이 된다.

하지만 공안은 단순히 재치 있는 위트로 풀어야 할 수수께끼는 아니다. 그렇다고 분열된 자아에 충격을 주어 어떤 종류의 안정으로 이끌려는 의도로 이루어진 심리적 분석은 더더욱 아니다. 공안은 문답을 통한 정신적 산파술이 아니라 각성에 이르도록 도운 의식 상태에서 만들어진 단순하고 명쾌한 제시어다.

공안은 마치 정신의 미로와 같아서, 문제는 비록 하나지만 그 답은 오히려 수천 수만 가지가 될 수 있다. 마음이 내키는 바에 따라 상황마다 사람마다 달라진다. 그러나 어떤 문답이든지 간에 그 핵심을 벗어나는 것은 주어진 문제에 대한 직접적인 이해와 상식적인 논리에 부합하는 대답이다.

● 한 중이 조주에게 물었다.
  '달마조사께서 서쪽으로부터 오신 뜻이 무엇입니까?'
  조주가 대답했다.
  '뜰 앞의 잣나무니라.'
  조주의 대답에 그 중은 질문과 상관없는 엉뚱한 물건을 들
  춘다고 항의했다.
  그러자 조주가 말했다.
  '아니지. 난 단순히 물건을 가리킨 게 아니야.'
  그러자 중은 같은 질문을 반복했다.
  '달마조사께서 서쪽으로부터 오신 뜻이 무엇입니까?'
  조주 역시 똑 같은 대답을 했다.
  '뜰 앞의 잣나무니라.'

                      「古尊宿語錄」趙州眞際禪師語錄幷行狀

  상식적인 사고를 가진 질문자에게는 그야말로 황당한 답임에는
틀림이 없다. 그는 아마 '연기설'이나 '공(空)'에 대한 설명을 듣고
싶어 했는지도 모를 일이다. 그러나 조주(趙州)스님은 질문자의 그
와 같은 생각을 미리 읽고 있었다. 바로 그 틀을 깨고자 엉뚱한 물
건을 들이댄 것이다.
  조주스님이 하나의 물건을 입에 올린 건 사실이지만, 스님은 그
물건을 통해 만물에 두루 갖춰져 있는 존재의 온전함을 겨냥했을
것이다. 질문자에게 단순히 '잣나무'를 일러주려고 그런 답을 한
것이 아니다. 질문을 하는 이가 진리에 대한 망상, 즉 '진리는 이런
것이다'라고 생각하는 분리된 사고를 지니고 있음을 깨우쳐주려

한 것이다. 그러므로 그때 만약 스님의 눈앞에 단풍나무가 보였더라면, 아마 그는 '뜰 앞의 단풍나무니라'고 했을 것이다.

우리가 알고 있는 세계는 자연 그 자체가 아니다. 단지 인간이 느껴서 알 수 있는 인간의 자연이다. 우리가 느끼고 있는 세계를 '자연(自然)'이라고 이름 붙이고 있을 뿐이다. 설령 그것이 잣나무이든 단풍나무이든 간에 다를 것은 없다. 이 사실을 이해한다면, 우리가 무엇을 믿어야 할까 선택하기 전에 우리가 모르는 세계에 대해서도 거부하지 말아야 한다. 우리가 선택하고 주장하는 세계는 조건 지어져 있는 세계에 대한 자신의 관점일 뿐이다.

그러나 질문하는 사람과 같이 질문에 대한 답은 당연히 그것일 거라고 미리 생각하는 것은 주객으로 분리된 사고에 한정되어 있기 때문이다. 생각지도 못했던 비논리적인 답이 논리적 사고를 일거에 무너뜨린다. 질문자는 마치 좁은 방에 갇힌 사람처럼 속수무책의 상태로 같은 벽에 부딪힐 수밖에 없다. 문은 처음부터 열려 있지만 분리된 사고가 목표로 하고 있는 탈출구는 결코 열리지 않는다.

출구를 찾으려면 다른 방향, 즉 새로운 차원으로의 전환이 필요하다. 그것은 본래부터 온전한 것이기에 출구도 입구도 없었다. 단지 스스로 입구라 생각하며 들어왔을 뿐이다.

● 도를 닦는다고 해도, 참된 도란 닦을 것도 없고
　법을 묻는다고 해도, 참된 법이란 물을 것도 없다.
　미혹에 빠진 사람은 대상 그 자체가 공(空)한 것임을 알지 못
　하고, 깨우친 사람은 본래부터 거스르거나 좇을 것이 없다.

「傳燈錄」仁儉禪師

깨닫는다는 것은 스스로의 본성을 알아차리는 일이다. 본성을

깨닫게 되면 만물이 본래부터 공(空)하며, 모두가 본성의 그림자(幻化)일 뿐임을 알게 된다. 그렇게 되면 마음이 하고자 하는 바에 따라도 '걸림이 없게(無碍)' 된다. 이를 두고 '미혹한 사람은 문자 속에서 구하고, 지혜로운 이는 마음을 깨닫는다'고 한다.

공안 가운데서도 대표적인 것이 '없다(無)'라는 공안이다. 이는 '없다'는 의미를 사용하여 상식적인 사고에서 생긴 의심을 일거에 타파하고 주체성을 자각하게 하는 방법이다.

● 제자 : 개한테도 불성(佛性)이 있습니까?

조주 : 없다(無).

제자 : 위로는 부처로부터 아래로는 개미새끼에 이르기까지 모두 불성이 있는데, 어째서 개는 불성이 없다고 하시는 것입니까?

조주 : 전생의 업식성(業識性)이 있기 때문이지.

다른 기회에 똑 같은 질문을 받았다.

제자 : 개에게도 불성이 있습니까?

조주 : 있다(有).

제자 : 불성이 있다면 어째서 개로 태어났습니까?

조주 : 잘난 체했기 때문이지.

「古尊宿語錄」趙州眞際禪師語錄幷行狀

이 문답에서 조주스님은 같은 대상을 두고 '있다'고도 하며 '없다'고도 했다.

처음의 문답에서는, 개에게 불성이 없는 것은 업식성(業識性)이 있기 때문이라고 했다. 업식성(業識性)이란 온전한 세계인 진여(眞如)의 반대 개념으로, 중도(中道)의 지혜를 모르는 무명(無明)이 영향을 끼치는 작용을 말한다.

그러나 다른 답변에서는 '있다'고 했다.

여기서 왜 '있다' '없다'가 문제시되고 중요한가?

우리가 일상적으로 사용하는 언어란 인간이 의미를 전달하기 위해 만든 도구일 뿐이다. 여기서의 '있다(有)' 역시 '있음'의 의미를 전달하기 위한 소리다. 그러나 그것은 본질과는 아무런 관계가 없다. 예를 들어 물을 끓이면 수증기가 되고 얼리면 얼음이 된다. 얼음이나 수증기를 본 사람은 조금 전까지 있던 물이 사라졌다고 한다. 얼음 쪽에서 보면 없던 것이 생긴 것이고, 물 쪽에서 보면 있던 것이 사라진 것이다. 그러나 시각을 좀 더 본질적인 관점으로 옮기면, 즉 분자구조의 입장에서 본다면 없어진 것도 아니고 생긴 것도 아니다.

'있다(有)' 또는 '없다(無)'고 하는 것은 언어로써 변화하는 순간의 모습을 고정화시키고 실체화시킨 표현이다. 따라서 개의 불성에 대해 조주스님이 '있다' '없다'거나 또는 '업'이니 '잘난 체'라고 표현한 말 역시 본질과는 아무런 상관이 없다.

'달밤에 내가 북쪽으로 가면 달도 나를 따라서 북쪽으로 오고, 내가 남쪽으로 가면 달도 남쪽으로 온다. 내가 빨리 가면 달도 빨리 가고, 내가 멈추면 달도 멈춘다. 달은 나만 따라 다닌다'고 생각하지만, 사실 이것은 감각이 지어낸 착각에 불과하다. 마찬가지로 세상 사람들이 변하지 않는 진실처럼 받아들이고 있는 것들 역시 이런 식의 착각에서 비롯된 것이다. 유물론과 관념론의 논쟁 또한 그렇고, 공산주의와 자본주의의 이념 역시 마찬가지다. 부산은 서울에서는 남쪽이고 제주에서는 북쪽이지만, 정작 부산은 남쪽도 북쪽도 아니다.

본래세계란 처음부터 한정된 사유로 헤아릴 수 있는 대상이 아

니다. 불성(佛性) 또한 시간도 공간도 없고, 물질적 질량도 물리적
에너지도 아니다. '있다' '없다'는 개념 너머에 있다. 하지만 그것은
허무가 아니라 모든 존재의 근원이다.

　존재의 본질이자 원리이기도 한 도(道) 역시 '하나(一)'라는 개
념이나 '많다(多)'는 개념을 넘어설 뿐 아니라 '있다(有)'거나 '없다
(無)' 또는 현상과 본체를 초월한다. 따라서 어떤 의미에서는 있고,
어떤 의미에서는 없다. 존재의 속성으로 보면 '없지만(無)', 인식
의 대상으로선 '있는(有)' 것이다. 그러나 실상은 그 어느 쪽이 아
니라 그 어느 쪽도 넘어선 곳이 된다. 넘어서고 보면 그것이 '있을
(有)' 수도 있고 '없을(無)' 수도 있다. '있다'고 하든 '없다'고 하든
도(道)와는 상관이 없다.

● 대체로 말은 단순히 불어내는 바람이 아니다. 말은 무슨 생
　각을 나타내는 것이다. 그러나 그 말하는 것을 보면 모두 일
　정하지 않으니, 과연 말하는 것이 있다 할 것인가? 말하는
　것이 없다 할 것인가? 그리고 그것이 새 새끼의 지저귀는 소
　리와 다르다고 할 어떤 구분이 있는가? 혹은 구분이 없는
　가? 도(道)는 무엇에 의지하고 있기에 참됨과 거짓이 있으
　며, 말은 무엇에 의지하고 있기에 옳음과 그름이 있는가?
　도(道)는 어디에 간들 존재하지 않으랴? 말은 어디에 있은
　들 옳지 않으랴? 그러나 도(道)는 불충분한 이해 때문에 희
　미해지고, 말은 화려한 수식으로 가리어진다.

「莊子」 齊物論

'식초는 시고, 꿀은 달다'는 말이 옳을까?
　사실 이는 우리의 감각이 '시다' '달다'를 느끼고 구분하는 것이

다. 만물은 시지도 달지도 않다. 단지 식초는 식초 맛이고 꿀은 꿀 맛일 뿐이다.

선문답으로서 '없다(無)'는 것은 질문의 동기나 개의 불성이라는 의미를 떠나 단지 '없다(無)'는 개념에 초점을 두고 있다. 이 문답을 '무(無)'라고 부르는 이유는 바로 여기에 있다. 이때의 '無'는 '없다'는 의미나 '無'라는 문자를 말하는 것은 아니다. '無'는 어디까지나 공안이며 하나의 방법에 불과하다.

선문답이 훌륭한 명상의 방법이기는 하지만 방법이 곧 내용은 아니다. 때문에 똑같은 질문이라고 해서 똑같은 대답만을 되풀이한다면, 그것은 생명력을 잃은 공식이 되어버린다. 뿐만 아니라 아무리 그 대답이 독창적이고 싱싱한 것이라 해도 매번 되풀이 사용하면 신선함을 잃고 만다.

후대로 오면서 선(禪)은 협소한 경험주의나 윤리적인 엄숙주의에 빠져서 인간정신 그 자체의 아름다운 희망을 보이지 못했다. 그렇다고 해도 선문답은 선(禪)이 낳은 진기하고 독특한 산물임에는 틀림없다. 정신 집중을 통하여 본래의 자기를 찾기 위한 그 힘찬 요소들은 그럼에도 불구하고 인간 보편의 것이며, 인간 실존에 접근하는 방법이다. 때문에 선문답은 신앙의 종류와는 관계없이 모든 사람들에게 중요한 것이라고 말할 수 있으며, 선문답을 통한 직관은 자기실현과 깨달음으로 가는 결정적인 과정이 될 수 있다.

12

겨
울
에
는

춥
고

여
름
에
는

덥
다

•

　선(禪)은 세상의 일들이나 사물을 구별하고 나누려는 어리석은 생각이 이원론(二元論)적인 구도를 고착화시키고 있다는 사실을 깨달음으로써 집착으로부터 자유를 얻고자 하는 수행이다. 이때의 자유란 나를 얽어매는 것이 없어 내 맘대로 할 수 있다는 뜻이 아니라 어떤 구속이 닥치더라도 그것에 매달려 끌려가지 않는 상태를 의미한다.

　사실 어떤 것에도 얽매이지 않고 자기 마음대로 할 수 있는 상태도 쉽게 도달할 수 있는 단계는 아니다. 하지만 집착으로부터 자유로워진다는 것은 그런 단계조차도 넘어서야 한다. 그것은 단순히 그렇게 생각한다고 이루어지는 것은 아니다. 오로지 연속적이며 불변하는 실체로서의 자아, 즉 자기라고 부르는 '나'를 부정할 수 있는 지혜가 갖추어져야 하기 때문이다. 다시 말해 어느 정도 독립적인 기능을 하는 현상으로서의 '나'를 부정하는 것이 아니라 연속적이며 불변하는 실체로서의 '나'를 부정해야 한다.

　사실상 우리가 일상적으로 사용하는 이름이나 명칭에는 대상을 변화하는 존재로서가 아니라 고정된 존재로, 그리고 일시적이고 우연적인 결합체가 아닌 실체라고 믿게 만드는 힘이 있다. 때문에 나를 '나'라고 표현하면, 거기에는 '육체 속에 존재하는 영원불변한 실체'라는 의미심장한 단서가 따라다니게 된다.

만약 명칭이나 이름도 원인과 조건의 상호관계로 성립된다는 사실을 분명하게 인식하고 있다면 문제가 없지만, 그런 명칭이나 이름을 사용하는 우리의 심리적 태도는 그렇지 않다는 것이 문제다. '나'를 부정한다는 것은 없는 것을 없다고 말하는 것일 뿐이지만, 그럼에도 불구하고 오온(五蘊)을 근거로 영속적이고 변치 않는 '나'가 존재한다는 어리석은 집착은 생각보다 오래되고 또 끈질기다.

그러므로 자유를 누리고자 하는 사람에게는 나름대로의 엄격한 실천이 요구될 수밖에 없다. 흔히 선(禪)의 논쟁이라고 하는 '돈(頓)'과 '점(漸)'의 문제가 바로 이 과정에서 나타난다. 뛰어난 능력의 소유자라면 이치를 깨닫는 순간(頓), 집착으로부터 자유를 누릴 수도 있다. 그러나 그렇지 않은 사람에게는 지속적인 노력(漸)이 요구된다.

여기에 덧붙여 '어느 순간 깨달음에 이르더라도(頓悟) 수행을 계속해야 한다(漸修)'는 주장이 있는가 하면, '오로지 깨닫는 것(頓悟)으로서 완성된다'는 견해도 나타난다. 어느 것이든 그것을 이해하고 실천하는 사람의 능력에 달려 있다. '돈오'이든지 '점수'이든지 간에, 수행이란 우리의 삶이 수많은 갈등 속에서 낭비되는 것을 극복하기 위해서 '나'를 통제하는 방법이라는 사실은 다를 바 없다.

● 깨달았다고 모든 일이 끝난 것은 아니다.
　조주(趙州)가 빗자루를 들자 객이 핀잔을 주었다.
　'먼지 하나 없이 깨끗한데 뭘 더 쓸려고 그러시오.'

조주가 허공을 가리키며 말했다.

'이런, 여기 또 하나 날아오네.'

「傳燈錄」趙州從諗

사람의 한평생이 오뉴월 긴긴 날처럼 무한할 것 같기도 하지만, 사라져버린 지난날을 돌이켜보면 인생이란 전광석화(電光石火)와 같이 짧고 또 짧다. 문득 이런 생각이 일상을 흔들어놓을 때, 우리는 삶의 마지막을 맞이해야 할 실존적 필요성과 맞닥뜨릴 수밖에 없다. 다시 돌아갈 수 없는 지난날이기에 지금까지 살아왔던 것처럼 그렇게 살 수는 없는 일이다.

문득 이런 현실을 생뚱맞게 깨달아 정신을 차린다 해도, 지금의 삶으로부터 벗어나기는 쉬운 일이 아니다. 오랫동안 되풀이하는 과정에서 저절로 익숙해진 삶의 방식들, 즉 앞과 뒤를 분별하고 근본과 말단을 나누며 '나'와 '나 아닌 것'들을 구별하려는 생각들이 시도 때도 없이 모습을 드러내기 때문이다. 조주스님의 빗자루 역시 바로 그런 생각이 일어날 때마다 자신을 다스려야 한다는 뜻이다. 이치를 깨달았다 해도 그것으로 모든 것이 온전해지는 것은 아니기에 그때마다 내 생각을 돌아보며 '나'에 대한 관심을 되짚어 물어야 한다.

● 선(禪) 수행을 한다는 것은 '나'를 수행하는 것이다. '나'를 수행한다는 것은 '나'를 잊는 것이다. '나'를 잊는다는 것은 모든 법을 깨닫는다는 것을 말한다. 모든 법을 깨닫는다는 것은 나의 몸과 마음을 버리고 다른 사람의 몸과 마음도 버리는 것을 말한다.

道元,「正法眼藏現成公案」

우리가 일상적으로 나라고 생각하는 그 '나'는, 사실상 경험들의 기억으로 이루어져 있다. '나'는 새로운 경험을 추가함으로써 변화하기도 하지만, 그것은 어디까지나 지금까지의 '나'를 벗어나지 않는다. 때문에 나를 나라고 여기는 한, 내게 다가오는 모든 문제들을 내가 해결해야 하는 것을 당연하다고 생각한다. 이를테면 '내가 바로 나인데'라고 믿는 그 생각이 스스로를 괴롭고 슬프고 아프게 느끼도록 만든다.

하지만 역설적이게도 '내가 바로 나'라는 생각으로부터 벗어나는 길은 '나는 누구인가?'를 물음으로써 '나'를 깨닫는 길 외에 다른 방법이 없다. '내가 있다'는 믿음이 '나'를 실체화한 환상, 즉 있지도 않은 것을 있다고 고집하는 것에 불과하다는 사실을 깨닫게 될 때, 내가 느끼는 괴로움과 슬픔과 아픔 역시 '내 마음'이 만들어 낸 헛된 생각이었다는 것도 알게 된다. 달리 말하자면 괴로움이란 '나'라는 생각이 대상에 구속되는 현상이며, 해탈이란 스스로 만든 믿음이 망상임을 자각함으로써 해방되는 체험이다. 망상의 속박으로부터 벗어난다고 하지만, 사실 얽어매거나 제한하는 것은 처음부터 없었다.

더 이상 '나'라는 망상을 만들지 않는다면, 생각은 나타나고 사라지지만 생각하는 자는 존재하지 않게 된다. 그것이 곧 모든 존재의 온전함과 함께하는 일이다. 그렇다고 해서 그것이 현실의 영역을 넘어선 초월적 세계라든가, 일상적인 삶과 분리된 어떤 상태를 지시하는 것은 아니다. 단지 '지금 그리고 여기'의 삶이 그 자체로서 온전하게 드러나는 것일 뿐이다. 때문에 그런 상태를 어떤 개념으로 나타낼 수는 없다. 선(禪)에서 그것에 대해 말하지 않는 것은 그것을 문제 삼고 있는 자체가 잘못이기 때문이다.

● 경청(鏡淸)이 한 중에게 물었다.

'문 밖에서 들리는 게 무슨 소리냐?'

'빗방울 소리입니다.'

경청이 말했다.

'너는 빗방울에 사로잡혀 있구나.'

그러자 중이 다시 물었다.

'화상께선 저 소리를 무엇으로 듣습니까?'

'자칫하면 나도 사로잡힐 뻔했지.'

'자칫하면 사로잡힐 뻔하시다니 그건 무슨 뜻입니까?'

'속박에서 벗어나 자유로워지기는 그래도 쉽지만, 있는 그 대로의 현실을 표현하기란 어려운 법이다.'

「碧巖錄」第四十六則

빗방울 소리가 밖에서 들린다는 말은 잘못된 표현이 아니다. 그러나 비가 내리는 것을 빗방울 소리라고 이름 붙인 것은 언어로 표현된 대상일 뿐이다. 언어로 대상을 이해하는 것이야말로 헷갈리게 만드는 일이며, '있는 그대로'의 세계를 개념화한 것에 불과하다. 그래서 경청은 빗방울 소리를 언어로 분별하지 말고 그냥 있는 그대로 들어보라고 한다. 거기에는 어떤 분별도 일어나지 않는다.

그러나 말뜻을 이해하지 못한 승려는 어리둥절하여 묻는다. '그게 무슨 말입니까. 저것은 빗방울 소리가 아닌가요?' 이에 경청화상도 승려의 질문에 순간적으로 언어의 분별에 빠질 뻔했다며, '잘못하면 자기를 미혹할 뻔 했다'고 한다. 그러면서 '그것을 말하기란 어렵다'고 한 것은, 말을 하는 순간 다시 분별에 빠지게 되므로 설령 말을 할 수는 있지만 그것은 다시 본질을 은폐하는 일임을 일깨우고 있다.

이처럼 대상에 대한 어떤 표현이라도, 그것 자체의 실상과는 아무런 관계가 없다. 언어란 인간이 인식하고 분별하는 영역에 속하는 사물들과 개념들에 근거하고 있을 뿐이다. 우리는 비교나 대조의 방법을 사용하지 않고서는 다른 어떤 개념과 관련되어 있지 않은 개념을 만들 수는 없다.

산다는 것 역시 우리를 둘러싸고 있는 모든 상황들과의 관계이므로 이 관계를 떠나서는 의미가 없다. 그러므로 선(禪)에서 '마음 밖에 따로 부처가 없다(心外無佛)'고 했다가 '마음이 곧 부처다(卽心卽佛)'라고 한 것은 언어로 인해 진실을 왜곡시키고 싶지 않았기 때문이다. 비유하자면 건강함을 기뻐하는 것은 어려운 병을 고친 뒤에야 비로소 실감하게 되지만, 평소에는 건강을 의식하지 않는다. 그러나 참으로 건강하다고 하는 것은 건강조차도 신경 쓰지 않는 것, 감사할 것조차도 없는 당연한 상태다. 거기에는 이미 몸이라든지 마음이라는 생각조차 없다.

● 법도 아니고 마음도 아니며
　마음도 없고 법도 없다.
　마음이다 법이다 말할 때는
　그 법은 마음의 법이 아니다.

「傳燈錄」商那和脩

몸과 마음을 생각하지 않는다 하여 '내가 없다'고 한다면 이는 '내가 있다'는 생각만큼이나 잘못된 견해다. 그것 역시 '있다' '없다'를 인식하는 나를 전제로 하는 생각에서 나온 것이기 때문이다. '나'나 '대상'이라는 것은 변화의 흐름 속에서 끝없는 연기(緣起)의 작용으로 나타났다 사라지는 환상에 불과하다. 모든 존재 또한 변하지 않는 것은 아무것도 없다.

● 그림자는 형상에 의하여 일어나고 메아리는 소리에 따라 일
  어나는데, 형상을 버리고 그림자를 따르는 것은 형상이 그
  림자의 근본임을 모르기 때문이요, 소리를 내면서 메아리를
  없애려 함은 소리가 메아리의 뿌리임을 모르기 때문이니, 번
  뇌를 제거하고 열반에 나아가려는 것은 형상을 버리고 그림
  자를 찾는 것 같고, 중생을 떠나서 부처를 구하려는 것은 소
  리가 없는 메아리를 찾는 것 같다.

「傳燈錄」向居士

소리 없는 메아리나 중생을 떠난 부처 그리고 형상 없는 그림자가 모두 황당한 말장난이듯이, 괴로움과 깨달음 역시 동전의 양면일 뿐이다. 소리를 내면서 메아리를 없애려 하는 것이나 깨닫고자 하면서 괴로움을 인정하지 않으려는 것은 다르지 않기 때문이다. 하지만 괴로움과 깨달음 역시 실체가 아니기에 버리거나 취해야 할 그 무엇은 아니다. 문제는 우리의 생각일 뿐이다.

그런데도 우리는 처음부터 그림자와 형상이 별개의 것이며 메아리와 소리가 다르다고 믿어왔다. 그것은 말할 것도 없이 여태껏 그렇게 생각하는 방법에 익숙해져왔으며, 앞뒤 사정을 놓고 볼 때 마땅히 그렇다고 배웠기 때문이다. 뿐만 아니라 시작부터 끝까지 신과 인간이라든가 정신과 물질 그리고 자본주의와 사회주의 등과 같은 대립적 개념을 먼저 내세우는 이원론적 사고를 벗어나지 못한다.

이원론적 사고를 당연하다고 여기면, 사는 일이야말로 모순과 갈등의 소용돌이에서 벗어나지 못하게 된다. 이를테면 믿음과 사랑을 내세운 종교가 나의 신을 믿지 않는다고 해서 소위 성스러운 전쟁을 일으켜 인간을 살상해온 것도 그렇지만 지금도 여전히 그 모순에서 헤어나지 못하고 있다. 뿐만 아니라 천당과 지옥을 마치 실재하는 것으로 믿게 하여 관념의 노예가 되게 한 것도 마찬가지다.

● 모든 진리는 스스로 드러나지 않으니, 공(空)도 그렇고 색(色)도 그렇다. 옳고 그름이나 청렴해야 한다든지 공정해야 하는 것이 사람을 구속하지는 않는다. 단지 사람 스스로가 어리석고 미련한 마음을 내어 얽어매고 집착하여 여러 가지 이해와 견해를 지어내고, 그에 따른 애욕과 두려움을 낼 뿐이다.

「四家語錄」百丈

다르다고 생각하는 것 자체가 본래 있지 않음, 즉 마치 없는 것을 있는 것처럼 착각하게 만든다는 사실을 깨달아야 이원론적인 사고의 한계를 벗어날 수 있다. 이것이 바로 분별이 아니라 중도적인, 해결이 아닌 '해소(解消)'의 관점으로 되돌리는 일이다. 그렇게 되면 악(惡)이란 선(善)이야말로 완전하다고 믿는 믿음이 스스로 마련한 그림자일 뿐이며, 극락과 천국 또한 각기 다른 종교의 방편에 불과할 뿐이라는 사실을 알 수 있다.

● 진리를 가르쳐서 깨닫게 한다고 하지만 가르칠 것도 없고 나타낼 수도 없다. 듣는 사람도 그것을 듣는 것도 없고, 들

어서 얻을 것도 없다. 가르칠 것도 없고 드러낼 것도 없으므로 가르치지 않는 것이 제일 좋다. 들으려 해도 들을 것도 얻을 것도 없으므로 듣지 않아도 좋다. 모두가 듣기를 원한다면 말할 수도 있지만, 들어도 듣지 않아도 마찬가지다.

「碧巖錄」第七十三則

인간존재를 몸과 마음으로 표현한다 하더라도, 몸이거나 마음이거나 간에 어느 것 하나 변하지 않고 지속되는 것은 아니다. 하나이거나 아니면 둘로 이해하는 것이 문제가 아니라, 그것은 단지 변화하는 현상일 뿐이기 때문이다.

마음 역시 마찬가지다. 마음이 사물을 받아들인다 하더라도 물질의 영역에 속하는 것은 아니다. 그렇다고 마음이 물질 이상의 영역에 머무는 것도 아니다. 마음이 사물을 비추지만, 비춘다는 마음의 작용은 대상과 대상이 아닌 것, 그 어디에도 속하지 않는다. 그러므로 '있다' '없다'는 말로는 마음을 표현할 수 없다. 무엇이라고 표현해버리면 바로 그것이 '있다'는 의미가 되기 때문이다. '표현할 수 없다'는 말조차 그것을 암시하고 있으니 이 또한 '있다'의 다른 표현일 뿐이다.

마음이란 시간과 공간의 제약을 받지 않을뿐더러 판단과 생각도 없는 오직 순수함 그 자체. 그것은 이 세계가 모두 사라지더라도 그 사라짐을 알고 있는 모든 것의 근원이자 뿌리다. 우리의 본성 역시 이 마음과 다르지 않으며, 그것을 알아차리는 것이 곧 깨달음이다.

본성을 깨닫게 되면 언제 어디서나 자유로운 경지에 이르게 된다. 이때 자유로운 경지라는 것 또한 삶과 죽음이 교차하는 현실을 초월하는 것이 아니라 현실을 '있는 그대로' 받아들임으로써 주어진 삶을 온전히 사는 것을 의미할 뿐이다. 좋고 나쁨으로 다가오는 것이 아니라 '있는 그대로' 드러날 뿐이다.

중국의 위대한 선승 조주(趙州)는 '도(道)'를 묻는 제자의 질문에, '겨울에는 춥고 여름에는 덥다'고 했다. 추울 때 춥고 더울 때 더운 것, 그 이상의 현실은 없다. 하지만 우리는 '있는 그대로'를 느끼지 못한다. 항상 미래에 대한 기대와 상상 속에서 살거나 과거를 돌이키면서 후회하고 그리움에 잠긴다. 언제나 현실을 떠나 있기에 오히려 지금 여기의 삶을 충만하게 누리지 못한다. 겨울에는 더운 여름을 생각하고, 여름에는 추운 겨울을 그리워한다.

심지어 잠을 잘 때도 편안하게 자지 못한다. 잠을 자면서도 이루지 못한 욕망의 찌꺼기를 꿈으로 재현하고 있다. 그래서 '오직 인간만이 머리를 둘 데가 없다'고 한다. 눈에 보이는 모든 것들에 대해서도 너무 빨리 판단하고 가치를 매긴다. 이를테면 '잘난 사람' '못난 사람' 등과 같이 매사를 '좋다' '나쁘다'거나 선과 악으로 분별하고 옳고 그름을 따진다. 심지어 보이지 않는 것에까지 내 기준의 잣대로 들이대며 재단한다.

● 깨달을 법이란 없다.
　깨달았다는 법이 사람을 어둡게 한다.
　두 다리를 쭉 뻗고 자라.
　거짓도 참도 모두 없다.

　　　　　　　　　　　　　　　「傳燈錄」夾山善會

무엇을 보든지 간에 '싫다' '좋다'는 분별을 내려놓고 한 걸음 물러나서 아름다운 경치를 보듯이 받아들이면 무엇보다도 먼저 내가 편안해진다. 내가 편안하고 즐거워지면 내 주변이 즐거워진다.

그렇게 되면 돈이 좀 없어도, 사는 것이 좀 불편해도 즐거울 수 있다. 내가 편안해지면 건강과 행복 또한 저절로 따라온다. 이는 산속에서 몇십 년의 수행을 끝낸 위대한 수행자의 이야기가 아니다. 항상 이 마음을 지닐 수 있다면 우리는 늘 편안한 행복감에 젖을 것이다.

괴로움이란 무명(無明)으로 인해 나타난 것이기에 깨달음을 방해하지는 않는다. 어리석음이 짙을수록 깨달음도 깊어지지만, 깨닫고 보면 어리석음도 깨달음도 동시에 사라진다. 이것이 참된 깨달음이다. 혜능(慧能)스님의 '본래부터 아무것도 있지 않았다(本來無一物)'는 의미 역시 여기에 있다. 여기서 '무(無)'란 「반야심경」의 공(空)과 마찬가지로 허무하다는 뜻이 아니라, '있다'와 '하나'를 포함하는 모든 범주와 개념의 너머에 있는 궁극적 실재에 대한 최상의 긍정을 의미한다.

길가에 핀 풀 한 포기, 발길에 차이는 돌멩이 하나에서도 끊임없이 변화하는 현상 그 자체를 느낄 수 있다면, 이것이 곧 깨달음으로 사는 일이다.

13

가
장
행
복
한
사
람

선(禪)은 물질적 세계가 환상이며 오로지 정신만이 참되고 영원한 진리라고 내세우지 않는다. 선(禪)이 눈길을 두는 곳은 물질과 정신 가운데 어느 것이 중요한가에 있지 않다. 단지 스스로의 본성을 깨닫느냐에 의미를 두고 있을 뿐이다.

본성을 깨닫는다고 해서 달라지는 것은 없다. 본성의 깨달음이란 새로운 세계를 발견하는 일이 아니라 단지 몰랐던 사실을 알아차리는 일, 즉 내 마음이 오염되어 있었다는 사실을 투명하게 아는 것이 전부다. 나를 숨 막히게 하는 욕망의 장애물을 걷어내면 본래의 온전함을 마주하게 된다. 인간사의 역설 가운데 가장 지독한 역설이지만, 이보다 더 분명한 진실은 없다. 하지만 사람들은 이 단순한 이치를 모른다.

사는 일도 마찬가지다. 삶의 순간마다 뜻밖의 행운이 다가오길 바라면서 정작 현실에는 눈을 감지만, 가장 행복한 삶이란 소박한 일상을 온전하게 누리는 일이며 진정한 행운 역시 '지금, 여기'서 숨을 쉬며 살아 있다는 사실이다.

● 어떤 중이 이 세상에서 가장 기적적인 일이 무엇이냐고 물었다.

회해(懷海)가 대답했다.

'그것은 바로 내가 여기(大雄山)에 있다는 사실이지.'

「指月錄」百丈懷海

    사람들은 흔히 현재를 더 나은 미래를 위해 준비하고 희생하는 시간이라고 생각한다. 그래서 현재를 참고 견뎌야 할 시간이라고 스스로에게 타이른다. 때문에 부모는 중간시험을 잘 보고 온 아이에게 '기말시험이 더 중요하다'며 부담을 준다. 기말시험을 보고 오면 이번에는 '좋은 대학에 진학하는 것이 진짜 실력'이라며 으르고 협박한다. 아이는 물론 부모 스스로도 지금 당장 누려야 할 기쁨과 즐거움을 포기하는 것이 당연하다고 생각한다. 그리고 대학은 좋은 직장을 위해 사라지고, 꽃피고 무지개 뜨는 젊은 시절은 노후대책을 마련하느라 희생되고 만다.

    그러나 지금이 바로 그때다. 우리의 삶은 지금 여기와 다른 어떤 때, 어느 곳에 있는 것이 아니라 '지금, 여기'라는 현재의 순간에서 펼쳐지고 있을 뿐이다. 삶이란 이미 사라진 과거의 기억도 아니지만 아직 일어나지 않은 미래의 꿈도 아니다. 그래서 오로지 현재의 순간을 사는 사람만이 실제의 삶을 사는 것이며, 그가 가장 행복한 사람이라고 한다.

    '지금 그리고 여기'서 과거라는 시간을 생각하지 않는 한, 과거는 사라지고 없는 경험일 뿐이다. 마찬가지로 미래라는 시간을 상상하지 않는 한, 미래도 존재하지 않는다. 내 마음 가운데 과거를 허용하는 수준만큼 과거는 '나'에게 영향을 미치지만, 내가 허용하지 않는 한 과거는 나에게 존재하지 않는다.

그런데도 우리는 일상적으로 '어제' 또는 '내일' 그리고 '여기' 아니면 '저기'라고 하면서 시간과 공간을 분리한다. 이때 마치 자신이 선택의 여지를 가진 것처럼 느끼지만, 실제로 우리가 하는 것은 '무엇을 하거나, 하지 않을' 뿐이다. 어떤 것을 하지 않는 것은 또 다른 무엇인가를 하는 것이다.

시간 또한 과거에서 시작하여 현재로 흘러오는 것이 아니다. 지금이 곧 과거의 시작이자 미래의 시작이다. '과거, 현재, 미래' 할 것 없이 시간은 영원한 '지금'일 뿐이다. 한정할 수 있는 시간은 없다. 과거는 지나가버려서 지금 없고, 미래는 아직 오지 않아 지금 없다. 현재 또한 한 순간도 머무르지 않으므로, 현재도 없다. 시간이란 오직 '지금'이라는 순간순간의 흐름일 뿐이다.

그러므로 이 순간순간을 온전하게 사는 것, 그것이 삶의 전부가 될 때 비로소 우리는 구체적인 현실을 만나게 된다. 선(禪)에서 이야기하는 것이 바로 그것이다. 구체적인 현실을 만난다는 것은 실제로 존재하는 사실이나 상태를 온전하게 느낀다는 뜻이다.

● 선(禪)의 근본이치를 들려달라고 한 중이 조주(趙州)를 졸랐다.
그러자 조주는 이렇게 말했다.
'오줌 누는 일 같이 이런 사소한 일조차도 내 자신이 직접 한다.'

「古尊宿語錄」趙州眞際禪師語錄之餘

흔히 무엇을 '안다'고 할 때 '지식으로 알기'와 '경험으로 알기'가 있지만 그 둘은 다르다. 이를테면 장미 꽃 향기를 지식으로 알기와 직접 맡아보는 것은 또 다른 세계가 된다. 이처럼 '경험한다'

는 것은, 경험자가 대상과의 분리를 그만둘 때 가능해진다. 이때 경험자의 지각은 대상과 온전히 '하나'가 된다. 그러나 지식으로 알기란 대상과 자신을 분리하여 이원화시킨다는 뜻이다. 분리는 경험을 어렵게 만든다.

우리의 삶도 마찬가지다. 오줌 누는 일조차 삶의 전부일 뿐이다. 다시 말해 '불교는 무엇이다'라거나 '인생은 이런 것이다'라는 관념에 빠지지 않는 일이야말로 온전하게 경험하는 일이다. 온전하게 사는 길 또한 지식으로 마주하는 이원화의 세상이 아니라 오로지 경험하기의 실천을 통해 본바탕 그대로 고스란히 느끼는 일이다. 거기에 '삶의 의미는 이렇다'라든가 '존재의 이치는 저러하다'는 등의 이론이 개입되지 않는다.

이처럼 온전한 경험은 내가 '나'에게 집착하고 있다는 사실을 드러나게 만든다. 다만 놀라운 것은 내가 '나'에 집착하고 있음을 알아차리는 순간 주관도 객관도 사라진다는 점이다. 주객의 분별이 일어나지 않는다면 모든 관념과 생각 또한 사라지게 된다.

● 제자 : 스님께선 오래된 옛 연못에 대해서 뭐라고 말씀하시겠습니까?
　조주 : 물맛이 아주 쓰다.
　제자 : 물을 마시는 사람에게는요?
　조주 : 죽지.

「古尊宿語錄」趙州眞際禪師語錄幷行狀

오래된 연못이란 모든 존재의 본성이 처음부터 온전하다는 비유로 끌어다 쓴 말이며, 쓰디쓴 맛이란 그것을 깨닫기란 매우 어렵다는 의미를 담고 있다. 깨달음 즉 본래의 온전함으로 돌아가는 과정에는 마음의 훈련도 필요하지만 의지와 감정의 훈련도 더해져야 한다. 이를테면 '나'를 실체로 생각하는 망상과 과거와 현재와 미래로 이어진다는 암시를 주는 단서가 없어질 때까지 철저한 자기부정을 거쳐야 한다. 인생의 쓴맛 없이는 진정한 기쁨을 모르듯이, 철저히 죽어야 철저히 산다.

이처럼 깨달음으로 나아가는 길은 엄격한 자기 훈련을 통해 철저하게 자유를 탐구하는 방법이지만, 그것을 무엇이라고 구체적으로 말할 수는 없다. 오로지 하루하루의 일상 속에서 온전하게 느끼기의 경험으로 마주할 수밖에 없다. 다시 말해 깨달음이란 밖이나 안에서 구해지거나 이상화되는 것이 아니라, 오로지 일상에서 드러날 뿐이므로 매순간마다 자신에게 충실해야 한다.

그런데 이런 실천을 지속하기 힘든 것은 엄격한 자기수련이나 깨달음을 이해하지 못해서만은 아니다. 중국의 유명한 선승 혜능이 「육조단경(六祖壇經)」에서 청정해져야 한다는 미묘한 의무감에 대해 경고하고 있듯이, 청정해야 한다는 형식만을 강조하면 내면의 활성화는 억눌리게 된다. 내면이 활성화되지 않는 외적인 수행이란 무의미한 수련일 뿐이다. 이를테면 깨어 있는 정신이 없이 육신만을 괴롭히는 실천이란 진정한 수행이 아니다.

● 회양이 좌선을 하고 있는 도일에게 물었다.
  '그대는 무엇 하려 좌선을 하는가?'
  '부처가 되려 합니다.'
  이에 회양이 벽돌 하나를 가져와서 바위 위에 갈았다.
  도일이 이를 보고 물었다.
  '스님, 무얼 하시렵니까?'
  '거울을 만들려고 하네.'

'벽돌을 간다고 어찌 거울이 되겠습니까?'

'좌선을 한들 어찌 부처를 이루겠는가.'

'그럼 어찌 해야 하겠습니까?'

'소가 수레를 몰고 가는데 수레가 가지 않으면 바퀴를 때려야 하겠는가, 소를 때려야 하겠는가?'

도일이 대답이 없으니 회양이 다시 말했다.

'그대는 좌선을 배우는가? 아니면 앉은 부처를 배우는가? 만일 좌선을 배운다면 좌선은 앉고 눕는 데 있지 않고, 만일 앉은 부처를 배운다면 부처는 일정한 형상이 아니다. 머무를 곳이 없는 법에 대하여 취하고 버리려는 생각을 내지 말라. 그대가 만일 앉은 부처가 된다면 그것은 부처를 죽이는 일이요, 앉는 상에 집착된다면 그 이치를 통달하지 못한다.'

「傳燈錄」南嶽懷讓

꽃은 아름답지만 아쉽게도 너무 빨리 떨어지고, 잡초는 짜증스러운데도 매일매일 무성하게 자란다. 꽃이 시들어 떨어질 때 애석한 마음이 들고 잡초가 무성하게 자랄 때 싫은 생각이 일어나지 않는다면 그 사람의 내면은 닫혀 있을 뿐이다.

달리 말하자면 매일매일 변하는 현상이야말로 가장 생생하고 구체적인 현실이다. 매일매일이 곧 창조의 새벽이며, 하루하루가 다 처음이자 마지막으로 오는 날들이기 때문이다. 이런 사실에 눈을 뜨지 못한다면 수행이란 단지 육신을 괴롭히는 형식일 뿐이다.

우리의 일상은 온전함으로 펼쳐지지만, 온전함을 또 다른 이미지로 상상한다는 것 역시 '있는 그대로'의 현실을 느끼지 못한다는 뜻이 된다. 이를테면 수업을 열심히 듣는 학생은 '나는 졸지 않고 열심히 수업을 듣고 있다'고 생각하지 않는다. 그저 수업을 들을 뿐이다. 그러나 '수업을 열심히 듣고 있다'고 의식하는 것은 수업에 집중하지 못한다는 의미다. 바로 여기에 스스로 하지 않으면 안 되는 최소한의 노력이 필요하게 된다.

● 석공혜장(石鞏慧藏)이 부엌에서 일을 하고 있었다.
스승 마조(馬祖)가 지나가다가 무엇을 하느냐고 물었다.
석공 : 소를 먹이고 있습니다.
마조 : 어떻게 소를 먹이나?
석공 : 그놈이 채소밭으로 가려고 하면 사정없이 고삐를 잡
아당깁니다.

「傳燈錄」石鞏慧藏

비록 내면이 깨어 있더라도 끊임없이 내달리는 욕망과 감정은 우리를 혼란스럽게 만든다. 감정이 일어날 때마다 사정없이 고삐를 당겨 자신을 통제할 수 있어야 한다. 자신의 감정을 다스릴 수 없다면, 그것은 적에게 내 영토를 맡긴 것과 같다. '기분이 좋아지면'이란 말을 앞세워 일일이 자기 기분의 좋고 나쁨을 살핀다면, 그 사람은 기분의 노예일 뿐이다.

감정이란 상대적인 것이며, 주어진 상황에 따라 나타났다 사라지는 것이다. 우리가 안고 있는 수많은 감정적인 문제들 역시 실재하는 사실이 아니다. 감정이란 만들어진 것이며, 자기중심적 관념들이나 견해에 의해 시작된 문제일 뿐이다. 우리가 무엇인가를 나누고 분류하기 때문에 그것들이 문제가 되지만, 실제로 무엇인가를 나눈다는 것은 처음부터 불가능한 일이다.

욕망을 통제할 수 있는 노력 역시 뒤따라야 하지만, 욕망을 통제한다는 것은 하늘과 땅을 똑같이 보도록 요구하는 것이 아니다.

다만 실용 가치를 궁극 가치로 착각하게 되면, 스스로 고통과 괴로움에 빠지게 된다는 사실을 알아차리는 일이다.

온전하게 경험한다는 것은 처음부터 무엇을 새롭게 고치고자 하는 것이 아니다. 단지 '있는 그대로' 보려는 것이다. 저마다의 색안경을 끼고 보는 세상이 보통 사람들의 세상이라면, 색안경을 벗는 일이 곧 온전하게 경험한다는 뜻이다. 철저하게 자신의 입장을 보고, 색안경을 벗는 일에 모든 힘을 다해야 한다. 그것이 바로 우리가 '당신은 누구인가?'라고 묻듯이, 지금 자신을 향하여 '나는 무엇인가?'라고 반문하는 일이다.

● 내가 남보다 못하다고 자학하는 일을 멈추어라. 나보다 못한 사람이 오히려 더 많다. 내가 남보다 낫다고 잘난 체하는 일도 멈추어라. 나보다 더 잘난 이가 오히려 많다.

鄭瑄,「昨非庵日纂」

자신의 삶을 고맙게 여길 줄 알고, 또 그것을 느끼며 사는 사람이 가장 아름답게 사는 사람이다. 사는 것이 괴롭다고 느끼는 것은 현재까지 이루어온 것에 만족하지 않고 더 많은 것을 얻고자 하는 데서 생기는 집착 때문이라는 것을 모르는 이는 없다. 이 말을 뒤집어보면, 내게 주어진 삶을 감사하게 여기는 것이야말로 자신의 삶을 온전하게 산다는 뜻이다. 이를 이해하지 못하는 사람은 없지만 실천하는 사람은 드물다. 선(禪)에서 말하는 '깨달음'의 의미를 이해하기 어렵다 해도 매사에 감사하는 삶을 살 수 있다면 우리는 이미 거기에 도달해 있을 것이다.

14

날
마
다
참
좋
은
날

번뇌의 얽매임에서 풀려난다는 해탈(解脫)이란 괴로움으로부터 자유로워진다는 의미다. 흔히 그것을 '저 언덕을 건너간다(到彼岸)'고 표현하지만, 실제로 어디로 간다는 뜻은 아니다. 해탈이란 세속적인 모든 속박의 경계 밖으로 빠져나온 상태, 즉 인간의 근본적인 아집(我執)으로부터의 해방을 의미한다. 달리 말하자면 모든 집착을 내려놓음으로써 실제로 존재하는 사실이나 현상에 아랑곳하지 않고 의젓할 수 있는 마음가짐, 즉 분별하는 마음이 일어나지 않는 경지를 말한다.

● 조주(趙州)가 스승 남전(南泉)에게 물었다.
　조주 : 유(有)를 깨달은 사람은 마땅히 어디로 가야 합니까?
　남전 : 산에서 내려가 아랫마을 한 마리 소가 되어야 한다.

「傳燈錄」從諗禪師

'유(有)를 깨닫는다'는 것은 곧 존재의 이치 혹은 온전한 마음을 깨달았다는 뜻이다. 온전한 마음을 깨닫는다는 것은 우주와 내가

하나가 된다는 뜻이며, 그 안에 있는 모든 것과도 일체가 된다는
의미다.

깨달음이란 이론도 아니지만 이념도 아니다. 그것은 순전히 자
신의 체험일 뿐이다. 존재의 이치인 도(道) 역시 마음도 아니고 물
건도 아니다. 그것은 시간과 공간을 초월해 있으면서 동시에 세상
만물에 편재해 있다. 그런 이치를 깨닫고 난 뒤엔 어떻게 해야 하
느냐고 묻는 제자의 질문에 스승은 그런 사람은 산 아래 마을로
내려가 한 마리 소가 되어야 한다고 답한다. 소란 물론 제자의 주
의를 환기시키기 위해 끌어다 붙인 말에 불과하다.

그릇이 그릇으로서 이용될 수 있는 것은 빈 공간이 있기 때문이
다. '아랫마을의 소'란 '무(無)'는 '유(有)'를 통해서 드러나듯이 깨
달음 또한 이원론의 극복에 머물지 않고, 다시 분별의 세계로 되
돌아와 활기차게 살아 움직여야 한다는 뜻이다. 깨달음이란 일상
의 바탕일 뿐, 깨달음 그 자체에 머물러서는 안 된다고 타이른다.

진정한 깨달음이란 현실 속으로 다시 돌아와서 현실을 바꾸는
삶이 되어야 한다. 하지만 현실을 바꾸는 일 역시 그 무엇을 새롭
게 바꾼다는 의미가 아니다. 깨닫고 보면 분별이란 어리석은 욕망
이 일으킨 망상이었을 뿐이다.

● 노승이 삼십 년 전에 참선하러 왔을 때, 산을 보면 산이었고
　물을 보면 물이었다. 뒤에 와서 선지식을 친견하고 나름대
　로 들어간 곳에서는 산을 보아도 산이 아니었고 물을 보아
　도 물이 아니었다. 이제 몸 쉴 곳을 얻고 보니 전과 다름없
　이 산을 보면 산이요, 물을 보면 물이다.

「傳燈錄」青源惟信

깨닫고 보니 산은 다시 산이고 물은 다시 물이 되었다는 것은, 온전한 깨달음을 얻기 전에는 나의 이미지대로 산과 물을 보았다는 뜻이다. 이제 '산은 산이고, 물은 물이 된' 것은 '나'를 개입시키지 않고 '있는 그대로' 볼 수 있게 되었다는 뜻이지만, 처음부터 거기에 '나'는 없었다.

산과 물이 서로 연관될 필요는 없으며, 세상의 그 어떤 무엇과도 대비되어야 하는 것은 더더욱 아니다. 산은 산대로 우뚝 서 있고 물은 물대로 흘러가면 그만이다. 산과 물을 비교하여 여기는 모자라고 저기는 넘쳐나니 조화가 어떻고 또 경치가 어떠하다고 하는 것이 바로 어리석은 분별이다.

우리의 삶도 마찬가지다. 인연 따라 상황에 맞는 역할을 하면 된다. 부모를 만나면 자식이 되고, 아내를 만나면 남편이 되고, 자식을 만나면 부모의 역할에 충실하면 그만이다. 다만 인연 따라 나타나고 인연 따라 사라져 갈 뿐이다.

● 숭신 : 이곳에 온 후 저는 아직까지 한 번도 스승님으로부터 마음에 관한 근본적인 가르침을 받지 못했습니다.

도오 : 나는 네가 이곳에 온 이래로 마음에 관한 가르침을 한 번도 멈춘 적이 없는데.

숭신 : 아니, 언제 마음에 관한 걸 가르쳐주었단 말입니까?

도오 : 네가 차를 끓여 오면 마셨고, 밥을 차려 오면 먹었으며, 인사를 하면 답례로 머리를 숙였다. 이렇게 도처에서 가르쳐 주었는데도 또 무엇이 부족하단 말인가?

「傳燈錄」道悟禪師

스승은 의미를 몰라서 어리둥절하는 제자에게 '마음은 저 텅 빈 하늘과 같다. 정해진 특성이 없지만 거기서 온갖 작용이 드러난다'고 하였다. 그러므로 '저 허공과 같은 성품에 맡겨 아득히 노닐며 만사를 인연에 맡겨라. 단지 마음만 깨끗하게 할 뿐, 특별히 이해하고 깨달아 알아야 할 성스러운 지혜는 따로 없다'고 타이른다.

이는 제자 자공(子貢)의 질문에 답하는 공자(孔子)의 말과 다르지 않다.

● 하늘이 무엇을 말하더냐? 사시(四時)가 운행되고 만물이 생겨나지만, 하늘이 무엇을 말하더냐?

『論語』陽貨

하늘이 운행이 변함없기에 사계절은 때맞추어 돌아가고, 그 속에서 만물은 번창하지만 하늘이 관여하지는 않는다. 다만 사람들이 구름이 동쪽으로 흘러가면 서쪽으로 가지 않는다고 원망하고, 서쪽으로 가면 또 서쪽으로 간다고 투덜거릴 뿐이다. 그러나 스승은 제자가 차를 가져오면 차를 마시고, 합장을 하면 같이 고개를 숙이면서 하늘처럼 제자를 대함으로써 분별심을 내려놓은 경지를 온몸으로 가르친 것이다.

이처럼 깨달음이란 논리적인 이론이 아니라 생활 그 자체로 드러난다. 바로 여기에 현실에서 현실을 바꾸는 삶이 가능하게 된다. 현실을 바꾸는 삶이란 현실에서 현실적이지 않은 자유를 찾아내는 일이지만, 이 또한 관념적이며 일시적인 자유가 아니라 생활 그 자체를 새롭게 하는 일이다. 깨달음이란 이치로도 현실을 떠날 수 없고, 심리적으로도 현실과 괴리되지 않는다.

그러므로 자신을 되돌아보며 분별심을 내려놓는 일은 그것이 어떤 방법이든지 간에 모두 수행이 된다. 산속으로 가서 머리 깎고 앉은 것만이 수행이 아니라, 구체적인 삶 속의 일상 모두가 곧 수행이다. 일상이 펼쳐지는 '바로 그 자체'를 온전하게 느끼는 일이다. 그것을 느낄 수 있다면, 차 마시고 인사하는 일 역시 새삼스러운 감격으로 다가오게 될 것이다.

● 옷을 입어야 할 때 옷을 입어라. 걸어야 할 때 걸어라. 앉아야
   할 땐 앉아라. 부처를 찾겠다는 생각은 티끌만큼도 갖지 말
   라. 일부러 부처를 찾는다면 부처가 바로 너의 번뇌다. 똥 누
   고, 오줌 싸고, 옷 입고, 밥 먹어라. 피곤하면 가서 누워라.

「臨濟錄」

배가 고프면 밥을 먹고 피곤하면 잠을 자야 하는 것이 우리의 일상이다. 깨달음이란 그와 같은 일상의 행위를 온전하게 느낀다는 뜻이다. 삶은 이해나 해석의 문제가 아니라 실제로 존재하는 사실이다. 깨달음 역시 항상 순간순간 대면하고 있는 사실을 '있는 그대로' 느끼는 일이다.

하지만 우리가 느끼는 세상은 그렇지 않다. 우리 앞에 펼쳐진 세상은 우리 자신의 거짓된 그림자, 즉 우리 내부의 사랑과 미움의 투영일 뿐이다. 깨달음이란 다름 아니라 개인적인 편견으로부터의 자유, 바로 그것이다. 그것을 누릴 수 있다면 온전한 세상은 이미 우리 앞에 와 있을 것이다. '있는 그대로' 느낀다는 것 역시 단지 사사로운 편견들을 살핌으로써 거짓된 자신의 그림자를 알아차리는 것, 그것뿐이다.

● 조주 : 어떤 것이 도(道)입니까?

남전 : 평상심(平常心)이 도다.

편견으로부터의 자유, 즉 온전함에 대한 깨달음이 일상으로 이어진다면 일상적인 행위 자체가 모두 도의 표현이 될 것이다. 이것이야말로 자유라는 말이 지니는 가장 깊은 의미다. 여기서 말하는 평상심(平常心)이란 목표를 세워 도달해야 하는 이상도 아니지만, 모든 사람이 본래 당연히 그렇다고 여기는 원리 또한 아니다. 평상심이란 그것을 떠나 있을 수도 없는 근원적인 마음, 즉 무한히 충실하면서도 본래의 것 그대로이기 때문에 새삼스럽게 무엇이라고 할 수도 없는 마음이다.

달리 말하자면 '평상(平常)'이란 말 자체가 그런 뜻이지만, 언제 어느 때나 어떤 상황에서나 그리고 어떤 문제에서나 일관되는 그런 상태를 의미한다. 일상적이지만 동요가 없는 부동심(不動心), 이것이 바로 평상심이다. 그렇다고 세상에 귀를 막고 초연하게 살라는 이야기는 아니다. 아무런 감정도 없고 생각도 없이 나무토막처럼 살라는 이야기는 더더욱 아니다. 어떤 경우에도 능히 대처할 수 있는 지혜가 평상심에서 나오기 때문이다.

● 지극한 도는 어렵지 않다. 다만 좋아하고 싫어하지 않으면
   된다.

『信心銘』

깨닫는다는 것은 끊임없이 일어났다가 사라지는 상념들을 '내 생각'이라고 짐작하는 일을 거부하는 일이다. 어떤 생각을 '내 것'이라고 인식하는 순간, 그 생각이 나를 지배하는 힘을 가지게 되

기 때문이다. 하지만 우리는 생각이 일어날 때마다 '내 것'으로 인식하며 그 생각에 빠지거나 그 생각을 따라간다.

만약 '나'라는 생각을 내려놓게 되면, 즉 좋고 싫음을 가리는 분별에서 벗어나게 되면 생각들이 일어났다 사라지는 과정을 무심하게 볼 수 있다. 이를 두고 평상심을 회복했다고도 하며 도를 깨달았다고도 한다. 그래서 '평상심이 곧 도'라고 한 것이다.

● 운문(雲門) 화상이 말하였다.
  '15일 이전의 일은 너희에게 묻지 않는다. 15일 이후에 대해
  뭔가 자기 나름의 의견이 있으면 말해보라.'
  이에 대해 누구 하나 발언하는 자가 없었다.
  운문이 대신 말했다.
  '날마다 참 좋은 날이다(日日是好日)!'

「碧巖錄」第六則

당송(唐宋) 시대의 선원에서 대중들에게 베풀었던 정기적인 설법을 상당(上堂) 혹은 시중(示衆)이라고 했다. 대개가 5일 단위로 시행되었는데, 여기 운문스님의 법문도 아마 15일 실시하는 정기 설법 시간에 묻고 답한 내용이었을 것이다. '15일 이전'과 '15일 이후'의 예를 들어 수행인들의 공부를 확인하고 있지만, 이는 단지 '지금'의 이전과 이후를 어떻게 살 것인가를 묻고 있다.

지난 일을 생각하는 것은 쓸데없고 무의미하다. 미래에 대한 환상 역시 불필요한 일이다. 과거와 현재와 미래는 결코 별개의 것이 아니라 영원한 시간의 연속선상에 놓여 있을 뿐이다. 과거는 현재가 있기 때문에 과거이고, 미래는 현재가 있기 때문에 미래다. 오로지 순간으로 연결되어 있다. 그러므로 이 순간을 살아가는 우리

가 가장 충실해야 할 자리는 바로 '지금, 여기'다.

현재도 과거가 되며 미래도 현재가 된다. 과거, 현재, 미래라는 것은 어디에서 어디까지라고 구별 지을 수 있는 것도 아니고, 또한 시간의 흐름을 포착하기도 어렵다. 그런데도 우리는 당연히 시간이 존재한다고 믿고 있으며, 시간으로부터 자유롭지 못하다. 매사에 늘 쫓기는 것은 그 때문이다.

꽃은 필 때 피고 질 때 질 뿐이다. 시간에 대한 관심은 인간들밖에 없다. 오직 사람들만이 시간을 따지며, 십 년 전에는 어떻게 살았고, 십 년 후는 어떨 것이라고 고민한다. 이 세상에는 태초도 없고 마지막도 없다. 다만 우리의 기억이, 우리의 지식이, 과거와 현재를 연결하는 기능이 우리를 어리석게 하고 있을 뿐이다.

우리의 삶은 오로지 '지금'이라는 시간과 '여기'라는 공간에서 이루어지고 있다. '여기'라는 공간을 바꾸고 옮길 수 없으며, 또한 과거의 시간과 미래의 시간으로 옮겨 살 수도 없다. 사람들은 오늘보다 내일이 나을 거라는 가능성을 믿고 있지만, 어제보다 오늘이 기쁘며 내일 또한 아름답고 화사한 것도 아니다. 오로지 지금 숨 쉬고 있다는 사실이 곧 행복임을 아는 사람만이 날마다 좋은 날을 만든다. 좋은 날이라고 생각하면 좋은 날이 되고 나쁜 날이라고 생각하면 나쁜 날이 될 수밖에 없다.

한 세상을 살다 보면 죽는 게 나을 만큼 고통스럽거나 슬프거나 분할 때가 있다. 그러나 지나고 보면 안 죽고 살아 있는 게 얼마나 다행인지 모른다. 하지만 우리는 좋은 걸 좋은 줄 모르고 기쁜 걸 기쁘게 느끼지 못할 뿐이다. 날마다 좋은 날인데 우리 스스로 날마다 그저 그런 날, 슬픈 날, 아픈 날, 괴로운 날로 만들어버렸다.

산다는 것은 너무나 소중하고 값진 일이기에 날마다 좋은 날이 되어야 하고 언제나 행복한 시간이 되어야 함은 당연한 일이다.

문득 문득 생각해보면 이렇게 살아가고 있다는 이 사실 하나만으로도 가슴이 벅차오르며 코가 찡하고 눈시울이 뜨거워진다. 산다는 이 단순한 일보다 우선하는 일은 아무것도 없다. 그러므로 산다는 것만으로도 매일매일이 좋은 날이다. 15일 이전이나 15일 이후나 어느 날인들 좋은 날이 아니겠는가.

'날마다 좋은 날'은 하루하루가 비교할 수 없는, 오직 하나뿐이고 둘도 없는 날이라는 뜻이기도 하다. 그리고 오늘을 가장 좋은 날로 만드는 것은 바로 우리의 책임이다. 헛된 인생을 보내지 않으려고 스스로 노력하고, 거기에 '아아! 좋다'라고 생각하는 날들을 가꾸어가는 일, 그것이 전부다.

15

따뜻한 마음으로 •

선(禪) 수행의 목적은 인식의 한계를 넘어서고자 하는 데 있다. 때문에 선을 마음의 작용과 관련시켜 설명하거나 깨달음의 체험으로 언급하기도 하지만, 이들은 모두 분별과 판단의 과정을 이해시키기 위한 방편일 뿐이다.

그러나 현실에서는 처음부터 본래의 목적과는 조금 다른 시각에서 접근하려는 경향이 다분하다. 깨달음 자체보다는 오히려 일상을 벗어난 새로운 세계로서의 의미에 대한 호기심이다. 이를테면 수행자들의 글이나 글씨 또는 수묵화에 대한 관심은 대단히 높다. 이런 종류의 결과들에서 나타나는 천진난만함과 신선함이 기존의 관점과는 다르다고 한다. 예술로써 인정되는 측면은, 선에 대한 선입관이 없는 사람이 오히려 유리하다고 말할 수도 있다.

그렇지만 이런 경향은 때때로 선(禪)에 대한 이해를 엉뚱한 방향으로 안내하기도 한다. 예를 들면 '선문답'이라 하면 뜻도 모르는 말을 주고받는 파격적인 어투라든지, 말만 앞세워 사람을 혼란스럽게 하는 것쯤으로 생각하는 것이 그렇다. 흔히 말에 구애받지 않는 사람 또는 배짱 좋게 형식에 얽매이지 않는 사람을, 선문답과 연관시키는 경우가 많다.

선(禪)은 단순히 시각적이고 심리적인 통일을 목표로 하는 것이 아니다. 오히려 다양성을 수용할 줄 아는 지혜로운 인격의 온전함을 회복하는 데 있다. 물론 세상을 아름답게 살기 위해서도 지혜가 필요하지만, 지혜 또한 끊임없는 훈련의 대상이다. 뿐만 아니라 오랜 연륜을 필요로 한다. 그 까닭은 지혜 역시 우리 마음의 한계를 자각하는 데 있기 때문이다.

그렇다고 해도 선이 지향하는 온전함은 결코 방편이 될 수 없다. 불면증이나 스트레스를 치료할 수 있다든지, 미용과 건강관리에도 효과가 있다는 이해는 모두 수행의 결과로 나타나는 단면에 지나지 않는다. 이는 마치 '무엇을 구한다'고 할 때, '무엇'에 매달리는 사람은 구하고 있는 자신을 볼 수 없고, '구한다'는 행위에 집착하는 사람 역시 구하고자 하는 '무엇'을 제대로 알 수 없는 것과 다르지 않다.

「전유경(箭喩經)」에서는 '독화살을 맞은 이'의 비유로써 이를 설명하고 있다. 독화살을 맞은 이에게 당장 필요한 것은 '왜 화살을 쏘았는지?' '누가 쏘았는지?'가 아니다. 무엇보다도 먼저 가족과 의사와 친구를 부르는 일이 급선무라고 한다. 마찬가지로 깨달음에 의미가 있는 것이 아니라 정작 중요한 것은 인간이 왜 깨달아야 하는가에 있다. 불안과 괴로움으로 얼룩진 우리의 삶은 불편하기 때문이다.

그래서 선(禪)은 처음부터 '있는 그대로' 보라고 한다. 있는 그대로 보는 것이야말로 본래의 마음을 찾아가는 길이다. 본래의 마음이란 '내 마음이 곧 부처'임을 아는 마음이다. 하지만 그 길은 어떠한 언어나 문자로도 나타낼 방법이 없다. 단지 체험에 의해서 직관적으로 그 세계를 자각할 뿐이다. 그래서 '마음에서 마음으로 전하여 스스로 깨닫게 한다'고 말한다.

이처럼 실천적인 관심으로부터 출발한 선은 처음부터 논리적이거나 단계적인 입장을 고집하지 않기 때문에 선(禪)을 체계적으로 이해하는 일은 쉽지 않다. 오히려 불교의 사상체계 전부를 선이라고 보는 것도 가능하고, 동시에 불교와 선은 구분되어야 하는 측면도 지니고 있다. 또한 선과 노장(老莊) 사상을 본질적으로 구별하는 일 또한 매우 어렵다.

일반적으로 사상을 보편적인 진리라고 한다면, 선(禪)을 사상이라고 표현할 수는 없다. 선에서 볼 때 사상이란 망상의 작용으로 언제나 배척되기 때문이다. 설령 그것이 망상을 묶어두는 이론이라 해도 마찬가지다.

선(禪)이 경전 밖에서 전해졌다(教外別傳)는 것은 종래의 전통 그 자체를 되묻는다는 의미이지만, 일체의 사상과 문명을 무시하고 '없음(無)'으로부터 시작한다고 해도 '없음(無)' 자체를 선의 본질이라고 이해하는 것은 단편적인 관점이다. 그것은 단순한 관념으로 떨어질 위험을 내포한다.

● 종일 봄을 찾았어도 봄을 보지 못했네.
　짚신 신고 산머리 구름 위까지 가보았지.
　돌아올 때 우연히 매화향기 맡으니
　봄은 가지 위에 벌써 와 있었네.

　　　　　　　　　　　　　　　　無名氏

선(禪)은 이원론을 극복함으로써 일체성(一體性)을 자각하는 체험이다. 봄 따로 매화 따로, 거기에다 봄을 느끼는 '나' 또한 따로 있었으니 봄이 곁에 다가와도 단지 나는 몰랐을 뿐이다. 매화가지에 내려앉은 봄을 느끼지 못했으니 산머리 구름 위까지 헤매고 다닌 것처럼, 우리의 생각이 이원적 관념 속에 있고 그 이원성에 사로잡혀 있는 한 결코 온전함의 세계로 나아갈 수는 없다. 오로지 이원적 관념을 내려놓음으로써 대상과 내가 다르지 않다는 사실을 깨닫는 일, 그것만이 온전함으로 돌아가는 길이다. 그것 또한 처음부터 '나'란 실체가 아닌 허상이었음을 간파하는 것, 그것이 전부다.

이런 체험 자체를 설명할 수 없다고 해서 '너무 비약이 심하다. 이것은 비과학적인 사변이고 신비주의'라고 한다면, '그렇다'고 대답할 수밖에 없다. 온전함의 세계를 과학적인 세계관의 틀로서는 분석할 수 없기 때문이다. 마찬가지로 '비상식적이다'고 해도 '그렇다'고 대답할 것이다. 상식 너머로 갈 때 비로소 가능한 것이기 때문이다.

온전함의 깨달음이란 논리적 사고의 영역에 속하는 일이 아니다. 때문에 논리적으로 만족할만한 설명이 되지 않는다고 해서 깨달음의 세계가 없다고 할 수는 없다. 이성적인 지식으로는 그것을 헤아릴 수 없기 때문이다. 깨달음이란 삶의 목적들을 초월한 목표, 그 자체다. 그것은 욕망의 투영이 아닌 실재이자 희망의 근거이며, 고통과 죽음으로부터 인간이 해방될 것이라는 약속이다.

● 한 승려가 조주에게 물었다.
　'청컨대 스님께서 지도해주십시오.'
　'아침은 먹었는가?'
　'예, 스승님'
　'그럼 가서 밥그릇이나 씻게.'

　　　　　　　　「古尊宿語錄」趙州眞際禪師語錄之餘

일상의 실천을 통하여 깨달음으로 나아갔던 선(禪)은 복잡한 이론체계를 주장하지도 않았고, 그 필요성도 느끼지 않았다. 바로 이런 입장이 살아 있는 진리를 표방하게 되었으며, 그것이 곧 생활 속의 대화로써 여실히 드러났던 것이다.

'밥그릇을 씻거나' '씨 뿌리고 물 긷는 일'이 바로 그것이다. 씨를 뿌리면 열매를 수확하는 것은 자연의 이치이지만, 씨를 뿌린다고 그냥 싹이 트는 것이 아니다. 씨를 뿌리고, 물을 주고, 그리고 기다린 뒤에야 열매를 얻을 수 있다. 그러나 우리는 종종 이 사실을 잊고서 '오늘 콩을 심으면, 내일 무엇을 얻을까?'라고 묻는다. 말할 것도 없이 그 답은 '물에 젖은 콩'이다.

'씨 뿌리고 물 긷는 일'이란, 오늘 씨를 심는다면 그것이 열매를 맺을 때까지 기다려야 한다는 뜻이다. 마찬가지로 자신이 먹은 밥 그릇을 스스로 씻어야 하는 것처럼, 깨달음으로 나아가는 길은 언제나 겸허한 마음으로 상대를 대하며 가까이 있는 사람들을 존중하고 그들에게 따뜻한 마음을 베푸는 행위 속에서 환하게 밝아진다. 깨달음이란 거룩한 모습으로서가 아니라 일상의 실천에서 드러날 뿐이다.

● 눈에 티가 들어가서는 견딜 수 없고, 이빨 사이에 조그만 것이 끼어도 참을 수 없다. 원래부터 내 것이 아니기 때문이다. 그런데 어찌하여 마음속에 그 많은 가시를 지니고서도 오히려 아무렇지도 않을 수 있단 말인가.

呂坤, 「呻吟語」

자신이 하는 일이나 주어진 삶에 최선을 다한다면 당장 그것이 결과로 돌아오지 않는다 하더라도 언젠가는 자신의 삶을 살게 될 것이다. 마찬가지로 우리가 행복해지기를 바란다면 내 판단의 잣대로써 함부로 나누고 구분하려 하지 말고 '있는 그대로' 볼 수 있는 맑은 영혼을 가꾸어가야 한다.

사실 우리는 우리의 몸에 대해선 너무도 많은 관심을 기울이고 있다. 그러나 우리의 마음에 대해서는 거의 무관심이라 해도 과언이 아니다. 얼굴에 기미가 끼었는지, 체중이 불었는지, 몸이 조금만 이상해도 어디 아픈 것은 아닌지가 우리의 최대 관심사다. 그러나 마음의 작용이 '맑으냐? 흐리느냐?'에는 전혀 관심이 없다.

주어진 삶을 제대로 살고 또 나답게 살자면 무엇보다도 마음의 흐름에 관심을 가져야 한다. 깨어 있는 사람만이 자기 몫의 삶을 제대로 살 수 있기 때문이다. 그리고 거듭거듭 새롭게 시작할 수 있어야 한다. 어제보다 오늘은 어떤지를 되돌아봐야 한다. 어제와 오늘이 똑같다면 그 자리에서 맴돌고 있는 셈이다. 한 달 전의 내 모습과 오늘의 내 모습이 달라지지 않았다면 그것은 스스로 그렇게 가두고 있는 셈이다.

세상만사가 변하고 우주 만물이 변한다는 것이 진리다. 오로지 나만 변하지 않는다면, 누구를 막론하고 그 삶은 정체될 수밖에 없다. 그렇게 되면 우리의 삶은 같은 문제를 다르게 고민하는 모습으로 나타날 뿐이다. 삶이란 결코 고정되어 있지 않다.

변한다는 진리에 눈을 뜨고, 그 눈으로 자신의 삶을 이해하고 받아들일 때 우리는 진정한 의미에서의 깨달음을 얻게 될 것이다. 안개 속을 걸어가면 옷이 젖지는 않지만 젖어 있는 옷을 발견하게 되듯이, 매순간 깨어 있는 마음으로 세상을 본다면 우리는 자신도 모르는 사이 깨달음에 다가서 있을 것이다.

4부

무엇을 깨달아야 하는가

16

우
리
가
사
는
세
상

●

옛 성현들은 한결같이 사람으로 태어났으면 사람답게 살라고 가르쳤다. 그래야 사람의 이름으로 죽을 수 있기 때문이라고 한다. 삶의 내용에 따라 고귀한 사람으로 기억되기도 하지만, 짐승보다 못하게 되는 것도 사람이다.

하지만 사람답게 사는 것처럼 어려운 일도 없다. 자신의 생각으로야 모두가 사람답게 산다고 할 수도 있지만, 저마다 삶의 목표가 다르고 가치를 부여하는 기준도 다르기 때문이다. 그래서 흔히 살아보지 않고서 어찌 다 알겠느냐고 말하기도 한다.

사실 용기도 있고 도리도 알며 거기에다 겸손함을 곁들여 상대를 배려할 줄 아는 마음을 지닌 사람을 사람다운 사람이라 할 수는 있지만, 자신의 삶을 되돌아보며 그렇게 살기란 매우 힘든 일이다. 그러나 그 길을 따라가려고 노력하는 것만으로도 사람답게 살아가는 과정이 될 수는 있다.

가끔 어쩌다가 우리를 감동시키는 마음 씀씀이의 품격을 다룬 글들이 우리의 시선을 끌기도 한다. 그것들은 주로 일상을 스쳐가는 일에서 감정의 끝을 건드리는 사소한 반응들에 대한 이야기들이다. 심오하거나 이해하기 어려운 내용이라고는 전혀 없는, 우리도 매일 겪는 상황이거나 장면들이다.

대부분 외국서적의 번역서라는 점만 다를 뿐, 삶의 구석구석까지 들여다보는 듯이 서술하고 있는 내용에서 우리는 한 번 더 놀라게 된다. 이해하기 어려운 말들을 늘어놓은 것이 아니다. 자신을 내세우지 않는 목소리로 자질구레한 문제들에 대한 이야기를 풀어내고 있지만, 글을 읽는 사람들이 자신도 모르게 스스로의 삶을 돌아볼 수 있는 기회를 제공하고 있다. 어쩌면 사람답게 사는 일이란 거창한 구호 속에 담긴 뜻도 모를 말들이 아니라 마주하는 삶의 순간들을 이렇게 대하는 일이 아닐까를 되돌아보게 한다.

그런데 엉뚱하게도 인성교육이 필요하다고 목소리를 높이는 우리의 교육현장에서는, 이런 내용들은 '당연한 소리'라는 반응을 넘어서지 못하고 있다. 안타깝게도 우리는 정작 이 '당연한' 것들을 제대로 이해하지도 못한 채, 오로지 지능을 계발하고 지식을 축적하는 일만이 교육의 목적에 부합되며 나아가서는 취업만이 인생의 전부라도 되듯이 호들갑을 떨고 있을 뿐이다.

'사람답게 사는 일'이 왜 중요한지에는 관심조차 없다. 오히려 사람답게 사는 길과는 무관해져버린 사회적 가치에 매몰되다 보니 공동체의 가치를 존중해야 한다거나 더불어 사는 삶에서 지켜야 하는 최소한의 규범들은 간간히 들리는 탄식 속에 묻히고 만다. 그러자니 매일 접하는 뉴스를 통해 인간성이 무너지는 현실을 보며, '이래서는 안 되는데'라고 중얼거리는 것이 일상이 되었다. 그래도 우리는 스스로를 돌아볼 생각은 하지 않는다.

사실 교육현장에서는 의미도 모르고 암기하는 내용이 대부분이다. 그렇게라도 배운 지식이 삶을 풍요롭게 하는 데 도움이 된다면 좋겠지만, 불행히도 그것은 아니다. 그런 지식들은 오로지 자격증과 취업을 위한 것이라 해도 지나친 말이 아니다. 교육과정 또한 오로지 지식과 정보를 제공하는 데 의미를 두고 있다. 기본 과정은 말할 것도 없지만, 정보와 전산에서 신기술에 이르기까지, 어쩌면 지식의 홍수에 진저리가 날 지경이다. 이런 지식들이 과연 얼마나 필요한지에 대한 반성은커녕 '정해졌으니 그냥 한다'는 권위주의적인 교육폭력만을 남발하고 있다.

이는 차를 마시고 싶은데 커피를 내놓고 마시기를 강요하는 것과 다를 바 없다. '어떤 지식이 내게 의미 있는 것인가?'에 대한 판단의 기회는 주어지지 않는다. 컴퓨터 바이러스가 컴퓨터 기능에 이상 장애를 일으키듯이, 잡다한 정보들로 인한 혼란스러움은 수많은 문제를 야기 시키고 있지만, 우리에게는 아예 선택의 기회조차 없다.

지금부터라도 교육현장에서 학생들이 배우고 싶어 하는 것을 가르치는 방향으로 나아간다면 손쉬운 해결책이 될 수 있다. 아니면 학생들이 실질적으로 배울 필요가 있는 것들을 가르친다면 책임 있는 태도가 될 것이다. 하지만 현실적으로는 이런 대안은 문제가 발생할 때마다 꺼내는 상습적인 변명의 수준을 넘어서지 못하고 있다.

배우기는 배우는데 무엇을 위해 배우는지를 모르다 보니 젊은 부모들은 어린 자녀들에게 사람 됨됨이의 중요성보다는 손익계산의 필요성을 강조하는 일을 당연하게 여긴다. 남보다 앞서는 법과 덜 손해 보는 법을 끊임없이 조언하면서 부모로서의 역할을 다한다고 생각한다. 어쩌면 그들조차도 타인에 대한 배려와 공동체의 가치가 얼마나 소중한지를 배우지 못했기 때문일 것이다. 날이 갈수록 아이들의 언어는 자기주장만을 앞세운, 직선적이고 단선적인 조어(造語)로 바뀌어간다.

이런 문제들은 단지 이 세대만의 현상이 아니다. 지속적으로 이어지고 있을 뿐만 아니라 지켜야 할 규범과 배려에 대한 생각들은 점점 더 희미해져가고 있다. 지식과 정보만이 중요한 도구라고 배워왔고, 그것이 세상을 바라보는 유일한 잣대가 되니, 사람에 대한 이해 역시 인간 됨됨이보다는 학력이나 재산에 대한 정보를 중요하게 여긴 지는 이미 오래되었다.

그것이 과연 바람직한 일인가를 생각하는 것은 다음으로 미룬다 해도, 지식이란 과거 사건의 결과일 뿐이라는 사실을 우리는 눈치 채지 못한다. 지식은 다가오는 세상의 잣대로서도 불충분하지만, 우리를 성장시키지도 변화시키지도 못한다. 이를테면 자전거가 자동차보다 느린 것이 사실이지만 꽉 막힌 도로에서는 그 상황이 바뀌듯이 지식은 변화하는 상황을 반영하지 못한다. 상황과 관점의 차이에 따라 다른 결과가 나타날 수 있는 지식으로써 옳고 그름을 따지다 보면 사는 일은 다툼의 연속이 될 수밖에 없다. 그런데도 우리의 눈과 귀를 사로잡는 매스컴에는 지식인들이라는 사람들이 쏟아내는 자기주장들로 가득 차 있다.

되돌아보면 인간의 삶에서 지식과 지성이 너무나 과대평가되어 왔다는 사실을 부인할 수 없다. 반면에 스스로의 삶을 반성하고 되돌아보는 일은 엉뚱한 행동과 사고로 평가되어왔다. 여전히 그런 생각들은 변하지 않았으며, 오히려 더욱 심화되고 있다. 우리는 우리가 알고 있는 지식 속에 우리 스스로 사로잡혀 있을 뿐만 아니라 그것이 시대와 상황에 따라 끊임없이 변한다는 사실을 모른다.

우리의 교육과정 역시 이 땅의 삶과 가치를 가르치기보다는 물질적 풍요로움을 누려온 서양의 제도를 흉내 내어 만들어졌다. 우리가 서양의 기준에 맞추고자 노력하는 과정에서 잊고 있었던 것은, 서양 문명의 초점이란 발전과 생산성에 대한 믿음, 특히 진보에 대한 믿음에 맞추어져왔다는 사실이다. 그런 믿음이 우리의 전통적인 가치관과 다르다는 사실도 중요하지만, 그보다는 오히려 정신적 가치가 결여된 물질적 진보는 결국 인간 자신을 부정하는 결론으로 이어질 수밖에 없다는 내용이 더욱 염려스럽다.

인간의 의식체계는 실제로 개별적인 의식화의 과정에 의존하므로, 사물을 있는 그대로 파악하는 것이 아니라 교육을 통해서 굴절되거나 걸러지기 마련이다. 그런 관점에서 보면 과학적 사고를 바탕으로 단계적 계획에 따라 시행되는 교육과정이나 과학기술만이 미래의 살 길이라고 부추기는 생각들이 일상화되어 있다는 점은 매우 심각한 문제라 할 수 있다.

사실 서구사유의 방향은 인간의 이성으로 자연을 재구성하는 일에 초점을 두어왔다. 결과적으로는 경험세계를 이론으로 추상화한 과학의 법칙을 정립함으로써 물질적인 풍요로움을 가져왔지만, 그 대신 생명의 본질과 인간다움의 의미는 저 뒤로 밀려나게 되었다. 사실 과학법칙이란 자연을 설명하는 체계이지 이해하는 방식이 아니다. 다시 말해 대상에 대한 기계적인 분할은 생명의 의미를 더 이상 소중한 가치로 여기지 않게 되었을 뿐만 아니라 생명에 대한 이해는 불가능하게 되었다.

목표 없이 달리는 물체는 느리고 빠름의 속도를 판단할 수 없는 것과 마찬가지로 생명과 삶의 의미를 되묻지 않은 사고방식은, 그것이 아무리 물질적인 풍요를 가져온다 하더라도, 거기에는 인간적 가치나 삶의 의미는 존재하지 않게 된다. 인간이 스스로의 의미와 가치를 깨닫지 못한다면, 상황에 따라 대처하는 주체가 될 수 없을 뿐만 아니라 행위를 판단하고 결정하는 능력을 갖출 수도 없다.

이에 반해 동양의 사유는 삶의 목적에 대한 올바른 개념의 정립에 관심을 두어왔다. 처음부터 오로지 인간의 의미를 추구해왔으며, 어떤 경우라도 인간이라는 관심 영역을 벗어나지 않았다. 인간을 천지(天地)의 덕과 조화를 실현할 수 있는 이상적인 존재로 보았기에, 인간의 본질이 천지의 바탕과 상응한다고 선언하였다. 때문에 인간 정신의 확충을 통하여 우주의 근원과 하나가 되고(梵我一如), 하늘의 이치와 함께함(天人合一)으로써 유한에서 무한으로 향하고, 그것으로 인간의 정신은 자유와 해방을 얻는다고 했다.

물질과 정신을 따로 언급하지도 않았다. 단지 인간에 대해 말했을 뿐이지만, 인간이 존재하는 방식 역시 원래 자연이 스스로 그러했던 운행 방식의 틀 속에 있으므로 인간도 다르지 않다고 이해했던 것이다. 이를테면 자연의 이치에 순응하고 그 변화에 적응하는 것을 모든 생명의 필연으로 수용하고, 다시 그러한 전제를 인간의 욕망을 소통시키고 승화시키는 모든 행위의 당위로 삼았다. 여기에는 변화하는 현상을 올바르게 이해하고 현명하게 대처하는 일만이 주어진 삶을 온전하게 한다는 뜻이 내포되어 있다.

● 사람이란 천지 간의 생물 가운데 가장 귀한 존재이며 … 하늘도 크고 땅도 크며 사람도 크다. 大라는 글자는 사람의 모습을 본떴다.

『說文解字』

● 사람은 땅의 원리를 본받고, 땅은 하늘의 원리를 본받고, 하늘은 도를 본받고, 도는 자연을 본받는다.

『道德經』

근대라는 급격한 변혁기 동안 동서양의 문명충돌이 일어나면서

제일 먼저 타격을 받은 것이 바로 인간의 의미를 되돌아볼 수 있게 하는 동양의 사유세계였다. 동양은 스스로 짊어져야 할 역사를 서구의 기준에 의해 마름질당했고, 그것은 동양의 정신세계에 대한 철저한 부정으로 이어졌다.

단지 거기에서 그친 것만이 아니다. 삶의 바탕은 그대로인데 마치 모든 것을 서구적인 수단과 형식으로 변화시켜야 할 것처럼, 인간의 의미와 가치도 모두 바꾸어야 하는 것으로 몰아가고 있다. 어쩌면 지금 우리가 겪고 있는 갈등은 변해야 할 것과 변해서는 안 되는 것을 구분하지 않는 데서 비롯되었다고 할 수 있다.

생물학이나 물리학의 분야에서, 생명의 기원이나 우주의 형성에 대한 놀랄 만한 지식을 알아낸 것은 사실이다. 그러나 그런 지식들이 생명의 소중함이나 지구의 미래까지 일깨워주지는 않는다. 우주의 구조와 생성의 원리에 접근했다는 것 또한 부인할 수 없는 진보임에는 확실하지만, 화성과 목성을 탐색한다는 사실이 삶의 의미를 바꾸어놓은 것은 아니다. 나아가서는 의학이 아무리 발달한다 해도 그것은 단지 고통을 일시적으로 줄여줄 뿐, 죽음을 없애거나 사라지게 하는 것은 아니다. 기술의 발전에 따른 생활수준의 향상과 안락함을 무시하는 것은 아니지만, 그것은 사람이 사람답게 살고자 하는 일과는 무관한 이야기다.

지나간 모든 사실과 결과를 돌아볼 때, 물질적이고 과학적인 진보가 해결한 것이라고는 그저 더 빨리 이동하거나, 더 멀리 보거나, 더 높이 올라가거나, 더 깊이 내려가는 일과 같은 조건의 변화들이다. 서울 부산 간을 달리는 고속열차로 인해 왕복하는 시간이 대폭 줄어들었지만, 열두 시간 걸리던 지난날에 비해 우리의 삶이 여유로워진 것도 아니다. 아니 더 빠르니 더욱더 바쁘게 살아야 한다고 생각할 뿐이다. 그러나 실제로 왜 바쁘게 살아야 하는지는 모른다.

　인간다움이란 오로지 인간존재의 의미를 확보하는 데서 비롯될 뿐이다. 단순히 물질적인 환경을 개선하거나 안락함과 편리함을 동반한다고 해서 사람답게 살 수 있는 것은 아니다. 서양이 과학의 분야에서 성공적인 발전을 가져옴으로써 인류에게 풍요로움을 제공한 것은 분명하지만, 인간의 문제에 대한 지혜나 덕성에 있어서는 돌이킬 수 없을 정도의 황폐화를 불러왔다. 이것이 바로 문제의 핵심이다. 과학은 삶의 조건, 즉 안락함을 누릴 수 있는 환경을 만들어줄 뿐, '그것이 사람다운가?'에는 처음부터 관여하지 않았다.

　매일의 뉴스를 장식하는 사건과 사고들은 정신적 가치가 더 이상 존중받지 못할 때, 물질적인 풍요로움은 폭력과 갈등으로 찌들어가는 보람 없는 삶을 감추는 포장지의 역할 외에 아무것도 아니라는 사실을 적나라하게 보여준다. 삶의 의미에 대한 성찰이 줄어드니 생명을 가볍게 여기는 풍조가 나타나고, 그에 따라 남의 생명도 함부로 하게 되었다. 그런데도 성적인 욕망을 충동하거나, 폭력과 살상을 미화하는 현상을 이 시대의 문화라고 한다.

　역설적이게도 이런 문제점을 알아차린 서양의 젊은이들은 경제적인 풍족함보다는 '삶의 만족을 찾으려는(downshift)' 변화를 모색하며 정신적 가치의 소중함을 일깨워가고 있다. 하지만 그와 같은 흐름 역시 우리에게는 아직도 먼 나라 이야기일 뿐이다.

　생명공학의 발달로 인해 지금보다 훨씬 더 수명이 길어지는 시대가 다가올 것이다. 하지만 단지 편안하게 오래 산다는 것만이 중요시되고 '어떻게 사는 것이 바람직한가?'라는 문제가 등한시된다면 그야말로 인간의 가치는 빈껍데기로 남게 될 것이다.

　오늘도 우리의 주변에서는 '사람의 됨됨이'에 대해서나 '마음의 자세'라든지, '정신적 가치'와 같은 주제에 대한 어떤 관심도 찾아보기 어렵다. 어쩌면 그것은 지식인이라고 불리는 이들에 의해서 황당한 이야기로 취급당하거나, 과학도라 불리는 사람들에 의해서 과학적으로 해명될 수 없다는 시각으로 매도되고 있을 뿐이다.

대중적인 관심사에서 볼 때도 어느 누구도 그것을 노래하지 않고, 어느 드라마에서도 그러한 부분을 심도 있게 다루지는 않는다. 오로지 시시껄렁한 이야기나 요리나 노래하기와 같은 내용들이 대중매체의 주된 메뉴이며, 그 또한 십 대에 치중되어 있는 것이 우리의 현실이다.

주변 환경이 모두 그렇다 보니, 일상적으로 느낄 수 있는 영역을 넘어서서 정신적인 가치를 소중히 여기며 사는 이들의 아름다움에 대한 그 '어떤 것'이 있다 하더라도 도저히 설명하거나 이해할 수 없는 일 정도로 가볍게 보아 넘기고 있을 뿐이다.

17

달
과
손
가
락

　'선(禪)'이나 '깨달음' 또는 '명상'이란 말을 듣게 되면, 우리는 곰
곰이 헤아려볼 겨를도 없이 '집착을 버려라' '마음을 비워라' 하는
이야기일 것이라고 지레 짐작한다. 이런 선입견들이 되돌아보는
일에 다가서는 기회를 차단하는 원인이 되기도 하지만, 그와 같은
고정관념 또한 우리가 만들어온 것이다.

　'비운다' 또는 '버린다'는 것은, 어떤 것에 늘 마음이 쏠려 잊지
못하고 매달리는 일이 문제라는 것을 깨닫고 다시는 그런 생각을
하지 않는다는 뜻이다. 물론 잊지 못한다는 것 자체가 나쁘다든가
매달리고자 하는 마음이 잘못되었다는 의미는 아니다. 무엇에 집
착하는가에 따라서 그 의미가 달라지지만, 집착하고 매달리는 마
음에는 '변한다(無常)'는 진리를 인정하지 않으려는 생각이 언제나
앞서 있다. 세상만사가 변한다는 이치를 받아들이지 못한다면, 삶
이란 '나'와 '내 것'을 위한 끊임없는 다툼이 될 수밖에 없기 때문
이다.

　그렇다고 비우고 버린다는 뜻이 자신의 인격을 비우고 인간으
로서 자기 자신을 부정하지 않으면 안 된다는 의미는 아니다. '마

음을 비운다'고 해서 그 사람이 없어진다는 뜻도 아니다. 버리고 비운다는 것은 가지거나 누리고자 하는 욕심을 줄인다는 의미다. 그렇게 되면 욕망에 끌려 다녔던 자신의 삶을 돌아볼 수 있게 되며, 자신을 볼 수 있을 때 비로소 욕망으로 가려졌던 자신의 본성도 알게 된다. 뿐만 아니라 욕망이 진정한 나의 본성이 아님을 깨닫게 되는 것이다.

평생을 두고 심신을 수행해왔던 사람들이 모두 동의하는 사실은 마음을 비웠을 때 자신을 비롯한 존재세계의 본성을 깨달았다는 것이다. 자신의 존재를 확연하게 발견했다는 뜻이다. 이때 흔히 '도(道)를 통한다'든지 '깨달았다'고 한다.

그러나 우리는 또다시 본성을 깨닫거나 공(空)의 이치를 체득하게 되면, 마치 세상 모두를 떠난 초연한 모습이 될 것이라고 상상한다. 그래서 자신의 주위와 단절될 것을 걱정한다. 하지만 그것은 쓸데없는 생각일 뿐이다.

● 사람들이 마음을 비우지 못하는 것은 자기의 마음이 본래 공한 것을 알지 못하고 공에 떨어질까 두려워하기 때문이다. 어리석은 사람은 현실을 제거하고 마음을 제거하지 않지만, 지혜로운 이는 마음을 제거하고 현실은 제거하지 않는다.

「傳燈錄」, 黃蘗希運, '傳心法要'

우리는 어릴 때부터 끊임없이 들어온 '성공과 출세'라는 사회적 가치와 기준에 맞추기 위해, 또 그렇게 되어야 하는 것이 당연하다고 생각하며 살아왔다. 이를테면 '착해라'라는 말 또한 자라면서 수천 번도 더 들었다. '착하면 어떻게 되는가?'에 대한 답은 '착하게 자라면 착한 사람이 된다'고 했다. '착하다'는 것은 세상이 요구하는 목표에 어긋나지 않는다는 뜻이다. 우리는 이렇게 사회적 가치에 익숙하도록 강요당해왔다.

이는 말할 것도 없이 '나'라고 믿고 있는 그 '나'에게 의미를 부여하고, 그것이 곧 자신의 모습이라고 생각하기를 강요당해왔다는 의미다. 그러므로 '나는 나'라는 생각은 의심할 여지없는 사실이라고 믿어왔고, '나'라는 생각 없이 산다는 일은 꿈에서조차 일어나지 않는다. '나는 내 삶의 주인'이며, '내가 없다면 이 세상에서의 결정권이 없는 허수아비가 될 것'이라는 생각들이 '나를 나답게 만든다'고 믿는다.

그러나 우리는 우리 스스로를 이 사회가 요구하는 틀 속으로 밀어 넣으면서도, 정작 내가 그렇게 하고 싶어서 하는지 아니면 진정으로 그렇게 살아야 하는지는 모른다. 입버릇처럼 끊임없이 '행복해지고 싶다'고 말하지만, 진정한 행복이 무엇인지도 알지 못한다. '나'와 '내 것'에 대한 집착이 우리가 겪고 있는 모든 고통의 뿌리라는 것을 생각해 보면, 이것은 처음부터 앞뒤가 맞지 않는 말이다.

그럼에도 불구하고 우리는 '나는 나다'라는 생각을 너무도 당연한 것이라고 여기며 눈곱만큼도 의심하지 않는다. 하지만 이런 생각을 굳고 단단하게 만드는 과정에 언어가 중요한 역할을 하고 있다는 사실을 눈치 채지 못한다. 다시 말해 '나'라고 지칭하는 말이 '나'를 실체화시키고 나아가서는 그 믿음을 단단히 고정시키는 역할을 하고 있다는 사실을 모른다.

실제로 언어란 사물을 분류하는 체계로서 다양한 의미화의 방식으로 구성되어 있다. 때문에 언어는 서로 다른 의미와 상징을 지니고 있지만, 그것 또한 임의적이고 관습적이다. 그러므로 언어는 진리가 아니라 오히려 놀이의 성격을 함축하고 있으며, 사실이 기보다는 편견에 가까운 위험하고 미끄러운 도구일 뿐이다.

이처럼 단지 뜻을 전달하기 위한 수단으로서의 언어는 존재의 참된 모습을 온전하게 나타낼 수 없다. 그러나 언어에 의지하지 않고서는 본질에 관한 인식의 방향조차 짐작할 수 없기 때문에 본질에 접근하는 방편으로서의 역할은 부정되지 않는다. 하지만 그 과정에서 언어가 지닌 의미화의 성격으로 말미암아 존재의 본질이 실체화된다는 점이 문제다. 그렇게 되면 주객이 전도되어 언어의 도구적 성격을 잊어버리고, 언어로 표현되지 않는 것은 있을 수 없다는 입장을 취하게 되는 것이다. 나아가서는 언어체계의 한계 내에서만 받아들이고 이해한다는 스스로의 함정에 빠지게 된다.

● 깨달음이 이르는 길은 지극히 멀기 때문에 가르침을 따른다
  해도 오랜 세월 동안 이르지 못하지만, 지극히 가깝기 때문
  에 언어를 버리고 이를 찾기만 하면 불과 한순간에 만나게
  된다.

元曉, 「涅槃經宗要」

언어란 인간이 경험한 사건이나 사물을 표현하기 위한 도구이기에, 처음부터 절대적 진리나 궁극적 실재의 진정한 본질을 표현할 수는 없다. 다시 말해 존재에 관한 그 어느 표현이라도 그것 자체는 개념화될 수 없다. 모든 존재는 언어의 영역을 초월해서 본질 그 자체로 존재하기 때문에 언어와 개념으로 표현된 만큼 본질과는 멀어지게 된다. 마찬가지로 나를 '나'라고 받아들이는 것 역시 진정한 나의 본질이 아니다.

문제는 그뿐만이 아니다. 명사와 동사로 구성되는 언어적 표현

은, 일어나고 있는 일들을 대상과 과정으로 분리시킨다. 이를테면 '나는 너를 사랑한다'고 말하면, '나'가 있고 '사랑한다'는 행위가 분리되어 있는 것처럼 느껴진다. 그러나 그것은 나누어질 수도 없을뿐더러 나누어진 것도 아니다. 그렇지만 그렇게 말하는 우리는 당연히 나누어질 수 있다고 여긴다.

거기에는 자연스럽게 '나'가 중심이 되는 '소유'의 형식이 개입되어 있다. 사실 분리도 소유도 존재의 자연스러운 모습은 아니다. 따라서 '나'로 시작하는 언어적 표현과 어법들을 객관적인 서술, 즉 '나'를 제외한 관점으로 바꾸어 보면 그 과정에서 소유와 분리가 끼어들지 않는 존재의 본래 모습이 드러나게 된다. 다시 말해 객관적인 시각으로 말미암아 주관적 환상의 세계는 사라지게 된다.

주관적 서술 : 나는 너를 사랑한다.
객관적 서술 : 두 물체(色)가 있다. 사랑한다는 감정(受)이 있다. 감정을 지각(思)한다. 표현하고 싶은 충동(行)이 있다. 이 내용을 의식한다(識).

마음을 비운다는 것은 대상과 사건을 객관적으로 바라볼 수 있는 지혜라고도 할 수 있지만, 한편으로는 판단과 생각들을 객관적으로 분석해나가는 과정이기도 하다. 이를테면 주어진 상황을 객관적으로 바라보는, 즉 나를 다른 사람처럼 말하고 받아들이는 연습이다. '나'를 객관화시키는 연습은, 언어가 사물을 분류하는 의미화의 도구라는 사실을 알 수 있게 만든다. 그때는 이미 비운다는 말 자체도 의미가 없다.

뿐만 아니라 어떤 사람이 '무엇'에 대해 '어떻다'고 말할 때도 마찬가지다. 말하는 사람이 '무엇'에 대해 설명하는 것으로 받아들이지만, 사실은 '무엇'을 '어떻다'고 느끼는 그 사람의 감정이 드러난 것일 뿐이다. 그 사람의 표현은 실제로 '무엇'과는 아무런 상관이 없는 것처럼, 언어와 말로써 전달되는 과정에서 온전한 세계는 조각나게 된다. 이처럼 언어는 우리가 미처 깨닫지 못하는 사이에 존재의 온전한 상호관계를 소멸시키거나 무시해버린다.

이처럼 언어가 본질 그 자체를 드러내지도 못할뿐더러 온전한 세계를 조각낸다는 사실을 알고 있음에도 불구하고, 인간은 끊임없이 존재의 본질을 인식하고자 했으며 또 표현하고자 했던 것이다. 바로 여기에서 나타낼 수 없는 본질을 방편으로 표현해야 하는 모순을 피할 수 없게 되었고, '나'에 대한 집착 역시 그렇게 모습을 드러낸 것이다.

그러나 언어를 다루는 데 익숙한 지성인들은, 말로 묘사될 수 있는 것은 모두 알 수 있는 것이라는 위험한 사고를 갖고 있다. 때문에 그들은 언어 자체의 논리를 깨뜨리는 경험들을 표현하면 매우 당황하고 의심스러워한다. 이를테면 그 어떤 언어로도 표현할 수 없는 '신비한 체험'이라든지 '직관적인 통찰'과 같은 것을 전달하면, 단번에 '말이 안 되는 소리'라고 일축해버린다. 언어가 지닌 전달 가능한 의미를 버려야만 느낄 수 있는 경험들이 있다는 것을 이해하지 못한다.

언어의 역할이란 단지 달을 가리키는 손가락일 뿐이다. 하지만 이를 이해하지 못하는 사람은 눈에 보이는 손가락만이 의미가 있다고 한다. 오히려 달이란 잘못된 상상일 뿐이라고 의심스러워하면서, 언어의 형태를 벗어나는 경험이란 도저히 있을 수 없다는 결론을 내린다. 나를 '나'라고 믿는 것도 이와 다르지 않다.

● 네가 취하는 바는 단지 이름뿐인 말과 같다. 그런 까닭에 나
  는 말을 빌려 말을 끊는 법(絶言之法)을 제안한다. 이는 마
  치 손가락에 의하여 손가락을 떠난 달을 가리키는 것과 같
  다. 네가 지금 말 그대로 뜻을 취하여 말로 하는 비유를 따
  른다면 말을 떠나기 힘들 것이다. 단지 손가락 끝만 보고서
  그것이 달이 아니라는 비난이 커지면 커질수록 이치와는 더
  욱 멀어질 것이다.

                                    元曉,「十門和諍論」

   언어란 온전한 우주의 실상을 드러낼 수도 없을뿐더러, 인간의
방대한 경험 가운데서도 아주 적은 부분만을 표현할 수밖에 없다.
우리가 말하거나 표현할 수 있는 것들은 항상 우리의 경험보다 지
극히 적다. 우리의 경험 중에는 말로써 도무지 표현되지 않는, 즉
언어 구조 자체를 무용지물로 만드는 것들이 수없이 많다.
   어둠이 내리는 바닷가에서 바라보는 일몰의 광경도 무엇이라
표현할 수 없지만, 땀 흘려 등산할 때 만나는 산바람의 상쾌함도
그렇다. 날카로움이 스며드는 한겨울 밤의 매서움 또한 진정 무엇
이라고 나타낼 수 없는 경험들이다. 말로써 표현되는 세상은 세상
의 극히 일부분일 뿐이다. 말을 넘어서고 보면 세상은 진정한 환
희와 충만의 연속이다.

● 오염된 티끌세상에는 움직임과 고요함이 있는 것 같지만 이
  모두가 큰 꿈이다. 깨달음의 입장에서 말하면 이것도 없지
  만 저것도 없고, 예토(穢土)와 극락이 본래 일심(一心)이며,
  생사와 열반에 경계가 있는 것이 아니다.

                                    元曉,「兩卷無量壽經宗要」

언어로 드러난 인식의 체계를 부정한다고 해서 현상으로서의 세계가 사라지는 것은 아니다. 다만 진리는 있는 것도 아니고 없는 것도 아니라고 말하는 것은 인간이 언어를 사용하여 모든 관념을 임의로 세울 수도 있고 동시에 모든 관념을 부정하는 것도 가능하기 때문이다.

이를 이해할 수 있다면 세상과 '나'를 이해하는 판단과 생각들을 되돌아볼 수 있을 것이다. 일반적으로 '나'라고 표현하는 '나'는 변화하는 현상을 실체화한 언어의 표현일 뿐이다. 때문에 '나는 존재한다'는 자각으로부터, '나는 누구인가?' 그리고 '내가 존재하는 이 세계는 무엇인가?'에 대한 의문을 통해 '나'를 되짚어 물어야 한다. 확실하지는 않지만 짐작하건대 우리는 이미 '나'를 넘어서서 자기존재에 대한 진실을 체험할 필요가 있다는 사실을 이미 알고 있을 것이다.

18

옳다고 생각하면 옳은가

사람은 누구나 그렇듯이 어느 시대, 어떤 지역에서 태어났든지 간에 자신이 속한 사회가 옳다고 믿어온 신념들을 받아들이면서 산다. 사는 모습이야 제각각이지만, 사회의 일원으로 살아가는 한 사회적 관습과 가치를 수용하지 않을 수 없기 때문이다.

유교적 가치가 통용되던 세상에선 '사람의 됨됨이가 우선이요 재물은 나중이어야 한다(德本財末)'는 신념에 걸맞게 사는 것이 잘 사는 일이었다. 거꾸로 요즘 같은 자본주의 세상에선 돈이야말로 무엇보다 중요하다고 생각하며 산다. 각각의 세상에서 평가하는 가치의 순위는 다르지만 그것이 우리가 사는 이유라고 내세우는 것들이다.

그런데 우리가 사는 지금의 세상에서는 돈도 물론 중요하지만 과학의 발전이 가져다준 편리함과 풍요로움으로 인해 모든 것을 과학적인 방식으로 접근해야 한다는 믿음이 널리 퍼져 있다. 심지어 인간의 삶을 포함한 사회의 제반 현상 모두에 과학이라는 수식어를 붙여야만 그나마 통용될 수 있는 분위기까지 연출하고 있다.

사실상 과학적이란 말을 접두어로 사용하지 않으면 미신의 수준으로 전락되고 만다는 사실을 고려해보면 과학 또한 지금의 사회를 지탱하는 중요한 신념 가운데 하나임이 분명하다.

현실적으로 과학적이란 표현은 삶의 전반적인 부분을 비과학적인 것과 나누고 있으며, 그 영향력은 사람 사는 일들의 모든 부분에 적용되어 '현대적' 또는 '신뢰'의 이미지로 나타나고 있다. 이런 내용들은 과학에 대한 놀라움을 나타내는 것이지만, 사실상 '과학'이란 용어를 잘못 인용하고 있을 뿐이다.

과학 또한 유용한 이론들 가운데 하나이지만, '과학'과 '과학주의(scientism)'는 다르다. 과학적 기준을 적용한다는 명분을 내걸고 새로운 세상의 참신한 이념으로 제시되었던 '과학적 사회주의'란, 사실 과학이란 이름만 빌려 온 강압적인 유토피아 현상 외에 아무것도 아니었다. 거기에 과학적인 것이라고는 아무것도 없었다. 그것은 아마 인류의 역사 가운데 과학의 이름을 건 가장 큰 변화이자 오류였다고 할 것이다.

하지만 지금도 여전히 동양의 문화적 전통과 규범체계로서의 정신세계를, 과학의 이름을 빌려 비과학적인 신념으로 폄하하는 것도 그와 다르지 않다. 뿐만 아니라 서구의 분석적 사고에 익숙한 시각으로 동양의 유비적(類比的) 사고를 비과학적이라고 생각하는 지경에 이르고 보니, 동양의 사유세계 또한 더 이상 설 자리가 없게 되었다. 그로 말미암아 우리는 너무도 많은 부분에서 너무도 빠르게, 과학 너머에서 누릴 수 있는 고귀한 가치들을 잃고 있다.

과학의 입장에서 보자면, 과학과는 무관한 맹신에 의해 야기된 이런 혼동에 대해서까지 책임질 이유는 없다. 과학이란 다름 아니라 관찰과 검증을 통해 얻어진 자연현상에 대한 법칙들이다. 이 법칙들은 처음부터 온전히 밝혀진 것이 아니기에 영원불변한 것도 아니다. 그때, 그 시대에 할 수 있는 최선의 방법을 동원하여 발견해낸 것이기에, 언제나 새로운 방법과 관찰을 통해서 이들 법칙보다 더욱 포괄적인 근원으로 바뀔 수 있다.

우리는 역사를 통해 시대마다 풍미했던 이론들이 다음 세대에 새로운 이론으로 그 자리를 대신해온 것을 보아왔다. 그렇다고 해서 과거의 것이 틀렸다는 것이 아니다. 단지 그동안 발견한 법칙들을 바탕으로 하여 점점 그 시야를 근원적인 것으로 접근시켜온 것이다. 바로 이런 이유 때문에 과학을 신뢰하고 있으며, 과학 또한 물질적인 풍요로움과 건강의 개선이라는 분야에서 여전히 희망의 메시지를 전하고 있다.

그러나 과학이 인류에게 희망만을 제시한 것은 아니다. 과학적인 사고로 인해 우리의 의식과 삶에 나타난 변화는 전혀 생각하지도 못했던 내용들이다. 무엇보다도 먼저 사람과 사람다움에 대한 관심이, 늘 그래왔던 것같이 삶의 중심에서 자리를 차지할 수 없게 되었다. 뿐만 아니라 과학의 발전과 더불어 나타난 여러 현상들, 이를테면 신기술들은 자연과의 직접적인 만남을 줄어들게 하고, 사이버세계의 환상은 시공간의 감각을 무디게 만들었다.

일상의 대화에서조차 과학적 사고가 바탕이 되기 때문에 사람다움에 대한 의견이나 되돌아보기와 같은 생각은 분위기를 저해한다는 따가운 시선을 받아야 한다. 나아가 생물학과 결합된 사이버네틱스 이론에 이르러서는 인간의 의미가 사라지고 있는데도 불구하고 속수무책일 수밖에 없다. 그나마 사람다움의 의미를 지탱해온 것으로 이야기할 수 있는 이른바 배려와 사랑 그리고 내세의 약속과 같은 희망들은 몰락의 내리막길로 치닫게 된 것이다. 그리고 그것은 과학의 시대로 표현되고 있다.

그러나 우리가 참으로 과학적이기를 원한다면, 그리고 제4차 산업혁명으로 일컬어지는 미래로 나아가고자 한다면 과학이 우리에게 던진 긍정적인 면과 부정적인 사실들에 대하여 다시 냉정하게 과학적일 필요가 있다. 그것은 '세상이 그렇게 돌아가니 어쩔 수 없다'는 무기력한 변명이 아니라, '과연 그럴 수밖에 없는가?'에 대한 비판적인 시각을 잊지 않는 것이다.

사람과 사람다움의 의미에 대한 비판적인 반성의 물음을 물어야 하는 것이 차세대 산업혁명을 맞이하는 당연한 논리가 되어야 한다. 하지만 아스피린의 원리는 전혀 모르면서도 통증만 있으면 복용하는 일이나 전자제품의 복잡한 설명서는 읽어보지도 않으면서 비판적인 반성의 물음을 물을 수 없다는 것이 과학 문화의 한계이기도 하다.

사실상 우리는 '왜 그것을 추구하는지?'에 대한 이유와 방향도 제대로 알지 못하지만, 생명의 가치나 사람다움에 대한 아름다움을 누릴 수 있는 기회로부터도 소외되어버렸다. 우리는 끊임없이 새로운 것을 추구해왔지만 정작 중요한 우리 자신의 존재의미는 상실해버렸으며, 인간과 인간 또는 인간과 자연이 교감할 수 있는 통로를 차단당함으로써 인간존재의 본래 모습도 잃어버렸다.

그러다 보니 삶의 모습 또한 가치관의 혼동으로 얼룩져 있다. 인간이 목적 그 자체라면 이론이나 물질은 인간을 위한 수단이어야 할 것이다. 하지만 목적과 수단, 즉 주인과 객이 뒤바뀌었다. 요즘 어디에서든지 보고 듣는 말이 '잘 먹고 잘 살기(wellbeing)'이거나 건강에 대한 관심이지만, 잘 먹고 잘 살아서 또는 건강해서 무엇을 할 것인가에 대한 이야기는 없다.

인간성의 의미 부여에 나름대로의 역할을 자처해온 철학마저도 더 이상 삶의 버팀목 기능을 상실한 지 오래되었다. 철학은 한때 사람들의 관심을 끌며 학문의 뿌리라는 자긍심을 가진 적도 있다. 하지만 지금은 오히려 관심 밖으로 밀려나면서 '철학의 위기'라는 절박감을 받아들여야 하는 처지가 되었다.

철학이 그렇게 된 것은 스스로의 논리에 매몰된 결과로 볼 수 있다. 자신의 삶에 의미를 부여하기 위한 기준과 원칙을 찾는 사람들조차도 철학이 제시하는 가치와 기준을 인용하지 않는다. 이는 철학이 진정한 삶의 의미를 일깨우는 실제적인 실천과는 동떨어진, 지극히 복잡하면서도 거의 쓸모없는 지적 유희들과 이념들을 아무런 제한 없이 양산시켰다는 것을 의미한다. 세간의 관심을 끌고 있는 심리학이 그 일을 대신하려 하지만, 심리학 역시 철학이 걸어온 길을 벗어나지 못한 채 인간의 삶을 무의식의 틀로써 해석할 뿐이다.

지난 역사에서 지성적인 사고의 결과로 이루어진 수많은 저술들은, 결국 인간에게는 결정적인 분별력과 통찰력이 결핍되어 있다는 사실을 밝힌 것이 전부라고 해도 지나친 말이 아니다. 철학은 무엇이 진실이고 무엇이 허위인지를 알기 위해 고심해왔지만, 실천으로 이어지는 문제에서 겉돌고 말았다. 다만 삶의 문제와 원인을 추적하여 밝혀내려는 과정에서, 자신의 내면을 되돌아보지 않고서는 고뇌의 원인을 알 수 없다는 사실만을 밝혀낸 것이다. 이는 곧 자신의 행동에 문제가 있다는 것을 파악한다 해도 그런 지식 자체는 전혀 도움이 되지 못한다는 것을 확실하게 해준 셈이다.

인간의 딜레마는 지금도 그렇지만 앞으로도 그럴 것이다. 인간 자신이 우선 편리하고자 임의적으로 만든 틀, 즉 이론이나 제도 같은 것들을 사실인 것처럼 믿는 데서 비롯된다. 이런 가공적인 견해들은 사람들의 생각이 '그렇게 하면 좋을 것이다'는 합의에 의해 만들어낸 결과에 지나지 않는다. 거기에 덧붙여 기득권의 이익을 대변하기 위한 새로운 이론들은 끊임없이 만들어진다.

우리의 미래가 염려스럽다는 것은 일방적인 방향, 즉 차세대 산업혁명만이 살길이라고 부추겨온 사람들의 생각대로 진행되고 있는 결과 때문이다. 그것은 그런 방향만을 생각하고, 그것만이 중요하다고 느낀 이들의 의견에서 제시된 정책과 같은 것이지만, 사소한 오차에서도 돌이킬 수 없는 결과가 따르게 된다는 점을 생각하면 미래에 대한 불안감은 갈수록 심각해질 수밖에 없다.

현실적으로도 미래를 계획하고 판단하는 방향은 국가 간 경제마찰의 심화라든가 육체적 안락함을 증가시키기 위한 기술의 개발 등이 전부다. 그것은 더욱더 실용적인 쪽으로만 향하는 과학만능주의라 해도 지나친 말은 아니다. 거기에다 사회적 질서와 제도를 유지해야 한다는 생각으로 끊임없이 제시되는 법이나 규율과 같은 금지조항들은 대부분 편의주의이거나 정치와 언론의 압력이거나 기득권의 이익 등에 의해 결정된다. 모든 사람들의 삶을 위한다는 논리로 이루어진 중요한 결정들은 항상 더 많은 불평등을 초래할 수밖에 없는 조건을 이미 안고 있다.

그 결과는 항상 주어진 문제점을 효과적으로 풀어나갈 뚜렷한 기준이나 방향이 없기 때문에 어쩔 수 없다는 변명으로 나타난다. 그리고는 땜질 식의 처방에만 거듭 의존함으로써 우리는 엄청난 고통과 비싼 대가를 치러왔고, 또 반복될 것이다.

문제는 그런 과정뿐만이 아니라 그보다 더 무서운 결과들이다. 물질적 풍요로움의 부정적인 잔여물들, 즉 심각해져가는 공해와 계속해서 확산되고 있는 환경오염, 그리고 환경파괴의 문제들이다. 지난 몇십 년 동안 지구상에는 거의 모든 생태계와 전통문화가 교란되었다고 해도 과언이 아니다. 그 가운데에는 공격적인 인간 행동으로 인해 생태계가 완전히 파괴된 곳도 엄청나게 많다.

인간의 행동으로 말미암은 생물의 멸종은 다양하고 아름다운 동식물이 사는 세상을 인간의 목적에 맞게 바꾼 것 때문이다. 인간이 살기 위해서 어떤 생물들이 희생되어야 하는 건 사실이지만, 이 지구의 시작과 더불어 유지되어왔던 환경이 파괴되거나 동식물이 멸종 위기를 맞이한다는 것은 전혀 다른 이야기다. 지금도 인간의 무절제한 욕심이 지구상의 온갖 생명 시스템을 파괴하고 있다. 이는 우리의 후손들이 도저히 감당할 수 없는 차용증서에 우리가 마음대로 서명하고 있는 셈이다.

이처럼 과학은 지금의 세상을 지탱하는 신념이 되어 있고, 과학주의적 세계관은 자연과 인간을 나누고 정신과 물질을 가르고 주체와 객체를 마주 세워 모든 문제를 해결하려 한다. 지금이라도 이런 생각에 근본적인 변화가 없다면 지구의 미래는 너무도 부정적이라는 사실에 동의하지 않는 사람은 없다. 몇몇의 과학자들이 지구상의 위기를 과학의 발달이 제어할 수 있다는 낙관론을 펴고 있지만, 그것은 지금까지 인간에게 혜택을 가져다준 과학의 위용을 믿는 사람들의 희망일 뿐이다.

겉으로는 인간적인 삶과 개인적인 자유의 가치를 존중한다고 하지만, 획일적인 가치를 교묘하게 전달하는 대중매체의 정보들 역시 사람답게 사는 삶에 관련된 것이라면 어떤 접촉이든 가로막으려 한다. 뿐만 아니라 인간의 영혼이나 마음의 무한한 잠재력에 대한 이야기들은 과학적으로 입증되지 않았다는 자막을 곁들임으로써 사람들로 하여금 그것을 믿지 못하게 만든다.

더욱 안타까운 것은 지금이야말로 우리가 우리 자신을 되돌아보고 인간성의 상실을 심각하게 생각해야 한다고 하더라도, 그것은 단지 지나간 시대의 위대한 성인들에게만 가능한 것이라고 여길 뿐이다. 그렇다 보니 우리 스스로도 자신의 삶에 책임을 질 필요가 있다는 사실에 공감하지 않는다. 실제로 이런 세상을 만든 것은 우리 자신인데도, 문제가 생기면 모두가 이 사회 탓을 한다.

사실 따지고 보면 책임감이란 법의 구속이 아니라 개인의 성숙에서 비롯된다. 개인이 인격적인 성숙에 도달하기 위해서는, 어떤 사회이든지 간에 그 속에는 인간성 자체의 변화를 걱정하는 정신적 원칙들이 여전히 살아 있어야 한다. 그러나 지금도 여전히 우리는 '지금 우리는 어디로 가고 있는가?'를 묻지 않는다.

우리의 일상에 파고든 방치된 폭력과 신기술의 달콤한 이야기들은 마치 매일 먹는 음식처럼 자연스럽게 우리 곁에 다가와 있다. 나아가서는 대중매체를 통해 전달되는 폭력장면이나 사이버 세계의 환상은, 은연중에 폭력은 가장 좋은 방법으로, 사이버 세계로의 도피는 가장 안전한 방법으로 문제를 해결하는 유일한 방법으로 인식되고 있을 지경이다.

우리의 모습을 알아야 사회의 구조나 방향이 우리를 식민지화하도록 방치하지 않을 수 있다. 하지만 개인의 책임을 고려하지 않은 채 사회 탓만 한다면 방향도 없이 복잡하게 얽혀져 있는 우리의 문제는 결코 해결할 길이 없다. 가뭄으로 인해 식수까지 고통 받는 사람들에게 기상학적 차원에서 그 원인을 합리적으로 설명할 수 있다고 해서 상습적으로 그런 고통을 겪는 이들의 불안함이 덜어지는 것은 아니기 때문이다.

우리는 신기술로 가는 길과 인간성의 상실이라는 두 가지의 현실과 미래를 마주하고 있다. 하나는 다른 하나를 반박할 수도, 구제할 수도 없다. 이 둘은 모두 현실이다.

● 미혹과 깨달음은 가려지고 드러남에 불과하고
　밝음과 어두움은 서로 분리된 것이 아니니

이제 가려짐과 드러남의 법을 전한다지만

하나도 아니요, 둘도 아니다.

「傳燈錄」富那夜奢

지금부터라도 과학 역시 인간의 정신적 진보에 동참해야 할 것이다. 삶의 물질적 수준 향상도 중요하지만 인간의 정신적 수준 향상에 기여하지 않는다면 과학이란 진정 무의미할 뿐만 아니라 오히려 인간성의 황폐화를 부채질하는 도구가 될 것이다.

영원히 존재하는 것이 있을 수 없듯이, 영원히 좁혀지지 않는 간격도 없을 것이라는 믿음은 있다. 사실 과학에 참여하는 사람들은 우주의 생성과 물질의 구조, 그리고 생명 현상이 어떻게 일어나는지를 보고 느끼며 환희의 경험을 한다고 알려져 있다. 뿐만 아니라 현대물리학이 밝혀내고 있는 것들이, 많은 부분에서 정신적 원리와 일치하고 있다는 사실이 그것을 말해준다. 단지 우리는 드러난 현상만으로 이를 안타까워하고 있는지도 모른다. 이에 대해 어느 누구도 답을 알 수 없지만, 존재의 이유를 탐구하려는 자세를 외면한 채 주어진 생명을 낭비할 수는 없다.

우리의 삶에 아름답고 높은 가치가 있으리라는 믿음이 우리를 인간답게 할 뿐이다. 그 길이야말로 인생의 의미를 꽃 피우는 지혜이기도 하다. 다행히도 일상적인 삶에 대해 실제적이고 정신적인 조언들을 제공하는 생각들에 대한 관심이 되살아나고 있다. 불교와 같이 인간과 자비에 대해 이야기하고, 삶의 지혜가 담긴 가르침들에 대한 호기심이 다시 생겨나고 있다는 사실은 참으로 바람직한 일이다.

19

세계
이름으로 가득 찬

●

실제로 존재하는 사실이나 상태를 현실이라고 하며, 현실을 가볍게 여길 수는 없다고 말한다. 하지만 현실을 가볍게 생각할 수 없다는 말은 실제로 나타나는 상태 자체를 지칭하는 것은 아니다. 현실이란 객관적인 사실로 존재하는 것이 아니라, 관계를 통해 연결되는 의미로써 다가오기 때문이다.

같은 길을 가더라도 배가 고플 때는 음식점으로 눈길이 가듯이, 유행이 지난 옷을 입고 있다면 다른 사람이 입은 옷에 관심이 쏠리게 된다. 이처럼 현실은 관계의 의미로써 다가온다. 난파선에서 구사일생으로 살아남아 무인도에 상륙했을 때, 돈이 없어서 괴롭다고 할 사람은 아무도 없다.

마찬가지로 '내가 괴롭다'면, '괴롭다'고 느끼는 것은 고통스러운 상태 그 자체가 아니다. 괴롭다는 느낌과 연결된 관계를 생각하며 힘들어할 뿐이다. '무엇 때문에 괴롭지?' '이 괴로움은 내게 어떤 의미인가?'와 같은 것들이다. 괴로움의 의미를 분석하며 그 의미를 받아들이는 것이지, '괴로움' 자체를 느끼는 것은 아니다.

'사는 것이 만족스럽지 못하다'고 느끼는 것 또한 다르지 않다.

불만이나 모자람과 같은 사실 그 자체 때문이 아니라, 오히려 그런 사실이 내게 닥쳤을 때 당황하거나 초조해하며 그 상황으로부터 벗어나려는 감정이 그렇게 만든다. 이를테면 대학을 졸업해도 취업을 못했다면 취업 못한 사실 자체보다도, 주위로부터 받아야 하는 눈총이나 결혼조건으로서 불합격일 것이라는 부담감이 우리를 힘들게 한다.

그런데 우리는 늘 행복해지고 싶다고 생각하면서 오히려 불행한 경우를 상상하고 있는 자신을 발견하곤 한다. 굳이 원인과 결과를 따져서라기보다는, 부정적인 생각으로 일을 하면 대체적으로 나쁜 결과가 나타난다. 스트레스가 모든 병의 근원이라는 사실을 모르지 않으며, 스트레스 자체가 불쾌하거나 불안한 일과 연관지워짐으로써 비롯된다는 것도 잘 알고 있다.

하지만 매 순간 그것을 잊고, 사소한 일 하나까지 스트레스를 받는다. 그러면서 기분이 좋아지고 싶고 행복해지고 싶다고 한다. 편안한 감정으로 모든 일을 마주한다면 구태여 심리적인 긴장상태를 느낄 이유가 없다. 반대로 항상 부정적인 생각으로 주어진 상황을 받아들인다면, 저절로 행복한 기분이 생길 리도 만무하다.

날마다 반복되는 생활에서 우리는 단 한순간이라도 취업이나 결혼, 집 장만, 자녀교육, 노후준비 등과 같은 일들에 대한 불안과 괴로움에서 해방된 적이 없다. 그것 또한 당장 눈앞에 닥친 일도 아닌데도, 어쩌면 우리는 절망적일 정도로 그런 감정에 얽매여 있다. 심지어 마음에 부담을 느끼는 상태를 사는 것으로 혼동하며, 그렇게 느끼거나 거기에 빠지지 않으면 살아 있는지를 의심하는 생각을 스스로 일으키고 있다. 일부러라도 고민거리를 만들어야 하고, 만들어진 고민거리 속에서 헤매는 것이 오히려 사는 이유가 아니냐고 한다. 때로는 어떤 종류의 의미까지 부여하면서 고통 자체에 집착하는 경우도 있다.

　아마 그런 것에 매달리는 일도 없으면, '나'는 어디에서도 찾을
수 없다는 불안감을 두려워하고 있는지도 모른다. 돌이켜보면 이
런 생각들은 '나'의 과거가 지금의 현실과 단단히 연결되어 있다
는 믿음으로부터 생긴 것이다. 마찬가지로 미래의 불확실한 일들
에 대해서도 그렇게 느끼는 것은 과거와 현재와 미래로 변함없이
이어지는 '나'가 있다는 확신 때문이다. 달리 말하자면 '나'가 누군
지 모르기 때문에 일어나는 일이다.

● 　말은 사물을 있는 그대로 드러낼 수 없고,
　　한 토막의 말이 진리 그 자체가 아니다.
　　말을 그대로 받아들이는 자는 진실을 잃고,
　　말에서 벗어나지 못하는 자는 깨달을 수 없다.

「無門關」

　우리에게 익숙한 밤하늘의 별자리들은 사실상 서로 관련이 없
는 별들로부터 나오는 빛이다. 별자리라는 이름조차도 단지 상상
으로 연결하여 의미를 부여한 것일 뿐이다. 그 별들에서 나오는
빛들은 수백만 광년의 차이가 있기도 하며, 저마다 다른 은하계에
속하는 별들이기도 하다. 심지어 우리가 바라보는 무수한 별들 가
운데 많은 별들은 이미 오래전에 사라져서 이제는 더 이상 존재하
지 않는 것들도 있다.

　이처럼 우리가 어떤 형상으로 인식하는 별자리는 시간적으로나
공간적으로 어떤 관련성을 지니고 있는 것이 아니다. 그것은 국자
모양이거나 사람이나 곰 등의 형상이 아닐뿐더러 '별자리' 자체도
결코 아니다. 바라보는 우리의 눈에 그저 그런 모양이 하늘에 투

사되어 나타났을 뿐이다.

'그래도 있는 것이 아니냐?'고 한다면, 그렇게 보는 시각에서는 여전히 있다고 할 수 있다. 하지만 이는 우리가 꿈을 꿀 때, 꿈속에서 일어난 일 역시 있었던 것이 아니냐는 것과 마찬가지다.

과거와 미래가 존재한다는 생각 역시 그렇다. 과거에 관한 인상이나 경험이 현재의 의식 속에 있다고 생각하지만, 이는 단지 지난날을 기억하고 떠올리는 현재일 뿐이다. 과거에 일어난 일과 지금 일어나고 있는 일을 비교할 수는 없다. 우리가 비교할 수 있는 것은 과거에 일어났던 일에 관한 기억과 현재의 체험이다. 기억 또한 현재 체험의 일부분이다. 미래 또한 현재의 순간에 느끼는 추측에 지나지 않는다.

'과거는 흘러갔고, 미래는 오지 않았다'는 사실을 철저하게 깨닫는다면, 지금 여기서 숨 쉬고 있는 나와 분리된 생각 속의 '나'는 존재하지 않는다는 것도 틀림없는 사실임을 알 수 있다. 모든 존재는 끊임없이 변하고 있으며, 인간 또한 그 변화에 따를 뿐 아니라 '나' 또한 그 변화 속에 있다.

'나는 누구인가?'

'변하지 않는 것이 있는가?'

'괴로움은 어디서 비롯되었는가?'

이런 의문에 대한 답을 얻기 위해 6년의 고행도 마다하지 않았던 붓다는, '변하지 않는 것은 없다(無常)'고 선언하였다. 그리고는 '이 법칙은 만들어낸 것이 아니라 본래부터 있던 것'으로, '이 법칙을 벗어나는 존재는 없다'고 단언하였다. 이를 '진리의 인증(法印)'이라 한다. 변하지 않는 것, 즉 영원한 것은 없다.

우리가 습관적으로 말하는 '나'는 변하지 않는 실체, 즉 일정하게 지속되는 존재가 아니다. 단지 모든 사고와 감각이 단절되지 않는다고 생각하기 때문에, 자신을 언제나 동일한 '나'라고 생각할 뿐이다. 그렇다면 우리의 정신, 즉 '나는 의식의 흐름으로 존재하고 있는 것이 아닌가?'라는 생각을 내어놓을 수 있다. 다시 말해 '과거의 생각' '현재의 생각' '미래의 생각'으로 이어지는 의식의 흐름을 '나'라고 생각해볼 수 있다.

그러나 이런 순간들의 흐름 역시 특정한 순간이란 어디에도 존재하지 않기 때문에 그렇게 볼 수는 없다. 과거의 생각은 이미 사라져 더 이상 존재하지 않으므로 '나'가 기억 속에 존재할 수는 없다. 미래는 아직 일어나지 않았기 때문에 존재하지 않는 미래의 '나'가 존재할 수도 없다. 현재에 존재하기 위해서는 '나'라는 실재가 명확한 모습을 가져야 하지만, 그것은 찾을수록 더 모호할 뿐이다.

결론적으로 '나'는 어디에도 존재하지 않으며, 어떠한 방식으로도 존재하지 않는다. '무엇이 나인가?'에 대한 답은 없다. 우리가 알 수 있는 것은 단지 '나'란 변하지 않는 실체로서 존재하는 것이 아니라는 사실이다. '나'는 육체로도 정신으로도, 밖으로도 안으로도 존재하지 않는다. 우리가 일상적으로 표현하는 '나'는 다만 감각적으로 느끼는 연속성에 붙인 이름에 불과하다.

그러나 우리는 세상의 일들을 판단하는 경우에도, 주변의 관계들에 대해서도 습관적으로 '나'와 '나 아닌 것'을 구분한다. 그리고 당연히 그렇다고 생각하지만, 이는 '나'와 '나 아닌 것'의 사이에 있지도 않은 벽을 쌓고 있다는 뜻이다. 때문에 어떤 사건이든지 간에 자신의 판단을 제시하게 되면, 자신이 해석하는 관점과는 대립하는 견해들로 가득하게 된다.

괴로움 또한 마찬가지다. 괴로움이란 실체로서 존재하지도 않는 '나'의 생각으로 세상을 분별하려고 하거나, 그렇게 되고자 하는 일들이 이루어지지 않기 때문에 생긴 것이다. 그렇지만 사실은 '나'나 '내 생각'도 존재하지 않을뿐더러 우리가 원하는 것들 역시 너무 많거나 아니면 처음부터 이루어질 수 없는 것들이다.

우리가 불만족을 표현할 때, '만약'이라는 수식어를 사용하는 것을 생각해봐도 그렇다. 우리는 항상 너무나도 많은 '만약'을 준비하고 있으며, 원하는 것 가운데 몇 가지를 성취한다 해도 상황은 항상 우리에게 새로운 '만약'을 제시한다. 이것은 우리가 그토록 바라는 행복도 결과의 만족감 속에서 얻을 수 있는 것이 아니라는 사실을 역설적으로 입증하고 있다.

그래서 '권력과 돈이 행복이 아니다'거나 '질투와 교만함이 행복을 무너뜨린다'고 타이르면, 사람들은 이런 말들을 너무도 당연한 이야기라고 여기면서도 계속해서 그 함정에 빠지고 있다. 오히려 수천 가지의 '만약'이라는 욕심으로 망가진 자기 인생 앞에서 괴로워하는 사람들이 너무나 많다. 아마 그들이 일찍이 진정한 행복이란 욕망의 성취에 따른 결과로 나타나는 보상이 아니라는 사실에 관심을 기울였더라면, 그렇게 낭패한 인생으로 내몰리지는 않았을 것이다.

흔히 깨달음이란 괴로움으로부터의 해방이라고 하지만, 사실은 우리 스스로가 세상이 강요한 틀에 매달려 있다는 사실을 이해하고 받아들이는 일이다. 달리 말하자면 있지도 않은 '나'나 '내 생각'을 실체로 착각하고, 그로부터 연결되는 욕구의 충족을 행복과 혼동했기 때문이다. 하지만 지금도 여전히 사람들의 관심사나 대화 내용에는 이런 이야기가 끼어들 여지가 없다. 이는 우리가 스스로를 속이고 있다는 뜻이다.

깨달음이란 우리 스스로가 세상이 요구하는 가치에 의해 쉽게 유혹되며, 성공과 출세라는 매혹의 환상에 사로잡혀 있다는 점을 인정하는 데서 시작된다. 뿐만 아니라 밤하늘의 별자리가 행운을 가져다준다고 믿으며, '저 별은 나의 별'이라고 꿈꾸는 일도 문제임을 아는 것이다. 이것이야말로 자신과 세상의 관계를 올바르게 이해하는 첫 단계다.

● 도(道)가 보이면 닦는다 하겠지만
　보이지 않거늘 무엇을 닦으랴
　도의 성품은 허공과 같으니
　허공을 어떻게 닦으랴

「傳燈錄」本淨禪師

　올바르게 이해한다는 것 또한 자신의 생각과 다른 사람들의 견해 사이에서 생기는 갈등을 자연스럽게 받아들이는 길이다. 자연스럽다는 것은 억지로 내 것만이 옳다는 식으로 고집하지 않는 방법이며, 고집하지 않을 수 있는 통찰력이 곧 깨달음이다.
　사실상 어떤 감정이든지 간에 그것이 갈등을 동반하게 되면 마음에도 깊은 상처를 남기지만, 육체에도 지울 수 없는 흔적을 남기게 된다. 한 번 화날 때마다 주름이 는다는 것이 바로 그것이다. 그것은 마음에 새겨지고, 또다시 반복되어 그 사람의 성격이 되고, 그와 같은 반응은 적절한 시기나 경우에 따라 다시 드러나게 된다. 이것을 불교에서는 업(業)이라 한다.
　주어진 상황에 대한 반응은 모두 자신의 해석으로부터 나타난다. 화를 내거나 참거나 아니면 감사하다고 표현하는 것들이 그렇다. 내게서 대립과 분노의 기운이 흘러나가게 되면, 나를 향해 다가서는 사람은 없게 된다. 이것이 바로 내가 세상과 갈등을 겪는다는 것이며, 내가 세상을 분별하고 차별한다는 뜻이다.

무엇을 '가진다'는 것은 자신의 마음을 소유물과 같은 대상에 두는 것을 의미한다. 무엇이 '된다'는 것 또한 자신이 바라는 이미지나 모습을 '나'와 동일시한다는 뜻이다. 이를테면 자동차를 산다거나 부장으로 승진해야 된다고 하는 말들이다. 그러나 무엇을 갖고자 하거나 무엇인가 되고자 하는 것은 그렇게 되려는 특별한 상태로 이끌어가는 대립과 투쟁 속으로 우리 자신을 밀어 넣는 일이다.

대립과 투쟁 속으로 말려 들어간다고 생각하는 것도 내 식대로 세상을 해석하는 태도를 버릴 때라야 비로소 가능하다. 그러나 우리의 일상에서 그런 후회나 반성의 태도가 나타날 때는 여지까지 자신이 믿었던 생각이 모두 부질없는 것임을 깨달았을 때다. 그리고는 더 이상 나아갈 수 없는 그런 지경에 이르렀을 경우다.

단골손님이 다 떨어지고 난 뒤에야 오로지 내 이익만을 취했음을 깨닫는 주인과 마찬가지로 친구 사이의 관계가 파탄이 나고 난 뒤에야 우정에 소홀했음을 알게 되며, 인생이 나락에 떨어졌을 때 신(神)을 찾게 되는 것도 그렇다. 이 또한 세상으로 향한 모든 문을 닫았을 때며, 그때 출구를 찾기엔 너무 늦다.

생각을 바꾸는 일, 즉 세상의 가치에 죽은 듯이 따라가는 것으로는 결코 행복할 수 없다는 생각의 전환이 필요하다. 위에서 내려다본 원통은 언제나 원으로 보이지만, 옆에서 보면 언제나 사각형이다. 이런 차이는 사소하지만, 위치를 바꾸지 않는 한 그것은 늘 원이거나 사각형일 뿐이다.

그러나 바둑을 둘 때 한 점의 포석이 게임의 가능성을 완전히 바꿀 수 있는 것처럼, 우리가 믿는 것 하나하나가 더 좋아지든 더 나빠지든 그 결과를 이미 내포하게 된다. 그것이 있기에 우리의 삶에서 헤어나지 못하는 절망적인 상황이란 없다고 말할 수 있다.

어느 곳, 어느 시대, 누구인지는 모르지만 그런 생각을 벗어남으로써 온전한 삶을 열어간 누군가가 있어왔다는 것만은 분명하다.

● 보여주어도 보지 못하면
  곧 어긋나니
  망설이고 따지려 하면
  어느 겁(劫)에 깨달으리오.

「傳燈錄」雲門文偃

갈등의 감정을 온전한 감각으로 대치시키려는 시도는 인간과 자연의 본바탕이 다르지 않다고 믿는 사람들의 오랜 희망이다. 이는 마치 동물이 자신과 주변을 분리시켜 의식하지 않는 것과 같다. 고양이가 먹이를 덮치고 개가 주인을 따를 때, '나는 지금 먹이를 덮치려 한다'든지 '나는 주인을 따르고 있다'는 생각은 없다. 마찬가지로 애초에 사람 또한 대상을 인식할 때, 언어로서가 아니라 감각으로 알았을 것이다. 그때 경험하는 주체는 경험으로부터 분리되지 않았다.

이는 일상생활에서 사람을 처음 만나는 경우 종종 느낄 수 있는 일이다. 처음으로 이성을 만났을 때, 적어도 얼마 동안은 그냥 느낌으로 오는 황홀함만 있을 뿐이다. 그러나 어느 정도 시간이 흐르면 상대방의 외모에 대한 문제점이나 태도의 장단점이 구분되고, 결국에는 그 사람 전체에 대해 '좋다'와 '싫다'가 결정된다.

'나'라는 생각이 나타나고, 그것이 분별과 판단을 하게 하는 언어나 지식을 생성시켰을 때, '내가 너에게 작용한다'와 '네가 나에게 작용한다'로 나누어진다. 이때 '나'는 독립된 하나의 요소로서 출현한다. 이는 곧 우리가 '나'라고 생각하는 인간 또는 그 인격은 그것 자체로 존재하는 독립된 실체가 아니라는 뜻이다.

역설적이게도 이와 같은 자아, 즉 '나'는 인간이 태어나면서부터 갖추었던 자유를 상실해가는 과정이다. 이런 과정을 통해 형성된 자아란 결국 인간의 환상이며, 우리의 본성에 본래 갖추어져 있는 온전함을 나누고 쪼갠 것이다.

우리는 가끔 말로써 표현할 수 없는 자연현상의 경이로움에 감격해서 모든 생각을 멈추게 되는 경우가 있다. 그때는 황홀함이나 불가사의함에 압도되어, 일상 속에서 늘 하던 방법인 세상을 보자마자 나누고 쪼개어 분석하는 버릇이 출몰하지 않게 된다. 단지 온몸으로 느낄 뿐이다. 무엇으로도 표현할 수 없는 충만함과 전체성 그리고 편안함, 그것이 바로 온전함이다.

그러나 우리는 다시 그 체험의 과정을 사진이나 기록으로 남기고 또 거기에 이름을 붙여 어떤 형태로든 기억 속에 동결시켜 자신의 지식으로 저장해두려고 한다. 그렇게 되면 언제나 다시 끄집어내어 바라볼 수 있기 때문이다. 하지만 불행하게도 그런 과정을 통해 세계는 이름으로 가득 차게 되었다.

그런 이름 속에 '나' 또한 있다.

'나'는 과연 '나'일까?

20

개똥밭에 굴러도 이승이 낫다

우리는 자신이 알고 있는 지식을 근거로 하여 주변의 사람이나 사물 또는 현상 따위의 관계를 판단한다. 그러고는 그 판단을 이유로 내세워 옳고 그르다는 생각을 분명하게 정하고, 그로부터 해야 하고 하지 말아야 하는 것에 대한 확신도 덧붙인다.

이로부터 우리는 각기 세상에 대한 나름대로의 특별한 견해나 태도를 지니게 되며, 그 입장으로 인해 맞닥뜨리는 일들에 대해서도 서로 다른 주장을 하게 된다. 보는 사람에 따라 같은 사건이 다르게 나타나는 것은 아니지만, 자기만큼씩 열린 시각으로 동일한 사건을 다른 사람과 다르게 받아들인다.

서로 다른 생각들은 일상생활에서 너무나도 당연하게 '의미 있는 것'과 '의미 없는 것'을 구별하며, '좋은 것'과 '나쁜 것'을 나누게 된다. 이를테면 '담배를 피우거나, 술을 먹는' 것이나, '그래서는 안 된다'는 견해들이다. 이런 일들이 서로에게 미치는 영향이 크지 않다면, 서로 언성을 높이는 일에서 그칠 수도 있다. 그러나 그것이 삶의 목표와 관계가 된다면, 즉 종교적인 신념과 같은 경우 목숨을 내건 투쟁도 마다하지 않는다. 이처럼 '나'와 '내 생각'을 지키는 것이 스스로를 보호하는 일이라고 굳게 믿지만, 실제로는 나와 다른 견해와의 전선을 형성하는 결과를 가져온다.

사실상 종교를 만들고 또 거기에 매달리는 이유도 매한가지다. 종교에 집착함으로서 죽음과 같은 두려움으로부터 해방되려거나 일상에서 마주치게 되는 불안과 불만을 해소하려고 하지만, 그런 집착 자체가 괴로움일 뿐이다. 그것은 신이 존재하지 않기 때문이 아니라, 그것에 집착함으로써 자신을 그 문제에 얽어매거나 제한해버리기 때문이다. 그러므로 우리가 신을 숭배하든 또는 숭배하지 않든 간에, 그것은 본질적으로 같을 수밖에 없다. 다시 말해 '나'에 집착하는 한, 유신론이든지 무신론이든지 간에 다른 것은 아니다.

이처럼 어떤 종류의 이념을 고집한다는 것은 서로 다른 판단, 즉 자신이 알고 있는 지식으로부터 시작된다. 따라서 자신이 어떤 종교를 믿음으로써 진리의 세계로 나아간다고 생각하는 것 역시 사실은 종교적인 틀로써 자신을 위장하는 것일 뿐이다. '그 무엇'을 믿거나 또는 삶을 걸고 있거나 간에, 소중하게 여기는 것이 곧 자신의 신념이기 때문이다. 붓다 또한 세상의 모든 믿음을 부정하는 마하구희라(長爪梵志)에게, '그것 또한 네 믿음이다'고 하였다. 참다운 무신론자는 결코 없다. 단지 잘못 이해하고 있는 존재의 의미나 삶의 가치가 문제일 뿐이다.

우리가 굳게 믿는 '나'라는 존재 역시 마찬가지다. 나를 '나'라고 여김으로써 괴롭다는 생각을 일으키지만, 그 '나'가 실체가 아니라는 사실을 깨닫게 되면 괴로움 또한 허상임을 알 수 있다. 괴로움에 힘을 부여하는 것은, 단지 괴롭다고 느끼는 우리의 감정일 뿐이다.

만약 괴로움이 허상임을 알게 되면, 우리의 감정은 흔들리지 않게 될 것이다. 어떤 장애라든가 부정적 성향도 사라질 것이다. 거기에 있지 않은 누군가를, 또는 존재하지도 않는 그 무엇을 공격할 수는 없다.

● 선이 마음에서 생겼다 하니
　악인들 어찌 마음을 떠나서 있으랴.
　선과 악은 밖의 인연이라
　마음에는 실제로 있는 것이 아니다.

「傳燈錄」本淨禪師

사실 '나'라는 감각으로부터 '나'라는 실체가 존재한다는 착각이 형상을 이루게 되었다. 달리 말하자면 '나'가 말이나 생각을 하는 것처럼 보이지만, 실제로는 언어나 사고로 인해 '나'라는 감각이 만들어진 것이다. 말이란 어떤 대상이든지 간에 그것을 '무엇'이라고 표현하면, 그 말에 꼭 맞는 적합한 존재가 있다는 암시로도 통하기 때문이다.

그러나 언어는 실제로 그런 역할을 하지 못한다. 이를테면 '이것은 나무다'고 말할 때, '이것'과 '나무'는 엄연히 다르다. '나무'는 하나의 언어, 하나의 발음이다. 엄밀하게 말하자면 '이것은 나무라는 음으로 상징된다'고 해야 한다. 이런 표현이 부족하다고 해서, '나무란 나의 감각이 받아들이는 인상의 하나이며, 식물로서의 구조를 가지고 있다'든지, '세포의 복합체'라는 식으로 말한다고 해도, 그것은 본래의 '나무'라는 음을 대신하는 새로운 언어와 상징의 결합을 구사한 것에 지나지 않는다.

이처럼 우리는 대상과 직접 부대끼는 느낌에 의해서가 아니라, 언어라는 상징에 의해 세상을 받아들일 뿐이다. 다시 말해 현실을

'있는 그대로' 보지 못하고, 언어에 의해 상징화된 세상을 만난다. 때문에 너무도 쉽게 추상적인 생각에 빠지고 만다. 새로운 상황을 접한다 해도, 자연스럽게 과거의 기억으로부터 유사한 반응을 끄집어내어 거기에 끼워 맞춘다.

누구나 겪어본 일이지만, 낯선 길에서 끼니때가 지나 허둥지둥 음식점을 찾았던 경험이 있을 것이다. 그때 우리는 음식의 종류와 맛을 추측하면서 적당한 곳을 고르느라 많은 시간을 허비한다. 그리고는 어느 한 집을 선택한 뒤, 주문한 음식을 맛보면서 불평을 한다. '아까 그 집에 들어가야 했는데….'

하지만 같은 시간 다른 장소에 있는 나는 없다. 이 시간 이 장소에 있는 나 외에 그 어떤 나도 있을 수 없다. 그러므로 지금 여기의 나를 부정하거나 이 음식점에 앉아 있으면서 다른 음식점에서 다른 음식을 먹는 나를 상상한다면, 주어진 여기 이 시간조차도 사라지고 만다. 이는 비단 음식뿐만 아니라 우리의 삶도 다르지 않다.

이와 같이 체험자를 체험으로부터 분리하는, 즉 언어라는 도구로써 세상을 만나는 것은 자신의 눈으로 자신의 눈을 보는 것과 같이 황당한 일이 된다. 체험하는 주체와 일어난 상황을 분리시키면, 거기에는 항상 중심이 되는 '나'가 있게 된다. 그것이 바로 우리 자신의 몸이나 마음을 '나'라고 생각하는 일이며, 그 '나'를 독립적이고 연속적인 실체로 받아들인다는 뜻이다. 그렇게 되면 모든 사고나 감정은 '나'에 속하는 것이 되며, 자신은 그 전체로서의 '나'라고 믿게 된다.

감각의 반응 역시 마찬가지다. 색깔이나 소리 그리고 냄새나 맛 또한 우리의 감각으로부터 독립하여 존재하는, 즉 객관적 세계에 실재하는 속성이 아니다. 감각이 없다면 '시끄럽다'거나 '조용하다' 또는 '향기롭다' '부드럽다' 등의 의미는 존재할 수 없다. 우리가 지각하는 대상들 역시 완벽하게 '외부에 있는 것'처럼 보이지만, 그것들 또한 독립적으로 존재하는 것은 아니다.

만약 '흰색이 무엇인가?'라고 할 때, 흰색의 파장이나 채도 아니면 입자 등의 속성으로 설명한다고 하더라도 결코 그 어느 것도 흰색의 고유한 속성일 수는 없다. 이런 설명들은 모두 단지 한 측면의 분석방법에서 제시하는 관점일 뿐이다.

불교 경전에서는, 자신들에게 색깔을 설명해주기를 원하는 두 장님의 이야기를 예로 들고 있다. 장님들 중 한 사람에게 '흰색은 눈(雪)의 색깔이다'고 말하니, 그 장님은 눈을 만져보고는 '차갑다'는 결론을 내렸다. 또 다른 장님에게는 '흰색은 백조의 색깔이다'고 말하니, 그 장님은 백조가 날개를 퍼덕이는 소리를 듣고는 흰색은 '푸드득 푸드득' 소리가 난다고 했다는 것과 다르지 않다. 이는 인간의 의식으로부터 독립하여 객관적으로 존재하는 세계를 '있는 그대로' 받아들이지 못한다는 사실에 대한 비유다.

우리는 언어로 표현된 이름이나 숫자 아니면 상징이나 기호 그리고 개념이나 사상이라고 하는 유용한 도구들로써 세상을 만날 뿐이다. 때문에 객관적으로 존재하는 그대로의 세계, 즉 말로써 표현할 수 없는 것들을 언급하게 되면 우리 스스로도 어찌할 바를 모르게 된다.

● 미혹한 이는 마음을 경계라 하지만
　깨달으면 넓은 세계 모두가 참다운 마음이다.
　몸이니 세계니 하지만 실제로는 상(相)이 없는 것이니
　이를 분명히 알면, 진실을 바로 아는 것이다.

　　　　　　　　　　　　　　　　　　「傳燈錄」招賢大師

우리는 '있는 그대로' 존재하는 세계에 대해 알 수도, 답할 수도 없다. 단지 그런 세계를 파악하는 우리의 유일한 방법은 우리 자신의 직관을 통하는 것, 그것뿐이다. 역설적으로 만약 그런 것이 있다 하더라도, 그것을 받아들이는 인식으로부터 독립적으로 존재하는 세계는 어느 누구에게도 의미가 없다. 존재의 상태가 인식을 결정하기 때문이다.

우리는 존재하는 모든 것의 유기적인 체계, 즉 끝없이 연결되어 있는 관계의 본질을 의식하지 못한다. 다만 '나'와 '나 아닌 것'을 분별하는 데 삶을 허비하고, 자신을 격리시키고 분리시키는 것에만 눈을 돌리고 있을 뿐이다. 오로지 '나'와의 관계로써 드러나는 세계를 판단하고 이름 짓는 데 인생의 대부분을 보낸다. 그리고 그렇게 만들어진 이원적 구도는 다시 우리를 차별과 분별의 갈등 속으로 밀어 넣고 있다.

'개똥밭에 굴러도 이승이 낫다'는 말은, 그렇게 나누고 따지는 것이 헛된 것임을 그 어떤 이원적 개념보다도 잘 보여주고 있다. 삶과 죽음이라고 부르는 현상 또한 한정된 육체 속에서는 변화로 나타나지만, 이를 넘어서는 의식 상태에서는 다른 모든 이원성과 마찬가지로 존재하지 않는다. 오직 한정된 사고의 틀에 갇힌 사람들만이 죽음은 나쁘고 삶은 좋다고 이해할 뿐이다.

21

죽음을 알랴
삶을 모르는데 어찌

●

우리가 종교를 믿는다면 그것이 어떤 종교이든지 간에, 그 믿음
의 마지막 목표는 그 종교가 제시하는 이상에 이르는 길일 것이
다. 기독교인이라면 천국에 이르는 것을 믿음의 완성이라 할 것이
며, 불교와 같이 자신의 해탈을 목표로 설정하고 있다면 깨닫기
위해 전심전력을 다할 것이다.

그런데 종교마다 나아가는 방향과 방법이 다르기 때문에 그 결
과도 다르다고 한다. 하지만 이런 표현이 실제로 서로 다른 의미
를 지니고 있는 것은 아니다. 천국에 이르거나 깨닫거나 간에, 그
것은 모두 주어진 삶을 온전하게 가꾸는 가운데 열리는 세계일 뿐
이다. 그것을 부정할 종교는 없다.

그런 가르침은 기성의 종교에만 있는 것도 아니다. 그것은 어디
에나 있다. 이를테면 「채근담」에서 세상만사가 모두 '글자 없는 책
(無字書)'이라고 표현하고 있는 것도 그렇다. 길가에 핀 꽃 한 송이
에서도 변화하는 존재의 현상을 알아차릴 수 있으며, 떨어지는 낙
엽에서도 우주의 조화를 읽을 수 있다는 뜻이다.

쉼 없이 변화하는 세상 자체가 곧 진리의 드러남이자 누구든지

인정할 수 있는 보편적인 이치다. 하지만 사람들은 진정으로 자신이 무엇을 듣는지, 무엇을 하는지, 어디에 있는지도 모르면서 오로지 자신이 추구하는 것이나, 스스로 믿는 종교에 대해 이해한 것만을 진리라고 여길 뿐이다.

● 세상사람 모두가 아름답다고 하는 것을 아름답게 보는 것은 추함이 있기 때문이며, 착하다고 하는 것을 착하게 보는 것은 착하지 않음이 있기 때문이다. 그런 까닭에 있음과 없음은 서로를 도와주고, 어려움과 쉬움은 상대적으로 만들어진다. 길고 짧음 역시 상대적으로 비교가 된 것이며, 높고 낮음도 상대적인 높이로 보이는 것이다. 또한 음악과 소리는 서로 어울려서 조화를 이루는 것이며, 앞과 뒤는 서로 뒤따르는 것이다.

「道德經」二章

선(善)과 악(惡)은 다르다고 하지만, 선악이란 인간에 의해 임시로 채택된 구분이지 그 자체가 처음부터 존재하는 것은 아니다. 장자(莊子)가 '옳은 것과 그른 것은 함께한다(是非兩行)'고 했듯이, '이렇게 하는 것이 옳다'고 하니 그렇게 하지 못한 것은 모두 잘못된 것이 되었다. 이처럼 선과 악이란 우리가 사물을 바라보는 방식에서 비롯된 것으로, 악이란 단지 잘못된 인식에 불과할 뿐이다.

뿐만 아니라 해충을 박멸하고자 뿌리는 농약이 익충도 전멸시킨다는 사실을 잊고 있듯이, 자신만이 옳다고 내세우는 주장 역시 나와 다른 견해를 싸워야 하는 상대로 만드는 어리석은 생각일 뿐이다. 오로지 자신만의 관점에서 옳고 그름을 헤아림으로써 '그것 자체'와 '내 생각'을 혼동한 것이다.

이처럼 '나'와 '내 생각'을 앞세우게 되면, 우리의 삶은 자신도 모르는 사이에 차별과 분리의 담벼락을 마주하게 된다. '나'를 내세우게 되면 저절로 '나 아닌 것'이 있게 되고, '나'와 '나 아닌 것'은 처음부터 다르다고 생각하기 때문이다.

경전에서는 죽음 이후의 세계가 지금과는 어떻게 다른가를 알고 싶어 하는 제자에게, 붓다는 그런 질문은 아무런 득도 없을 뿐 아니라 존재자체의 본질과도 전혀 관계없는 것이라고 단도직입으로 답하고 있다. 똑같은 질문을 받은 공자(孔子) 역시 '아직 삶을 모르는데 어찌 죽음을 알겠느냐?'고 일축한다. 선(禪)의 가르침에서도, '생각하지 말고 보라. 자신이 아무것도 모른다는 사실에 주의를 기울이는 것이 해탈이다'고 한다.

생각하지 말고 보라는 것은 '나'를 내려놓고 보라는 의미다. '나'를 내려놓은 눈에는 세상만사가 '있는 그대로' 비치게 된다. '있는 그대로'란 세상이 오로지 온전하다는 뜻이며, 온전하다는 것은 다르지 않다는 뜻이기도 하다. 다시 말해 처음부터 '다르다'는 것은 결코 존재한 적이 없다.

그러나 '나'를 내세우고, 내가 배운 지식으로써 마주하는 세상은 각각의 나만큼 각기 다른 모습으로 조각나게 된다. 설령 그것이 온전한 모습이 아니라 해도, 지금까지 익힌 지식을 보람으로 느끼지 않는 이는 드물며 그것으로써 세상사에 참견하지 않는 사람도 없다. 사실 이론과 지식이란 일상생활을 위해서는 멋진 것임에 틀림이 없지만, 온전함을 찾아나서는 길에서는 무용지물일 뿐이다.

● 이큐(一休, 1394-1481)선사가 머물던 암자에는 작은 연못이 있었는데, 그 가장자리에 구부러진 소나무가 자라고 있었

다. 어느 날 이큐가 제자들에게 물었다.

'여기 누가 저 굽은 소나무를 곧게 볼 수 있겠는가?'

제자들은 서로 얼굴만 마주볼 뿐 대답을 하지 못했다. 그때 마침 속가의 제자가 찾아왔다. 이큐는 같은 질문을 했다. 잠시 후 그가 대답했다.

'아, 알겠습니다.'

'무엇을 알았다는 것인가?'

'예, 저 소나무는 구부러져 있군요.'

이 말을 듣고 이큐는 무릎을 쳤다.

'바로 그것이다. 굽어 있는 것을 굽어 있다고 보는 것이 곧 곧게 보는 것이다. 만약 굽어 있는 것을 곧다고 보는 자가 있다면 그것이야말로 진실이 구부러져 있는 것, 즉 왜곡되어 있는 것이다.'

「다섯 줌의 쌀」

이큐선사의 표현처럼, '있는 그대로' 본다는 것은 굽어 있는 것을 굽어 있다고 보는 것이다. 그렇게 볼 수 있을 때 비로소 온전함의 눈이 열리게 된다. 여기서 말하는 온전함이란 일상 속에 내재되어 있는 모순, 즉 나의 욕망을 적당하게 조화시키려는 시도 자체가 너무나도 불가능한 일이고, 그것이야말로 사실과 다르게 해석하는 것임을 아는 마음이다.

하지만 '나'를 앞세우고 나의 욕망을 적당하게 조화시키려고 한다면 우리의 삶은 욕망으로 덧칠된 끝없는 경쟁을 강요당할 수밖에 없다. 설령 그 길에 의미를 둔다 해도 정작 무엇을 위해 경쟁해야 하는지를 알지 못한다는 것이 더 큰 문제다.

사실상 우리는 이 세상에 의미 있는 그 무언가가 되기 위해, 자신을 멋지다고 느끼기 위해, 아니면 단순히 살아남기 위해 경쟁을 하지 않으면 안 된다고 끊임없이 세뇌당해왔다. 그리고 한 눈 팔지 않고 그 길을 가고 있다. 더 좋은 차, 더 좋은 집 그리고 명예와 인기를 위해 우리는 모든 고통을 참아왔고 앞으로도 또 그럴 것이다.

그와 반대로 최소한의 조건도 갖추지 못해 경쟁에서조차 밀려나게 된 사람들은 패배의식과 절망의 어둠 속에서 세상을 증오하는 마음을 키워갈 것이다. 그리고 그렇게 꺾여버린 마음에는 세상은 물론이거니와 자신의 존재의미까지 사라지고 없을 것이다.

● 깨닫고 싶다면 다만 남에게 끌려 다니지 않으면 된다. 안에서나 밖에서나 만나는 대로 죽여라. 부처를 만나면 부처를 죽이고, 조사를 만나면 조사를 죽여라. 세상에 속박당하지 않는 사람이야말로 뼈마디 하나하나까지 자유로워지리라.

「臨濟錄」

사람들은 흔히 차별과 분별은 처음부터 있었던 것이고, '세상이 그렇다보니 그렇게 할 수밖에 없지 않느냐'고 못마땅하게 생각하지만, 그것 또한 '나의 욕망'을 드러내는 또 다른 변명에 지나지 않는다. 현재보다 더 '티내고, 폼 잡고, 힘주는' 사람이 되려고 발버둥치는 것도 그렇지만, 뜻하는 바를 이루기 위해 몸과 마음을 다하는 일은 오로지 '나'로 말미암는다는 사실을 이해할 때까지 그치지 않기 때문이다.

환경을 개선하거나 아니면 어떠한 이유를 달아서라도 물질적인 편리함을 강조하는 노력 역시 결국에는 우리 스스로를 가두는 족쇄가 될 것이다. 신기술이 유용한 줄 알지만, 그것을 이용할 줄 모른다고 해서 사람 취급을 받지 못한다면 그것이 오히려 더 이상한 일이다. 하지만 새로운 기술들에 대한 용어가 귀에 익기도 전에 또 다른 신기술의 이름이 우리를 구속하는데도 우리의 욕망은 끊임없이 새로운 기술들을 요구하고 있다. 그것이 바로 우리의 모습이다.

가상적으로 구축한 사이버 세계 속으로 끝없이 치달아가는 현실이 우리의 '삶'과 '미래'라고 한다면, 적어도 한 번쯤은 '이 길에 과연 마음이 있는가?'를 의심해보아야 할 것이다. 뿐만 아니라 수많은 비밀번호를 외우는 대신 생체인식표를 제공하는 일이 편리하다고 강요당한다면, 그것이 무엇을 뜻하는지를 생각해보아야 한다. 거기서 인간의 의미를 발견할 수 없다면, 인류가 지향하는 그 모든 투자와 노력은 스스로를 구속하는 결과로써 나타날 것은 분명하기 때문이다.

그러나 인류의 미래방향은 사람보다 더 능력 있는 로봇을 만들거나 사이버공간을 구축하는 일에 초점이 맞춰져 있다. 편리함을 추구하는 기계의 개발을 위해서는 정부 예산의 대부분을 배정하지만, 무한한 인간 본질의 의미를 밝히는 데는 눈길조차 주지 않는다. 사람답게 살기를 권하는 일에는 관심도 없을 뿐만 아니라, 사람다운 삶을 단지 잘 먹고 잘 사는 것으로 이해하고 있을 뿐이다.

신기술과 사이버세계로 치달아가는 미래는 편리하고 풍요로운 삶을 보장한다는 명분으로 포장되지만, 그런 평계는 인류 문명의 역사가 시작된 이후로 한 번도 바뀐 적이 없었다. 편리하고 풍요로운 삶으로 나아가는 길은 사람답게 사는 길과는 다른 길이며, 온전한 삶으로 나아가는 길은 더더욱 아니다.

온전한 삶이란 단순히 현실을 개선한다고 해서 누릴 수 있는 조건은 아니다. 오히려 물질적가치로부터 자유로울 수 있을 때, 서로의 마음속에 배려와 사랑이 애틋하게 담길 수 있을 것이다. 그것은 '깨달음'이란 의미 자체가 그러하듯, 한 사람 한 사람 모두가 스스로 그런 사실을 자각할 수 있어야 열리게 되는 세상이다.

만약 이 우주가 어떤 기준에 따라 나뉘어 있고, 그것들 또한 독립적인 것들로 이루어진 것이라면 인간의 마음도 그렇게 분리된 채로 작용하게 될 것이다. 그러나 모든 것이 조화롭게 연결된 관계라면 그 마음도 그와 같이 움직일 것이다. 삶과 죽음 역시 마찬가지다. 죽음은 삶이 아니라고 생각하지만, 이것은 분리된 생각이 온전한 세계를 조각낸 것에 불과하다. 한쪽은 삶으로 다른 쪽은 죽음으로 갈라놓고, 태어나는 순간부터 삶이 시작되고 죽는 순간 그것이 끝난다는 생각에서 비롯된 것이다.

모든 것을 있는 그대로 받아들이는 데에 참된 자유가 있다고 주장한 장자(莊子)는, 부인의 장례식에서 북을 치고 노래를 불렀다고 한다. 이를 의아하게 여긴 친구 혜시(惠施)의 질문에, '온 곳을 아니 가는 곳도 안다'고 하였다. 모든 존재가 조화롭게 연결되어 있다고 생각하는 세계관, 즉 세상은 다함이 없는 연기(緣起)로 이루어져 있다는 생각이 삶과 죽음의 한계를 벗어나게 한 것이다. 만일 장자가 삶과 죽음을 다르다고 생각했다면, 그는 당연히 통곡하며 슬퍼했을 것이다.

모든 존재가 조화롭게 연결된 관계라면 삶과 죽음은 다르지 않다. 우리의 삶은 순간마다 태어나지만, 매순간 사라지는 죽음과도 공존하고 있다. 생물학적인 표현을 빌자면, 이 순간에도 우리의 몸속에는 삶과 죽음이 끊임없이 일어난다. 세포들의 성장과 변화가 곧 그것이다. 지구를 하나의 전체로 보면 우리는 그것을 구성하는 하나의 세포일 뿐이다. 우리 몸의 세포 혹은 이 지구의 세포들이 하나씩 나타나고 사라지는 것은 단지 변화하는 현상이다.

우리가 자신이라고 느끼는 '나' 또한 시시각각으로 변화하는 과정 속의 흔적일 뿐이다. 그런데도 분리된, 개별적인 '나'가 있다는 환상을 유지하기 위해 우리가 얼마나 투쟁하고 있는지를 생각해 보면, 이는 진실로 아이러니한 일이다. 하나의 실체로서 변하지 않고 존재한다는 것은 본질상 불가능하다. 하지만 우리는 모든 고통의 근원이 되는 그 '나'를 유지하기 위해, 설명할 수 없는 것을 설명하려고 부단히 애쓰고 있다. 설명하려는 자체가 자신의 뒷머리를 보려는 것 같은 희극에 불과하지만, 우리의 욕망은 끝없이 무의미에서 의미를 찾으려고 갈팡질팡하고 있다.

나를 '나'라는 실체로서 생각하는 한, 존재의 의미와 삶의 가치는 집착과 욕망의 한정된 영역으로 줄어들 것이다. 그것이 우리가 지금까지와는 다르게 우리의 삶을 되돌아보아야 하는 이유이기도 하다. 무엇보다도 같은 논리로 잘못을 저지르지 않고자 할 때, 우리 자신을 되돌아볼 수 있는 기회가 주어질 것이다.

스스로를 되돌아보는 일은 '나'라는 실체가 허상임을 알아차리는 데 있지만, 한편으로는 자신의 삶을 들여다보며 괴로움의 실상을 깨닫기 위함이다. 가난 때문에도 괴로움을 겪지만, 풍요로운 삶 속에서도 고통스러운 상태는 존재한다. 괴로움이란 단순히 사회적 경제적 불평등의 결과로서 초래되는 것이 아니다. '나'를 '나'라고 믿는 한 겪을 수밖에 없는 현상이다.

사는 것이 괴롭다고 느끼는 것과 마찬가지로 행복을 누리는 것도 매한가지다. 그것을 느끼고 느끼지 않고는 우리의 깨달음에 달려 있을 뿐이다. 두통이 심할 때 우리는 두통이 없다면 정말 행복할 것이라고 생각하지만, 두통이 사라진 후에는 다른 이유를 들면서 행복하지 않다고 한다. 우리가 단지 이 사실 하나만이라도 항상 기억할 수 있다면, 더 이상 괴로움에 시달리지 않을 수 있을 것이다.

살아가면서 위기를 맞지 않는 사람은 없다. 그리고 그 이유도 다양하다. 병, 이혼, 가족의 죽음, 파산과 실업, 사랑으로 인한 괴로움, 죽음에 대한 불안 등이다. 아무리 마음을 다그쳐 단단히 한다 하더라도, '나'와 '내 것'을 생각하는 한 주어진 상황과 괴로움으로부터 벗어날 수는 없다. 그런데 그런 괴로움이 '나'를 집착함에서 비롯되었다는 것을 안다고 해서 주어진 상황이 달라지는 것은 아니다. 하지만 그 상황을 어떻게 받아들이느냐는 전혀 다르다.

운전을 아주 잘 하는 사람도 때로는 사고를 낼 수 있다. 그것은 자신의 부주의함보다는 상대의 실수로 그런 일이 있을 수 있다. 그렇게 되면 차가 망가지거나 몸을 다치게 된다. 그러나 운전을 할 수 있는 능력은 결코 다치거나 망가질 수는 없다. 마찬가지로 그런 이치를 안다고 해서 마치 손오공이 필요할 때마다 구름을 부르듯이 원하는 대로 이루어진다는 것은 아니다. 그러나 모르고 따라가며 불평하는 것보다 편안한 마음으로 세상을 향한 눈길을 줄 수는 있다.

새로운 것을 따르지 않는다고 해서 유연하지 못하거나 새로운 상황들에 대응할 준비를 못하는 것은 아니다. 정신에 내재하는 본질적인 진리들을 이해한다는 것은 오히려 세계와 사회의 변화에 맞서기 위해 어느 누구보다도 더 충실하게 대응하고 있다는 것을 의미한다. 이를 이해하고 깨닫는 일은 무엇보다도 중요하다.

22

어디가 앞이고
어디가 뒤인가

　모든 사건에는 원인이 있고, 그 원인으로 인해 결과가 나타나게 된다는 생각을 인과론적인 사고방식이라 한다. 원인에 대한 결과, 즉 인과(因果)란 말의 의미가 그렇지만, 인과론적인 사고방식은 직선적인 시간관념을 전제로 한다.

　그러나 실제로 일어나는 일들은 사실상 인과라기보다는 서로 간의 관계 속에서 반응하는 성질을 바탕으로 한다. 이를테면 연못에 돌을 던졌기(因) 때문에 물결이 일어난다(果)는 것이 인과론적인 생각이지만, 연못의 물이 꽁꽁 얼었다면 물결은 일어나지 않는다. 이처럼 연못의 물 자체가 물결을 일으킬 수 있는 상호작용의 원인을 지니고 있어야 변화가 일어날 수 있다. 다시 말해 '여기'에 일어나고 있는 일이 반드시 '저기' 사건 때문이라고는 할 수 없다.

　우리가 사는 일 또한 이와 다르지 않는데도 우리는 늘 하나에 하나를 더하면 둘이 된다고 굳게 믿는다. 쌀 한 되에 물 한 되를 더하면 두 되가 되지 않는데, 여전히 계산처럼 두 되가 될 것이라고 생각한다. 그래서 열심히 일한 나보다 건성으로 일했다고 생각되는 그가 먼저 승진하는 것은 잘못된 일이라고 불평한다.

상호작용으로 일어나는 일들에 인과론적인 판단을 대입한다면, 그 결과는 또 다른 문제를 만들어낸다. 일방적인 짝사랑을 사랑으로 표현할 수 없는 것은 상대방 또한 나를 좋아하는 감정이 있어야 서로 교감이 될 수 있기 때문이다. '내가 너를 좋아하므로 너도 당연히 나를 좋아할 것이다'고 한다면, 누구나 그를 어리석다고 한다.

시간에 대한 우리의 생각도 그렇다. 우리는 시간이 과거에서 현재로, 현재에서 미래로 나아가는 직선적인 흐름이라고 생각한다. 그리고 시간을 마치 우리가 결정권을 가지고 정한, 그래서 나누어진 것이라는 믿음을 가지고 있다. 때문에 '현재'란 과거와 미래 사이의 지극히 짧은 몇 분 또는 몇 초라고 이해한다.

시간은 과거에서 현재로 그리고 미래로 흐르는 것이며, 나눌 수는 있는가?

밤 열한 시에 들어온 사람을 늦게 들어왔다고 하며, 새벽 한 시에 귀가한 사람을 일찍 들어왔다고 할 수는 없다. 마찬가지로 봄에 피는 꽃은 빨리 피는 꽃이며, 가을에 피는 꽃은 늦게 피는 꽃이라고도 할 수 없다. 들어올 때가 되어 들어온 것이고, 꽃필 때가 되어 꽃이 피었을 뿐이다. 어디에 늦고 빠른 것이 있겠는가.

페인트의 아름다운 색상이 검은 콜타르에서 추출되듯이 보이는 세계는 보이지 않는 세계에서 나온다고 하지만, 여기에는 또다시 시간관념이 내포된다. 만약 우리가 시간이라는 관념에서 잠시 비켜서기만 하면, 즉 과거 현재 미래라는 생각을 잠시 접어두면 거기에는 어떤 연결도 존재하지 않는다.

● 한 사람이 외로운 산봉우리 위에 있는데 몸을 비켜 빠져나

갈 길이 없고, 또 한 사람이 네거리에 서 있는데 또 향하는
곳이 없다. 어디가 앞이고 어디가 뒤인가?

「古尊宿語錄」臨濟義玄

시간에는 처음부터 우리가 일반적으로 생각하는 고정된 기준은
존재하지 않는다. 지구의 중력 상태에서는 진자추의 왕복을 '초'
라는 단위로 계산하지만, 달이나 또 다른 행성과 같이 중력이 다
른 세계에서는 그 단위 또한 '초'가 아니다. 그렇게 생각해보면 일
년에 한 번 지내는 조상의 제사이지만, 영계(靈界)에서는 그들의
하루 단위로 제사상을 받는지도 모를 일이다.

깨어 있는 상태에서 체험하는 시간 또한 꿈꾸는 상태에서 느끼
는 것과는 다르다. 우리는 순간의 꿈속에서 수없는 시간과 공간
을 통과하지만, 깨어 있는 상태에서의 경험만큼 현실적인 것도 사
실이다. 거기에다 한 꿈속에서 또 다른 꿈을 꿀 수도 있다. 이것은
우리가 생각하는 시간이란 환상일 뿐이며, 고정된 기준은 있을 수
없다는 명백한 증거다.

공간 역시 시간과 마찬가지로 나눌 수 있는 것도, 나누어진 것
도 아니다. 그러나 현실적으로 우리는 시간과 공간이라는 개념으
로 대상을 인식하고 느끼며 또 기억으로 저장한다. 이는 곧 대상
을 시간과 공간의 개념으로 느끼도록 하는 '그 무엇'이 있다는 것
을 의미한다. 이것을 감각기관에 의해 인식되는 대상으로 되돌려
보면 더욱 확실해진다.

사람의 감각기관은 특수한 형태의 물리적 에너지에 반응한다.
이런 외부의 반응을 포착한 감각세포들의 대응이 중계기관을 통
해서 두뇌로 전달되며, 이로써 두뇌는 '느끼거나, 인식하는' 작용
을 한다.

다양한 감각 가운데 시각의 경우, 시각은 가시광선이라고 부르는 전자 스펙트럼의 빛 에너지에 가장 민감하게 반응한다. 빛의 전자에너지는 파동의 형태로 이동하여 눈의 감각에 자극을 주며, 눈은 주변 환경에서 드러나는 빛의 성질과 양에 대한 정보를 제공한다. 전체적으로는 광선이 눈을 통해 들어오고, 눈동자는 광선의 양을 조절하여 망막 위에 광선을 집중시켜 형상화를 인지시키는 일련의 과정이 이루어진다. 두뇌에서는 이 정보들을 형체와 밝기, 크기와 원근감각으로 정리하여, 입체적이며 종합적으로 사물을 '보는 것'이다.

이처럼 '보는 것'의 과정은 단순한 물리적인 자극의 종합이 아니다. 대상을 본다는 행위는 단순히 물리적인 정보의 종합이 아니라 그것을 해석하는 시스템이 따로 있기 때문에 가능하다. 대상을 '보는' 감각기관과 인식과정뿐만 아니라 다른 모든 감각기관이나 사물에 대응하는 인식도 그것을 종합하고 해석하는 '그 무엇'의 통제 아래 있다는 것은 분명하다.

그것을 마음의 작용이라고 부른다면, 역설적이게도 우리가 느끼는 과거나 미래의 시간 또한 그것을 느끼는 것은 감각자체의 정보가 아니라, 마음의 작용이 그렇게 생각하도록 통제하고 있다는 것을 의미한다.

때문에 그림이나 사진은 분명히 평면인데도, 그것을 볼 때 우리는 평면이 아니라 입체화하여 느낀다. 만약 기차가 지나가는 소리를 그대로 녹음하여 안방에서 들려준다면 며칠이 지나지 않아 불면증에 걸릴 수 있다고 하지만, 시끄러운 기차에서 아무렇지도 않게 잠을 잘 수 있는 현상도 마찬가지다. 마음의 본체인 식(識)을 떠나서는 어떠한 실재도 있을 수 없다고 주장하는 유식(唯識)에서는 이것을 심층의식의 작용 즉 능변성(能變性)으로 해석한다.

● 일체법(一切法)은 모두가 마음법이며, 일체의 명칭은 모두
  가 마음의 명칭이다. 만법은 모두가 마음에서 나왔으니, 마
  음은 만법의 근본이다.

「四家語錄」馬祖

  우리가 눈으로 볼 수 있는 세계란 극히 상대적이며 또한 한정되
어 있다. 눈으로 볼 수 있는 가시광선 너머에는, 눈에는 감지되지
않는 주파수를 가진 빛의 영역이 가시영역과는 비교할 수 없을 만
큼 넓게 펼쳐져 있다. 그것은 단순히 빛의 영역에만 한정된 것은
아니다. 소리, 냄새, 맛, 촉감과 같은 감각 또한 극히 제한된 범위
의 것만 지각하고, 그 너머의 것은 모두 놓치고 있을 뿐이다.
  우리의 감각기관은 대상세계를 지극히 제한적인 부분에서만 감
지할 뿐, 더 넓고 무한한 세계는 우리가 알 수 없다. 따라서 감각
기관으로 감지되지 않는다고 해서 그 넓은 영역을 없다고 주장하
거나, 감지되는 부분만이 존재한다고 고집할 수는 없다. '대나무
통 구멍으로 보는 하늘(管中之天)'만이 하늘이 아니다.
  만약 우리가 감각기관에만 의지한다면, 환상을 실상으로 또는
가짜를 진짜로 착각할 수도 있다. 태양이 동쪽에서 떠서 서쪽으로
진다는 사실을 의심 없이 받아들이지만 그것은 지구의 자전현상
에 대한 감각기관의 착각일 뿐이다.
  이처럼 감각을 통해 인식되는 것들은 착각을 일으키게 만드는
한정된 전제들이다. 설령 아무리 뛰어난 과학기술과 도구가 개발
되어 놀라운 정보를 알아낸다 해도 그것 또한 감각기관에 한정된
의식의 필터를 통해서 다시 번역하고 인식해야 하므로 결국은 한
정된 정보만을 받아들일 수밖에 없다.

● 막힌 곳이 담장이 아니니
  통한 곳을 허공이라 하지 마라.
  만약 사람이 이 이치를 알면
  마음과 물질이 본래 같음을 알리라.

「傳燈錄」招賢大師

감각으로 느끼는 현상이란 곧 감각의 범위를 넘어서지 못하는 한정된 관점의 반영물일 뿐이다. 이는 마치 시간 속에서 일어나는 사건에 대한 인식이, 풍경이 자기 앞으로 다가오고 있는 것처럼 느끼는 사람과 같다는 뜻이다. 이를테면 기차나 버스를 타고 여행을 하게 될 때 차창에 비치는 낯선 풍경들이 새롭게 다가오고 사라져 간다고 느끼지만, 사실은 다가오는 것도 사라져 가는 것도 아니다. 단지 눈에 비친 대로 그렇게 느낄 뿐이다. 새로운 풍경이 펼쳐진다는 것은 사실 말의 표현에 불과하다. 아무것도 펼쳐지는 것은 없으며, 그 무엇이 나타나는 것 또한 아니다. 오직 그렇게 느끼고 있는, 또 그렇게 느껴가는 과정만 있다.

만약 우리가 시간의 관념을 넘어설 수 있다면, 사실 형태를 갖지 않는 존재는 상상하기 어렵지만, 음(陰)과 양(陽)이라든지 나타나는 것과 나타나지 않는 것이거나, 형체가 있는 것과 없는 것 또는 보이는 것과 보이지 않는 것들이 부분적인 어떤 것이 아니라, 그 모두가 그 자체로 온전한 것, 즉 궁극적인 실재(實在)로 드러날 것이다. 다시 말해 우리 자신을 감각의 범위 안에 한정시키지 않는다면, 완전하지 않게 보이는 현상도 완전성의 일부로 다가올 것이다.

이것이 바로 우리가 사는 이 세상은 그 모두가 동시에 참된 세계라고 말할 수 있는 근거다. 그렇게 보면 창조라는 것도 사실은 계속되는 것이거나, 전혀 있을 수 없는 것이거나 둘 중의 하나일 뿐이다. 창조의 시점을 계산하며 '태초에'란 말을 전제하는 것 역시 인간이 만들어낸 시간 개념의 산물이다. 시간 밖에 존재하는 어떤 것의 '시작'을 시간 속에서 찾을 수는 없다.

그러므로 우리가 사물이나 현상을 나타나게 하는 객관적 실재의 근본적인 성질에 대해 제대로 알고자 한다면, 감각기관에 한정된 의식의 울타리 밖으로 나서야 한다. 감각기관에 의한 지각은 나와 대상을 이분화시킴으로써 필연적으로 감각기관의 한계만큼만 인식하게 만들기 때문이다.

그렇게 보면 시간과 공간이란 이미 완전하게 정립된 홀로그램을 인식하는 한 시점, 즉 시간과 공간이란 관점의 이동에 따라 나타나는 주관적이고 감각적인 결과일 뿐이다. 그러므로 우리가 감각으로 느끼는 우주의 변화는 시작이나 끝이 있는 것이 아니라, 그것은 언제나 어디에서나 이미 온전하게 존재한다.

이처럼 시간과 공간의 개념으로부터 벗어난다는 것은 오로지 '나'와 '나 아닌 것'을 분리하는 일을 멈출 때라야 비로소 가능하다. '나'를 고정적이고 연속적인 실체로 생각하는 한, '나 아닌 것'들의 변화만을 인정하기 때문이다. 인간의 경험이 시간과 공간의 개념으로 표현된다는 점에서 시간과 공간의 제약, 즉 그런 개념 속에 묶이는 것이야말로 존재의 본질을 이해하는 데 커다란 장애가 된다.

23

단순하고 소박하게

　●

비록 과정에 문제가 있더라도 좋은 결과로 나타나면, '좋은 결과가 결국에는 좋은 일 아니겠느냐'고 말하는 사람들이 있다. 이들은 오직 좋은 결과만이 옳다고 생각하기 때문이다. 그러므로 선거에서 당선되기만 하면 선거운동 과정의 문제들에 대해서도 '그럴 수도 있는 것 아니냐?'는 반응이 나타난다. 이와는 달리 결과와 상관없이 처음부터 과정을 소중하게 여기는 사람들도 있다.

이처럼 어떤 일이나 사건에 대한 판단에는 각기 다른 견해가 나타난다. 그것은 사건을 보는 사람들의 관점이나 이해의 정도가 다르기 때문이다. 이런 차이를 단순하게 생각하면 그냥 지나쳐버릴 수도 있다. 그런데 조금 더 깊이 생각해보면, 판단의 차이는 사건이나 상황 자체에서 나오는 것이 아니라 그것을 보고 평가하는 사람의 생각에 따라 달라진다는 사실을 알 수 있다.

따라서 그가 누구이든 그 사람이 보고 생각하는 태도나 방향에 대한 이해 없이는, 그의 판단이 옳다거나 그르다고는 할 수 없다. 주어진 여건에 따라 사건의 중요성도 달라질 수 있으며, 동일한 상황에 대해서도 다르게 볼 수 있기 때문이다.

하지만 수준이나 이해 능력, 나아가서는 보는 관점조차 사건자 체도 아니며 사건의 내용 또한 더더욱 아니다. 달리 말하자면 세상의 모든 일들은 관점에 따라 달리 해석될 수도 있고, 보는 이의 판단은 그것과는 더욱 멀어질 수도 있다. 그런데 그런 사실을 뻔히 알고 있으면서도 다른 사람의 견해를 그럴 수도 있겠다고 생각하는 일은 너무나도 어렵다고 한다.

세상에는 부정적인 요소도 긍정적인 조건 못지않게 필요하다. 애당초 긍정적인 요인만으로 존재한다는 것은 불가능한 일이다. 하지만 긍정적이라든가 부정적이라는 표현 또한 관점의 차이에 따라 달라지는 견해일 뿐이다. 문제는 긍정적이기에 좋고, 부정적이라서 나쁜 것이 아니라는 점이다.

'좋다' 또는 '나쁘다'고 판단하는 말들의 함정, 다시 말해 마치 그런 상태가 있다고 착각하게 만드는 언어의 속임수에서 벗어나는 일만이 우리를 온전하게 한다. 비유하자면 도둑이 경찰의 눈을 피해 능숙하게 물건을 훔치는 것이 성공이 아니라, 진정한 성공은 도둑질로부터 손을 떼는 것과 같다.

● 상대적인 개념을 끊기만 하면 된다. 있다느니 있지 않다느니 하는 말을 끊고, 없다느니 없지 않다느니 하는 말을 끊으면 양쪽의 자취가 나타나지 않아 양쪽에서 잡아당겨도 끌리지 않으며, 어떤 테두리로도 얽어매지 못한다. 그렇게 되면 부족하거나 완전하지도 않고, 범부도 성인도 아니며, 밝음도 어두움도 아니다. 앎이 있음도 앎이 없음도 아니고, 얽매임도 해탈도 아니어서 어떤 이름도 붙일 수 없다.

「四家語錄」百丈

어떤 사람이 미워 보인다고 할 때, 나에게 그럴 만한 충분한 증거도 있다고 생각한다. 하지만 곰곰이 헤아려보면 그 증거라는 것은 사실 내 생각이 그렇다는 것뿐이다. 이를테면 사실과 생각을 혼동하고 있다. 이런 착각으로 인해 같은 대상이 내게는 밉게 보이지만 다른 사람에게는 좋게 보이기도 한다. 심지어 어제는 좋게 보이더니 오늘은 밉게 보이기도 한다.

뿐만 아니라 내가 싫어하는 상대방에 대해 말할 때, 그 이면에는 반드시 내가 그 사람보다 낫다고 여기는 생각이 감춰져 있다. 마찬가지로 '저 사람은 틀렸다'고 할 때, 그 이면에는 '나는 옳다'는 생각이 따라온다. 내가 만일 '나는 이것이다'고 생각하자마자 동시에 '나는 저것이 아니다'는 생각이 함께한다.

이처럼 우리는 사실과 생각을 구별하지 못하고 뒤섞기도 하지만, 생각 자체도 '나'를 전제로 한 욕망에서 벗어나지 못한다. 이는 곧 우리의 생각이 이원적인 사고에 묶여 있다는 사실을 말해주고 있다. 내가 '이쪽'이라고 가리키면 말하지 않았는데도 가리키는 반대쪽은 벌써 '저쪽'이 되어 있는 것과 같이 나를 '나'라고 하는 순간, '나 아닌 것'들이 줄지어 서게 된다.

사회적인 관습 또한 모든 것을 옳고 그르다는 기준으로 나누고 있기 때문에 우리의 시선을 현실에 고정시키는 한, 옳고 그르다는 이분법적인 태도를 벗어나기는 어렵다. 때문에 이루고자 하는 일들 역시 그럴 만한 가치가 '있다'거나 '없다'는 기준을 바탕으로 하여 세속적인 성공과 권력만이 의미 있는 일로 여겨왔으며, 그것은 어쩔 수 없이 인간의 탐욕적 욕망에 지속적인 당위성을 부여해왔다.

나무에 집중하다 보면 숲을 보지 못하는 것처럼, 이분법적인 사고로 마주하는 세상은 결코 온전함이 존재한다는 사실을 알지 못하게 만든다. 좋은 것은 항상 내가 차지하고 나만 주인공이 되고자 한다면 조연을 하거나 싫은 일을 도맡아 할 사람은 나타나지 않듯이, 일상에서 마주하는 갈등의 진정한 처리방법 또한 부정적인 태도들을 꾸짖기보다는 오히려 긍정적인 마음을 키워감으로써 해결될 수 있다.

알코올 중독의 회복은 중독과 싸우기보다는 오로지 절제와 맑은 정신으로 남아 있겠다는 의지로써 극복할 수 있듯이, 생활의 나태함 또한 자학으로써 개선되는 것이 아니라 긍정적인 생각으로 인해 점차 밝아지게 된다. 이런 사실은 지난 역사나 지금의 현실이 입증하듯이, 모든 전쟁을 종식시키기 위한 전쟁은 한 번도 성공한 적이 없었고, 가능한 것도 아니었다. 범죄나 약물과 같이 인간의 본능에 대한 전쟁 역시 오직 본성의 온전함을 자각함으로써만이 멈출 수 있을 뿐이다.

지나간 역사에서 나타났던 사건들이나 우리 주위에서 일어나고 있는 많은 일들 역시 '세상만사는 마음먹은 대로 이루어진다(一切唯心造)'는 사실을 입증하고 있다. 현대 물리학자들도 이런 사실에 동의하고 있다. 이는 곧 이분법적인 태도를 벗어나는 길은 오직 온전함을 자각하는 마음의 작용에 의해서만 가능하다는 뜻이다.

● 대주(大珠)선사에게 어떤 스님이 물었다.

'일체중생에게 모두 불성이 있다는 것은 무엇입니까?'

선사가 말씀하였다.

'부처의 행을 하면 부처의 성품이고, 도적의 행을 하면 도적의 성품이고, 중생의 행을 하면 중생의 성품이다. 성품은 형상이 없다. 그 작용을 따라서 이름이 만들어진다.'

大珠慧海, 「頓悟入道要門論」

모든 사람들이 원하는 행복 또한 다르지 않다. 행복의 조건이란 자신의 행동이나 생각을 막아서는 요소들을 제거하는 데 있는 것이 아니다. 오히려 어떤 구속이 있더라도, 어떤 어려움이 닥치더라도 좌절하거나 절망하지 않을 수 있는 마음가짐이 행복의 조건이 된다. 대부분의 사람들은 어떠한 대가를 치르더라도 명예와 이익을 얻는 것이 더 중요하다고 생각하지만, 자신을 드러내기 위한 자세야말로 행복의 진정한 적이 될 뿐이다.

현대물리학의 '장 이론(Field theory)'에서는, 소립자세계의 변화가 주위에 영향을 미치고 변화시킨다고 한다. 다시 말해 어떤 물리적 입자가 생성될 때 그 입자 주변에는 역동적 에너지와 운동력의 장(field)이 형성되는데, 이 장은 주변의 다른 입자의 장이나 입자에 영향을 미친다는 것이다. 현대물리학에서는 사람의 생각이나 감정 또한 물리적 입자로 이해하는데, 이는 동양학에서의 기(氣) 개념과 다르지 않다.

이에 따르면 내가 어떤 생각이나 감정을 가지자마자 그것은 입자화되고, 그 입자 주변에는 그 생각이나 감정이 실린 에너지와 운동력의 장이 형성된다고 한다. 때문에 내가 지금 무슨 생각을 하는지 어떤 감정을 품고 있는지는 상대에게 드러나지 않지만, 그 생각은 틀림없이 상대의 감정에 영향을 미치게 된다는 것이다. 상대방의 감정 또한 내 생각의 에너지장과 관련되어 있다는 뜻이기도 하다.

오로지 '나'와 '내 생각'을 위주로 하여 온갖 불평을 늘어놓는 일도 그렇지만, 사회적 가치에 따라 설정한 목표에 매달려 능력도 미치지 않는 자신을 괴롭히는 일도 마찬가지다. 현대물리학은 행복으로 나아가는 길에 대한 책임은 상대에게 있는 것이 아니라 전적으로 나에게 있다고 말한다.

천체물리학이 밝혀낸 우주현상의 가장 기본적인 원리 가운데 하나가 표면의 힘은 똑같은 강도로 반대 방향에 반작용을 낳는다는 사실이다. 인간 또한 아무리 만물의 영장이라고 큰소리치더라도 결국은 우주 속의 존재 즉 자연법칙을 벗어날 수 없는 존재다. 우리의 삶 또한 육체적이든 정신적이든 간에 모든 공격은 반드시 반격을 가져온다는 사실에서 벗어날 수는 없다.

상대가 누구이든 그 무엇이든지 간에 그것에 원한을 품거나 분노의 감정을 가지게 되면 그 감정은 항상 우리를 편치 않게 만든다. 그런 감정을 지우지 못하는 한, 우리 자신이 바로 그 분노의 희생자가 된다. 비밀스럽게 원한과 분노를 감출 수 있다 해도 내부적으로 그것은 우리 몸에 생리학적인 공격을 가하는 결과를 낳는다. 대부분의 말기 암 환자들의 임상 기록에서, 사람에 대한 원한과 분노가 맺혀 있다는 기록이 그것을 말해주고 있다.

● 너는 나로 인해 존재하고,
  나는 너로 인해 존재한다.
  둘 다 알고자 하는가?
  원래는 다 같은 공(空)이다.

僧璨, 「信心銘」

아름다움(美)이 무엇인가에 대한 평가는 문화에 따라 다양한 형태로 표현되어왔지만, 아름다움을 느끼는 것은 진실로 아름다움을 볼 수 있는 이에게 달려 있을 뿐이다. 아름다움이 느껴지는 형태는 변하지만 아름다움의 본질은 변하지 않는 것처럼 행복하다는 것 또한 이와 다르지 않다.

'있는 그대로' 본다는 의미가 그렇다. 있는 그대로 본다는 것은 모든 형상에서 아름다움을 느낀다는 뜻이며, 모든 생명이 신성할 뿐더러 형상을 갖춘 모든 것이 아름답다는 의미를 지니고 있다. 그런 경지에 이르자면, 그것을 느낄 수 있도록 먼저 진정한 자신의 본래 모습으로 돌아가야 한다. 나아가 이 세상의 모든 것들과 하나가 될 수 있어야 하며, 모든 것들과 조화로워져야 한다. 그렇게 되면 우리의 삶도 그렇게 가꾸어질 수 있을 것이다.

지금까지 우리는 자신의 욕망을 추구하는 최선의 방법을 교육받아왔다는 사실을 종종 잊고 있지만, 한 방향으로만 바라보도록 습관화된 태도는 다른 방향이 있다는 사실조차 짐작하지 못하게 한다. 때문에 사람들은 무엇인가를 얻거나 성취하고자 하는 것을 포기한다면 사는 것이 의미가 없다고 한다. 사실 '가지려고 함'과 '되고자 함'이란 사회적 가치를 추구하려는 욕망에 바탕을 두고 있다. 때문에 '갖고자' 하거나 '되고자' 하도록 지속적으로 암시하여, '가질 만한 가치가 있고, 이룰 만한 가치가 있다'라는 생각을 유지하게 만든다.

우리가 진정 아름다운 삶을 살고자 한다면, 바람직한 삶의 방식이란 사회적 가치에 집착하지 않는 일이다. 물속에서 허우적거리게 되면 더욱더 깊이 빠지게 되지만 우리가 스스로를 믿고 몸을 맡기면 저절로 물위로 떠오르게 되듯이, 사회적 가치에 매달려가는 마음을 내려놓는다면 우리의 삶은 자연적으로 아름답고 또 행복해질 것이다.

● 모든 일에서 즐거움을 구하려면
  아무 일에서도 즐거움을 바라지 말라.
  모든 것을 가지려면
  아무것도 가지려 하지 말라.

모든 것을 성취하려면
어느 것도 성취하길 바라지 말라.
모든 것을 알려거든
아무것도 알려고 하지 말라.

St. John of The Cross

행복이란 바로 '지금, 여기'에 있다. 어디로 가야 하거나 아니면 성취해야 할 어떤 목표가 아니다. 하지만 길거리에 있는 사람들은 어딘가로 가야 하고, 또 중요한 일들이 있다고 심각하게 고민하는 표정을 짓고 있다. 말할 것도 없이 사람들은 어딘가로 가야 하고, 가야할 목적도 있고, 성취해야만 할 그 무엇이 있다고 생각하기 때문이다.

지금 여기, 우리가 있는 이 자리 외에, 그 어디에 또 다른 때의 나는 있을 수 없다. 그리고 지금 여기에 내가 있다면, 가야 할 곳은 어느 곳도 아니다. 우리가 지금 위치하고 있는 이 자리가 바로 우리 자신이 있어야 할 자리다.

우리가 힘들다고 느끼는 것은 지금 여기뿐만이 아니다. 어느 시대에도 욕망이 있는 한 괴로움은 있어왔다. 욕망을 넘어서지 못하는 인간이 있는 한, 요순(堯舜)시대는 있지도 않았고 있을 수도 없다. 그런 시각에서 본다면, 인간성이란 우리 모두가 짊어져야 할 고통이기도 하다.

이원성을 초월하고, 더 이상 제한적인 가치에 묶이지 않는 지점으로 진보하지 않는 한, 우리는 존재의 더 높은 차원으로 진입할 수 없다. 우리를 무지의 어둠에서부터 나오게 하는, 본래부터 주어진 나침반을 발견하게 하는 능력은 내면으로 향한 우리의 의지에 달려 있을 뿐이다.

지금까지 막대한 대가를 치러왔던 이론과 이념으로 무장된 지성의 덫을 피하기 위해서 거창한 그 무엇이 필요한 것은 아니다. 단지 주어진 것에 감사하고 누릴 줄 아는 마음, 즉 단순하고 소박한 것이면 족하다.

5부

관심으로부터의 자유

24

이미 우리에게 있다

사람이 사물이나 현상을 느끼고 판단할 수 있는 것은 의식이 있기 때문이다. 이때의 의식이란 일반적으로 깨어 있는 상태에서 자기 자신이나 사물을 분별하고 판단하는 작용을 말한다. 흔히 '환자가 의식을 회복했다'는 표현처럼, 주변에서 일어나는 일을 알아차리는 심리적 상태를 가리키는 말이다.

그런데 우리는 가끔씩 '나도 모르게' 또는 '생각 없이'라든가 '마음에도 없는 소리'라는 말을 하기도 한다. 때로는 이런 표현들이 우리 스스로를 혼란스럽게 만들기도 하지만, 한편으로는 일상적으로 생각하는 '나'의 내면에 또 다른 '그 무엇'이 있다는 느낌을 주기도 한다.

흔히 말하는 지각작용으로서의 의식은 '나'로부터 형성된 것이다. 다시 말해 '나도 모르게'라고 할 때의 '나'는 나를 독립적이며 실체적이라고 느끼는 인식작용으로, 우리는 항상 이 '나'와 의식을 같은 것으로 생각한다. '나'는 대상을 분별하고 판단하는 주체로서 삶의 질을 높이는 위대한 업적을 남겼지만, 그것은 어디까지나 내가 처한 위치나 나의 행동, 성격 따위를 깨닫는 자의식을 의미한다. 이때의 '나'는 보다 근원적인 또는 본래적인 존재의 근본이나 원인이 되는 '그 무엇'과는 다르다.

그리고 '생각 없이'라고 할 때의 생각이란 사물을 헤아리고 판단하는 작용에 붙여진 이름이다. 실제로 과거의 생각은 지나가버렸으며, 미래의 생각은 아직 일어나지 않았고, 현재의 생각은 알 수도 없다. 이처럼 생각은 안으로도 밖으로도 혹은 그 중간으로도 찾을 수 없다. 뿐만 아니라 생각은 보이지도 않고 상상할 수도 없으며, 증명되지도 않을뿐더러 머무는 곳도 없다. 마치 눈앞에 있는 것처럼 상상을 통해 다양한 모습으로 나타나지만, 한 순간에 사라져서 머물지 않는다.

만약 어떤 사물에 대한 생각이 일어난다고 하면, 생각과 사물은 다른 것이다. 그렇게 되면 두 가지 상태의 사물, 즉 실재하는 사물과 생각 속의 사물이 있게 된다. 그러나 생각 속의 사물은 감각의 영역과 서로 얽혀 있는 가운데 형체도 없이 변하지만 실제로 존재하는 것은 아니다.

일반적으로 생각이 일어나지 않는 고요한 상태 자체를 '순수한 의식'이라고 표현한다. 순수한 의식은 경험으로부터 독립하여 그것의 지배를 받지 않는 선천적 의식으로서 '의식자체' 또는 '의식의 근원'이라고도 한다. 생각이란 바로 이 '의식의 근원'에서 일어나 스치고 지나가며 사건과 사물을 비쳐주는데, 이는 마치 빛이 어둠 속을 통과하는 것과 같다고 할 수 있다.

이와는 달리 '마음에도 없는 소리'라고 할 때의 마음이란, 일반적으로 사람이나 사물에 대하여 감정이나 생각 따위를 느끼거나 일으키는 기능을 가리키는 말이다. 특히 동양의 사유체계에서는 '의식'이나 '의식 자체'를 모두 나타내는 표현이기 때문에 마음의 작용을 이해하는 것이 곧 인간존재를 해명할 수 있는 길이라고도 한다.

　이와 같은 마음의 구조와 작용을 밝히려는 시도는 오래전부터 다양하게 나타나 있다. 예를 들어 유교(儒教)에서 말하는 마음(心)이란 사람이 자연법칙 속의 존재라는 근거로서 제시하는 본질적인 성(性)과, 그것이 대상과 만남으로써 드러나게 되는 정(情)으로 이루어져 있다고 한다. 이때의 성(性)은 의식자체와 같은 본연지성(本然之性)으로서 순선(純善)이지만, 정(情)에는 선악이 혼재되어 나타난다. 따라서 유교는 본연지성에 이를 수 있는(天人合一) 존재(君子)를 이상향의 인간으로 제시하고 있다.

　불교에서는 오관(五官)의 감각 작용을 통제함으로써 대상을 인식하는 6식(意識)과 그 밑바탕에 내재하는 심층의식으로서의 7식(末那)과 8식(阿賴耶)을 설정함으로써 마음을 도식화하고 있다. 이 구조 속에서 경험은 끊임없이 심층의식에 쌓이게 되며, 반대로 심층의식에 축적된 경험들은 다시 능변(能變), 즉 스스로 작용함으로써 의식의 흐름을 살핀다고 설명한다.

　마음이 이런 구도로 형성되지는 않았겠지만, 그 작용을 설명하다 보니 이런 틀을 갖추게 된 것이다. 그렇게 보면 유교에서의 본연지성과 불교에서의 심층의식, 그리고 유교에서의 정(情)과 불교에서의 6식(意識)이 지칭하는 것은 유사하다. 이를테면 마음이란 본질적인 것과 그것이 대상에 반응하는 상태로 드러난다고 이해할 수 있다.

　그런데 심층의식으로서의 마음이 본질적인 '그 무엇'일 것이라고 미루어 짐작하는 것은, 감각으로 받아들인 대상을 종합적으로 인식하는 그 무엇이 분명히 있을 것이라는 역설적인 추론을 통해서도 느낄 수 있다. 다시 말해 감각의 정보를 종합할 수 있는 그 무엇, 즉 감각적인 지각보다 더 근본적인 무엇인가가 존재해야만 다양한 감각정보들을 종합할 수 있기 때문이다.

마음에 대한 설명이나 표현이 비록 다르기는 해도 이 이론들이 동일하게 제시하는 내용은 마음의 본질(본연지성, 심층의식)을 깨닫게 될 때 비로소 인간은 온전해진다는 것이다. 이는 곧 '마음'의 작용을 이해할 수 있다면 존재의 이치도 알 수 있다는 뜻이기도 하다.

● 마음, 마음, 마음이여! 도대체가 속을 알 수 없는 놈. 기분이 좋으면 온 세상을 제 몸 아끼듯 포용하다가도, 한번 삐치면 바늘 하나 꽂을 자리조차 남에게 양보하지 않는다.

菩提達磨「血脈論」

'마음'에 대한 이해는 동서양이 그 시각을 달리해왔다. 동양에서는 마음이 어떤 형이상학적 의미, 즉 마음이 완전하거나 하나의 전체로서 통일을 이루고 있는 것이자 존재의 근원이라는 뜻을 내포하고 있다. 그러나 서양에서는 중세 이후 마음에 그런 근원적인 의미를 부여하지 않는 대신 '정신적 기능'의 하나로서 이해하게 되었다.

이런 차이로 말미암아 서양의 사유체계를 수용하는 과정에서 마음이라는 개념에 대한 혼란은 시작되었다. 따라서 '마음'에 대한 깊이 있는 논의가 이루어진다 해도, 여전히 마음은 이해되지 못하거나 잘못 이해되거나 아니면 한쪽 방향으로만 이해될 따름이다. 이를테면 '마음이 내가 아니라면, 나는 도대체 무엇이란 말인가?'와 같은 질문 등이 그것을 말해준다. 이런 주장들은 우리의 생각과 감정이 의지와는 아무런 관계없이 일어난다는 사실에 근거를 두고 있다. 마음이 '나'라는 의식과는 전혀 관계없이 자주성을 가지고 있는 것처럼 느껴지기 때문이다.

이처럼 '마음'이 올바르게 이해되지 않았기에 헤아릴 수 없을 정도로 많은 주장들이 생겨났지만, 보통 사람들은 왜 그렇게 많은 이론이 생겨났는지조차도 이해하지 못한다. 사람들은 단지 마음을 자신의 몸과 동일시함으로써 자신의 기능으로 제한하고 있기 때문이다.

그러나 마음에 대한 이해가 다르다 해도, 마음이 처음부터 모든 것을 결정하는 특유한 작용을 한다는 사실을 부정하지는 않는다. 사실상 마음은 헤아릴 수 없이 많은 감각정보들이 제시하는 자료들과 그들 사이의 상관관계를 꿰뚫어 보고는 엄청나게 빠른 속도로 판단을 감행한다. 뿐만 아니라 마음은 생각과 행동의 방향을 제시하는 역할도 한다. 순간적인 마음의 움직임을 되돌아보면, 마음은 사물을 미처 파악하기도 전에 움직인다는 사실이 그것을 말해준다.

반면에 마음은 데이터만 입력하면 그 정보를 그대로 출력하는 프로그램과 같다고 할 수 있다. 이를테면 엄청난 정보를 순간적으로 처리하고 판단하지만, 제공되는 감각정보를 모두 다 쉽게 믿어버리는 문제를 함께 안고 있다.

때문에 입력되는 정보들을 참과 거짓으로 분류하고 판단하는 작용이 제대로 작동하지 않는다면, 우리의 삶은 감각정보에 따라 이리저리 흔들리게 될 것이다. 따라서 정보를 처리하는 프로그램을 통제하는 일, 즉 분류하고 판단하는 과정을 통제하는 기능이 있어야 한다. 다시 말해 마음이 일어나고 사라지는 과정과 하나가 됨으로써 거짓된 정보를 알아차리는 기능이 항상 깨어 있어야 한다.

마음에 입력되는 정보들은 단지 나타났다 사라질 뿐이다. 그 흐름의 이면에는 아무것도 없다. '나'도 '내 생각'도 없다. 오로지 순간순간 다가왔다 사라지는 정보들의 현상만이 있을 뿐이다. 바로 이 현상들이야말로 변화 속에 나타나는 흐름임을 깨닫는 것, 그것이 곧 깨어 있음이다. 진정한 깨어 있음은 나를 '나'로부터 자유롭게 한다.

● 다른 데서 그를 찾지 말라.
　오히려 그는 너를 떠나리라.
　하지만 어디에서나 그를 만날 수 있다.
　그는 바로 나이지만
　나는 바로 그가 아니다.
　이것을 깨달아야
　본래의 얼굴과 하나가 된다.

「傳燈錄」洞山良价

　여기서 말하는 본래의 얼굴이란 스스로 존재하며 '있는 그대로'인 의식자체 또는 순수한 의식이라고 할 수 있다. 그래서 그는 바로 나이지만, 나를 '나'라고 고집하는 한 나는 바로 그가 아니라고 한 것이다. 다시 말해 본래의 얼굴이란 결코 '나'라는 실체로 존재하지 않는다는 것, 즉 순수한 의식 자체야말로 온전하다는 사실을 알아차리는 일이 곧 깨닫는다는 뜻이다.

　단지 문제를 만들어내는 것은 우리의 이원적인 태도, 이를테면 '나'와 '나 아닌 것'을 구별하는 일들이다. 사실 '나'와 '나 아닌 것'을 구분하는 이원적인 태도로 인해 우리는 스스로 벽을 만들었고, 또 만들어진 벽 속에 스스로를 가두고 있다. 바로 그 벽 자체가 거짓 정보이며, 벽이란 처음부터 없었다는 것을 알아차리는 일이 깨어있음이다.

그러나 벽이 곧 거짓 정보라는 사실을 알아차리기 위해서는 무엇보다도 먼저 갇혀 있다는 사실부터 깨달아야 한다. 다시 말해 '나'와 '나 아닌 것'이 다르다는 생각 자체가 행동이나 의지의 자유를 제한하고 있다는 사실을 먼저 이해하지 않으면 안 된다. 그러나 구속되어 있다는 그 자체가 곧 이원적인 관념이므로 구속으로부터 벗어나는 일은 탈출하려는 욕망을 버리는 데서 시작된다.

　　하지만 아쉽게도 실제로 우리가 골몰하는 일은 이원적 개념이라는 칼을 휘둘러 온전한 세계를 조각내는 작업이다. 따라서 우리가 받아들이는 대상 역시 그 자체의 허상, 즉 우리의 생각대로 분리되고 나누어진 모습일 뿐이다. 이것이 바로 우리가 사물들의 허상과 껍데기들에 의해 구속되어 있다는 뜻이다. 이를 이해하게 될 때, '나'나 대상이 애초부터 있지 않았다는 사실을 알게 될 것이다.

● 　어떤 법사가 혜해에게 물었다.
　'어떻게 해야 깨달음을 얻습니까?'
　'나고 죽는 업을 짓지 말아야 한다.'
　'어떤 것이 나고 죽는 업입니까?'
　'깨달음을 구하는 것이 나고 죽는 업이며, 더러운 것을 버리고 깨끗함을 취하는 것이 나고 죽는 업이며, 얻음과 깨우침이 있는 것이 나고 죽는 업이며, 번뇌를 없애려는 것이 나고 죽는 업이다.'
　'어찌 해야 벗어나겠습니까?'
　'본래 속박된 일이 없으니, 해탈을 구할 필요가 없다. 바로 사용하고 바로 행함이 바로 차별 없이 대하는 경지다.'

「傳燈錄」大珠慧海

번뇌와 깨달음이 다르다고 생각하는 것이 망상(妄想)이며, 중생이 부처가 되는 길은 멀고 멀 뿐이라는 생각 역시 이원적인 관념이다. 불행하게도 우리를 이원적인 세계에 묶어둔 것은 바로 우리 자신이다. 우리 스스로 '나'를 고집함으로써 '나 아닌 것'을 분리시키고 있기 때문이다.

살아가면서 겪게 되는 괴로움 역시 주로 인간관계의 파탄에서 비롯되지만, 그것 또한 내가 만든 것이다. '나'와 '나 아닌 것'이 다르다는 이원적인 생각을 내려놓게 되면, 나를 배신하는 이는 다름 아니라 내가 그에게 씌워놓은 나의 또 다른 모습임을 분명하게 알 수 있다. 이를 깨닫지 못하는 한, 우리는 죽을 때까지 세상을 원망하고 환경을 탓할 것이다.

'나는 내 평생 불쌍하고 소외받는 사람들을 도와주겠다'는 생각 역시 마찬가지다. 만약 내가 그렇게 생각한다면, 나는 나 이외에 불쌍하고 소외받는 사람들을 계속 만들어야 한다. '나는 일생동안 불의와 맞서 싸운다'는 신념을 떠맡으면, 나는 세상 속에 맞서 싸워야 할 불의를 동시에 창조하고 있는 셈이다.

내가 잘났다는 생각도, 내가 못났다는 열등감도 모두 내려놓아야 한다. 내가 진정으로 다스려야 할 것은 내 마음속에 자리 잡은 '나'라는 집착과 그 사실을 모르는 미련함일 뿐이다. 그 사실을 모른다는 것은 우리가 사용하는 다양한 개념들이 실제로는 존재하지 않는다는 사실을 알지 못한다는 뜻이다. 하지만 그것을 알아차리는 일은 우리와 동떨어져 있는 것이 아니며, 또 우리가 잃어버려서 되찾아야 하는 어떤 것도 아니다. 그것은 이미 우리 속에 존재한다.

25

온
전
하
게

반
응
하
라

우리는 주변에서 마주치는 일과 물건들에 대해서 그것이 얼마나 쓸모가 있는지 또는 얼마만 한 가치가 있는지를 배운 뒤, 그 방법에 익숙해지도록 스스로를 훈련시켜왔다. 때문에 이전과는 다르게 너무나도 많은 것이 변하고 바뀌었음에도 불구하고, 여전히 어떤 것들을 중요하다고 생각하며 실제로 그런 것들을 소중하게 여긴다.

한 번만이라도 지금까지 중요하게 여겨온 것이 무엇 때문인지를 되돌아보면, 그러하다고 인정하는 것은 결국 이 사회가 요구한 것이었거나 아니면 인간 위주의 발상에서 비롯되었다는 사실을 알 수 있다.

설령 그와 같은 사실을 알아차렸다 하더라도, 그것에 대한 우리의 믿음은 쉽게 바뀌지 않는다. 그런 믿음들 가운데서도 가장 확고한 것은 대부분 인간 위주의 생각에서 파생된 것들이다. 이를테면 '사람은 만물의 영장(靈長)이다'는 말로 대변되는 인본주의(人本主義)의 발상이나 인간의 가치와 개성을 존중해야 한다는 신념의 바탕이 되었던 '나'에 대한 믿음은 너무나 단단할 뿐만 아니라 흔들림도 없다.

하지만 '사람이 가장 귀하다'는 생각은 어디까지나 부당한 전제일 뿐이다. 천지자연의 변화와 흐름에서 본다면, 세상에 존재하는 어느 것 하나라도 귀하지 않은 것이 없다. 다만 인간이기 때문에 인간이 근본이 되어야 한다고 주장하고 싶었던 것이다. 상식적인 인의(仁義)와 도덕에 구애되지 않았던 노자(老子)는 그런 생각이나 행동들이 모두 다 군더더기일 뿐이라고 했다.

● 발끝으로 디디고 서면 오래 서 있지 못하고, 보폭을 크게 하면 멀리 가지 못한다. 스스로 나타내려는 사람은 존중받지 못하고, 스스로 옳다고 하는 사람은 드러나지 못한다. 스스로 자랑하는 사람은 보람이 없고, 스스로 아끼는 사람은 나아감이 없다. 도(道)에서 보면 이런 행동들은 쓸모없는 군더더기일 뿐이다. 만물은 이를 싫어하니 도를 터득한 사람은 거기에 머물지 않는다.

「道德經」二四章

뿐만 아니라 나는 '나'라는 믿음 역시 흔들림이 없지만, 항상 변하지 않으며 일정하게 계속되는 존재는 없다. 모든 현상 또한 한 순간도 정지해 있지 않고 쉴 새 없는 상호작용 속에서 변하고 있다. 사물이거나 인간이거나 간에 독립적으로 존재하는 것이 아니다.

이처럼 존재하지도 않는 허상을 실체로서 받아들이는 것은, 단지 언어를 핑계 삼아 대상을 인식하고 의미를 부여하기 위해서다. 우리가 대상을 인식하는 것은, 언어로써 실체화된 존재들의 상호작용이나 관계로써 가능하기 때문이다. 이를테면 나를 '나'라고 할 때, 나를 '나'로 파악하는 것은 불가능하다. 오히려 '나 아닌 것'

이라고 믿어온 것들, 또는 그런 것들과의 관계로써 '나'를 인식한다. 구체적으로는 이름이나 성별, 그리고 생김새나 다른 사람들과의 관계 등이 '나'를 표현하는 방법들이다.

때로는 내가 지닌 생각이나 사상 같은 추상적 개념들까지도 다른 사람이나 사회적 관계 속에서 '나'를 드러내는 수단이 되기도 한다. 그 어느 것이든지 간에, '나'는 처음부터 그런 관계로서의 인식을 떠나서는 실재하지 않는다. 이는 비단 '나'에 대해서만 그런 것이 아니라 우리가 인식하는 유형무형의 모든 대상 또한 마찬가지다.

나아가서 '나'를 변하지 않는 지속적인 존재로 실체화하는 것은 '나는 분명히 있다'는 믿음을 확보하려는 데 있다. 그러나 문제는 거기서 그치는 것이 아니라, 과거나 현재 그리고 미래까지 연결되는 동일한 존재로 이어진다는 확신에까지 이르게 된다는 점이다.

현재는 언제나 새로운 것이며 모든 과거, 모든 미래로부터 해방된 마음으로 느껴져야 하지만, 동일한 존재라는 착각은 '지금, 여기'가 어딘지를 알지 못하게 만든다. 다시 말해 현재를 과거의 기억이나 미래의 상상과 구별하지 못하고 뒤섞어서 현재라고 느낄 뿐이다. 그러므로 모든 존재는 '지금, 여기'에만 존재한다는 사실을 자각하지 못한다.

뿐만 아니라 '나는 나다' 또는 '나는 분명히 있다'는 믿음은 '나'라는 주체와 대상 사이의 불필요한 경계를 끊임없이 만들고 있다. 이를테면 장미꽃의 '냄새를 맡는다'고 할 때, '나'가 있고 '장미 향기'가 있고 '장미 향기를 맡는 나'가 따로 분리되어 있는 것은 아니다. 하지만 '나는 있다'는 생각은 '나'의 감각과 '장미 향기'를 분리시킨다.

● 어떤 스님이 방 안에서 경을 읽고 있는데, 도응선사가 창밖
 을 지나가다가 그 소리를 들었다.
 '그대가 읽고 있는 경은 무슨 경인가?'
 방안에서 경을 읽고 있던 스님이 대답했다.
 '유마경입니다.'
 '유마경을 물은 것이 아니라, 생각하는 그놈은 무슨 경인가?'
 그때 중이 퍼뜩 깨달았다.

「傳燈錄」道膺禪師

　모든 존재가 변한다면 인간 역시 그 법칙을 벗어날 수 없으며, 몸도 마음도 시시각각 변한다면 마땅히 나를 '나'라고 할 그 '나'도 없다. 그런데도 '어제의 내가 오늘의 나이고, 내일의 나일 것이다'고 굳게 믿는다면 그 믿음이 잘못된 것이다. 그릇된 신념을 아무런 생각 없이 그대로 믿고 있을 뿐이다.

　현재를 현재로써 느끼고자 한다면, 즉 '지금, 여기'를 온전하게 느끼고 싶다면 바로 그 믿음이 문제임을 알아야 한다. 오히려 잘못된 믿음을 고집하는, 다시 말해 그렇게 생각하는 과정을 되돌아볼 수 있어야 한다. 그 길에서 '나'를 시시각각 변하는 존재라고 자각할 수 있다면 현재를 현재로써 느낄 수 있는 기회는 언제든지 열려 있다.

　온전한 삶을 가로막는 장애물을 제거하기 위한 수많은 방법들이 제시되어왔지만, 그 방법들의 근본적인 공통점 역시 '나'를 지속적인 실체라고 믿는 생각이 허구임을 깨닫게 하는 데 있다. 사실 우리가 지속적인 실체로서의 '나'를 믿는다는 것은 세계와 '나'를 분리하는 구속이자 속박이다.

● 어떤 행자가 물었다.

'마음이 곧 부처라고 했는데, 어떤 것이 부처입니까?'

대사가 대답했다.

'그대는 어느 것이 부처가 아니라고 의심하는가? 지적해보라.'

그가 대답이 없으니, 대사가 말했다.

'통달하면 온 세계가 모두 부처요, 깨닫지 못하면 영원히 어긋난다.'

「傳燈錄」大珠慧海

우리가 '나'라고 생각하는 것이 실체로서 존재하는 것이 아니지만, 불행하게도 우리는 욕망이 이끄는 대로 따라가면서 '내가 한다'고 생각한다. 우리를 지배하는 욕망과 집착이 그렇게 만든 것이다. 순간순간 이런 충동을 자각할 때, '그런 것이 아니다'라고 반성해보기도 하지만 오래지 않아 '그래도 내가 나인데'라는 욕망이 우리를 되돌려놓는다.

사실상 '나'라는 생각이 '내 생각'을 만들고, 그로부터 좋아하고 싫어하는 마음도 일으키게 된다. 하지만 되돌아보면 내가 나쁘다는 생각을 일으키니, 오히려 그 생각이 나를 사로잡아 불편하게 만들고 있다. 이처럼 사건이나 갈등이란 것은 스스로 생기는 것이 아니라, 분별하는 생각에 따라 나타나게 된 것이다.

그러므로 '내 생각'과 일어나는 일들이 처음부터 아무런 관계가 없음을 알아차릴 수 있다면, 사람은 사람대로 일은 일대로 모두 사라지게 될 것이다. 이때 비로소 우리는 이원론(二元論)을 벗어날 수 있다. 이원론이란 다름 아니라 서로 대립되는 두 개의 원리나 원인으로써 세상을 보려는 태도를 말한다. '나'를 실체화한다는 것 역시 '나'와 '나 아닌 것'을 구분하고 분리하는 일이다.

이원론을 벗어난다는 것을 달리 표현하자면, 주어진 가치와 관념의 부정이다. 이를테면 솔밭 사이로 부는 바람소리를 '있는 그대로'를 듣는다면, 거기에는 바람소리 이외의 어떤 의미도 없다. 그 소리가 어떤 음악을 흉내 내거나, 음악 이외의 것을 말하지는 않는다. 그러나 솔바람 소리에 어떤 의미가 있다고 한다면, 그것은 음악이거나 리듬이거나 간에 기존의 관념에서 해방되지 못한 것이다. 만약 솔바람 소리를 진정으로 듣는다면, 거기에는 아무런 해석이 필요하지 않다. 그것이 무엇인지를 말하는 것은 불가능하다 하더라도, 있는 그대로의 모든 것을 느낄 수 있다.

이처럼 기성의 가치나 의미를 넘어서는 경험을 '있음' 혹은 '존재 자체'라 한다. 이를 달리 '있는 그대로'라고도 할 수 있다. 이때 마음은 그것과 나누어지지 않는 하나가 된다. 이는 곧 분리란 '나'를 고집함으로써 나타나는 느낌이며, 오히려 그 느낌에 집착함으로써 생기는 것임을 증명하고 있다.

그러므로 이원론을 넘어선다는 것은 '나는 이것이다'라든지 '나는 저것이다'라는 것과는 다르다. 있는 그대로를 느끼기 위해서는 항상 자신의 내면을 바라보면서 '나는 누구인가?'를 되짚어 물어야 한다. 자신을 구속시키는 기억에 기반을 둔 습관과 '나'라고 생각하게끔 지속성을 부여하는 집착을 알아차려야 한다.

우리는 가끔 파도가 휘몰아치는 바닷가 바위 위에서, 내가 파도이고 파도가 나라는 느낌을 받을 때가 있다. 또는 부드럽고 안온한 풍경 속에서 마음의 평화로움을 느끼거나 지극히 일상적인 상황에서 행복함을 느끼는 순간이 있다. 산 위로 떠오르는 태양을 볼 때나, 신비롭게 피어 있는 작은 들꽃을 볼 때, 가슴 가득하게 환희로 넘치는 그런 때가 있다. 바로 그 순간이야말로 우리는 우리 자신을 잊는다.

　묘하게도 역설적이기는 하지만, 우리 자신을 잊는 그 순간 우리는 그 어느 때보다도 진정한 자신이 되는 경험을 한다. '나'를 내려놓는 순간 우리는 진정한 나, 온전한 나를 되찾게 된다. 그것이 곧 깨달음이다.

● 반산이 탁발을 하고 다니다가 어느 푸줏간 앞에서 시주를 받으려고 목탁을 두드리고 있었다. 마침 손님이 와서 '좋은 고기로 주게.'라고 말했다. 그러자 푸줏간 주인이 '우리 가게엔 좋은 고기밖에 없소.'라고 퉁명스럽게 대답했다. 이 말을 듣는 순간 반산은 문득 깨달음을 얻었다. 좋은 것, 도처에 널려 있는 이 좋은 것, 깨달음이란 바로 이 좋은 것이 아니고 무엇이겠는가.

「五燈會元」, 盤山寶積

　이원론의 세계에 한정되지 않을 때, 비로소 우리는 온전하게 될 수 있다. 온전하게 된다는 것은 상대적인 관점을 넘어서서 세상을 바라볼 수 있는 것을 말하며, 그것을 깨달음이라 한다. 달리 말하자면 깨달음이란 '나'라는 생각을 내려놓는 동시에 전체적이고 우주적인 관점이 열리는 시각이다. 깨달음의 본질은 분리의 개념이 사라져버린 것이며, 그것이 곧 궁극이다.

　한참 운동을 하고 나서 시원한 바람을 얼굴과 등으로 맞이할 때, 우리는 말로 표현하기 이전의 기쁨을 느낄 수 있다. 그것은 얼굴에 불어오는 바람이 개념화됨으로써 몸에 가득 찬 기쁨을 느끼는 것이 아니다. 이원적인 감각을 넘어선다는 것은 바로 이 대상화되지 않은, 그리고 언어로 표현되지 않는 상태에서의 온전함을 순간마다 느낀다는 의미다. 이처럼 '나'라는 개념이 가운데 끼어들지 않는 자연스런 반응을 통해서 우리는 깨달음에 다가서게 된다.

'있는 그대로' 본다는 것 역시 '나'의 그림자가 거기에 개입하지 않은 상태에서 본다는 뜻이다. 관찰자 즉 관찰하고 있는 '나'는 그 사물의 상태 속으로 사라져버린다. 그렇다고 해도 자신의 존재에 대한 의식을 잃어버린다는 뜻은 아니다. 나는 여전히 여기에 존재하며, 실제로 사물을 바라보고 있다. 이는 마치 눈을 감으면 사물은 보이지 않게 되지만, 그때 내가 전체가 되고 하나가 된 듯한 느낌을 얻을 수 있는 것과 같다. 이런 상태에서는 일상적인 생활 속에서 나의 생각을 지배하고 있는 '나'와 '나 아닌 것'에 대한 분별의 감각이나 생각은 무의미하게 된다. 거기서는 내가 '나'라고 고집할 때는 결코 볼 수 없었던 모습이 나타난다.

● 사람이 가는 곳이 어딘지 아는가.
　날아가던 기러기가 눈 내린 진흙땅에 앉은 것 같네.
　진흙 위에 우연히 발자국을 남기지만,
　기러기가 날고 나면 어디로 갔는지 어찌 알겠는가.

　　　　　　　　　　　　　　　　蘇東坡, 示弟蘇轍偈

분리란 처음부터 존재하지 않았는데도 우리는 너무도 오랫동안 분리하는 데 익숙해져버렸다. 스스로 독립된 존재라고 생각하기 때문에 분리되지 않은 상태를 선뜻 받아들이지 못한다. 그래서 '있는 그대로'의 모습도 이해하기 어렵다. 이를테면 신(神)이라는 표현을 사용할 수 없게 되었다 해도, 사용할 수 없다는 그 생각 자체가 신과 인간이 분리되어 있다는 이원적인 관념에 사로잡혀 있는 것이다.

불교의 대표적인 경전인 「반야심경(般若心經)」의 의미를 함축하고 있는 구절도 그렇다. 「반야심경」을 상징하는 '물질은 곧 공이며, 공은 곧 물질이다(色卽是空 空卽是色)'라는 표현 또한 처음부터 공(空)과 물질(色)을 대비시키고 있다. 공과 물질이 다르지 않다고 해도, 공과 물질을 언급하고 있는 자체가 여전히 물질과 공을 나누고 있는 이원적인 사고일 수밖에 없다. 따라서 동어반복의 모순이기는 하지만, '물질은 곧 물질이며, 공은 곧 공(色卽是色 空卽是空)'이라 해야 옳을 것이다.

● 순수한 사람에게는 모든 것이 순수하게 생각되지만 순수하지 못한 사람에겐 가장 순수한 것까지 더럽게 생각된다. 어느 날 아침 한 비구니가 찾아와서 조주스님에게 가장 근본적인 이치인 '비밀 중의 비밀(密密意)'을 말해 달라고 간청했다. 이에 조주는 비구니의 어깨를 가볍게 건드렸다. 이렇게 함으로써 그는 가장 근본적인 이치가 그녀 자신 속에 내재함을 시사했던 것이다. 그러나 비구니는 조주의 이상한 행동에 놀라 외쳤다.
'아니, 스님에게 아직도 이런 속물근성이 있을 줄은 몰랐습니다.'
조주가 곧장 되받아 쳤다.
'비구니여, 속물근성은 그대가 갖고 있네!'

「趙州語錄」

온전함으로 돌아간다는 것 또한 어떤 상태에 도달하고자 하는 집착이 아니다. 극단적인 고행을 한다거나 산속으로 도피해야 한다는 것은 더더욱 아니다. 단지 마음의 균형과 무집착 그리고 이원적인 사고를 알아차리는 데 있다. 그리고 그것은 언제 어디서라도 가능하다. 좌선을 하고 앉을 수도 있고, 우리들 일상생활 모두일 수도 있다. 단지 끈기 있게 관찰함으로써 온전함은 자연스럽게 드러난다.

이를 두고 선(禪)에서는 '추울 땐 활활 타오르는 화롯가에 모여 앉고, 더울 땐 계곡 대나무 숲 언덕 위에 앉는다'고 하였다. 이는 곧 여름에는 덥다는 느낌과 겨울에는 춥다는 느낌과 다투지 않고 그때그때 처한 상황에 따라서 온전하게 반응한다는 뜻이다.

● 사람들이 어리석음에 빠진 지 오래이므로 자기의 마음이 곧 깨달음인 줄 알지 못하고, 자기의 마음이 참된 법인 줄 알지 못하여, 법을 구하려 하면서도 멀리 성인들에게 미루고, 깨달음을 구하려 하면서도 제 마음을 보지 못한다.

「普照修心訣」

우리가 무슨 일을 하든 간에 일을 하는 동안에는 그 일에 집중해야 한다. 집중한다는 것 또한 그 일과 함께해야 한다는 뜻이다. 다시 말해 그 일을 하는 동안 자신이 그것을 하고 있다는 사실을 온전하게 깨닫고 있어야 한다. 주어진 일과 함께 하는 것은 지금 여기서 이 일을 하고 있는 자체가 하나의 현실이기 때문이다. 내가 이곳에 있음을 의식하고, 내 생각과 행위를 의식하면서 온전하게 나 자신이 되는 길이다. 그렇게 되면 우리는 생각 없이 떠돌아다니는 것을 멈추게 된다.

그러나 그것 또한 마음이 세상을 경험하는 것은 아니다. 감각이 경험한 바를 느끼는 것일 뿐이다. 명석한 생각이나 깊은 느낌조차도 경험일 뿐이다. 궁극적으로 우리는 오직 하나의 기능, '경험을 경험하는' 것만 할 수 있다. 그 과정에서 모든 존재를 실체화했던 경험 전체의 허위를 이해하는 것이다. 그것을 깨닫지 못한다면 진리에 관한 어떤 사색이나 철학, 나아가서 종교도 무의미할 뿐이다.

인정하되 취하지 말고
부정하되 버리지 말라

세상은 사건이나 사물들을 가리키는 이름으로 다가오지만, 이름이란 다른 것과 구별하기 위하여 일정한 기준이나 원칙 없이 임의로 붙여서 부르는 말일 뿐이다. 설령 우리가 궁극적인 어떤 것을 지칭하고자 그것을 '신(神)'이라고 표현한다 해도 신은 단지 그 의미를 찾아가는 방향에 지나지 않는다.

이처럼 이름이란 사실상 도구적인 약속인데도 우리는 이 이름들이 만들어낸 세상이 실제로 있다고 믿는다. 오히려 한술 더 떠서 이름뿐인 세계를 있는 그대로의 참모습이라 착각하고 있다. 이를테면 '나'도 '내 삶'도 이름일 뿐인데, 그 이름을 위해 모든 것을 다 바친다. 그리고는 그것에다 또 '인생'이라는 이름을 붙이고 있다.

그런데 존재에 대한 규범적 해석에서는 경험이나 인식의 범위를 넘어서는 경지, 즉 신과의 일체감에 이르면 대립되는 두 개의 원리나 원인으로 세상을 인식하는 태도는 사라진다고 정의하고 있다. 이때 '신'은 단지 궁극적인 '그 무엇'을 나타내는 이름이지만, 달리 그것을 표현할 수 있는 다른 가능성이 있는 것은 아니다.

그렇게 보면 우리가 살고 있는 세상은 경험이나 인식의 범위를 벗어난 세계, 즉 이원성의 허상이 사라진 세계와 이름으로 드러나는 세계로 이루어져 있다. 세상의 일들이 원인과 결과라는 순서에 따라 일어난다고 주장하지 않는다면, 이 두 세계는 서로 관련되어 있음이 분명하다. 이름으로 이루어진 세계나 궁극적인 세계가 바로 '지금, 여기'의 세상이기 때문이다.

흔히 세상을 살아가는 데 두 가지 길이 있다고 하는 것 역시 그런 뜻이다. 이름으로 만들어진 세상에 관심을 두거나 아니면 이원성의 허상을 벗어나느냐이다. 달리 말하자면 세상 속에 살거나(世間) 세상으로 향한 관심을 내려놓거나(出世間)가 그것이다. 출세간을 출가(出家)라고도 하는 것은 이름뿐인 세상을 벗어난다는 뜻이다. 반대로 이름뿐인 세상에 의미까지 부여하며 사는 사람도 있다. 여기서부터 삶은 너무나도 다른 모습으로 나타난다.

● 여래께서 모든 티끌(微塵)은 티끌이 아니라 말하니 단지 그
  것의 이름이 티끌일 뿐이다. 세계(世界) 또한 세계가 아니라
  말하니 그것의 이름이 세계일 뿐이다.

「金剛經」如法受持分

우리는 우리의 경험이나 인식을 벗어나는 세계를 알 수는 없다. 억지로 '그 무엇'이라고 어림잡아 헤아린다 해도 그것은 우리의 오관작용을 통해 느낄 수 있는 세계를 넘어서는 더 넓고 거대한 영역이다. 우리가 인식하는 세계란 사실상 감각작용에 한정되어 있는 지극히 제한된 부분일 뿐이다. 이를테면 '본다'는 감각작용은 가시광선의 파장에 한정되지만, 빛의 파장에서 볼 때 가시광선의 범위는 너무나도 미미한 부분이다. x선이나 γ선조차도 우리의 시각에서는 감지할 수 없는 세계다.

이를 달리 현상과 본질이라는 개념으로 설명하기도 한다. 이때 본질이란 눈앞에 펼쳐지는 세계 너머에 알 수 없는 그 무엇이 있을 것이라는 느낌으로 다가오지만, 사실상 그것은 의식의 한계를 드러내는 표현에 불과하다. 현상이나 본질이란 개념 역시 인간의 사고구조에서 파생된 말이기 때문이다.

● 밝음과 어리석음을 범부는 둘로 보지만 지혜로운 이는 그 본성이 둘이 아님을 깨닫는다. 둘이 아닌 성품, 그것이 곧 본성이다. 본성이란 어리석다고 해서 없는 것이 아니며, 지혜로운 자라 해서 더한 것도 아니다. 그것은 번뇌에 머물면서도 어지럽지 않고 선정에 머물면서도 고요하지 않다. 순간이 아니지만 영원도 아니며, 가지는 않지만 오지도 않는다. 그렇다고 중간에 머무는 것도 아니다.

「六祖壇經」宜詔

밝음과 어리석음으로 나눌 수 있다거나 서로 다르다고 하는 것 또한 인간의 생각일 뿐이다. 분리는 인간이 만든 것이지, 분리되어진 채로 나타난 것은 아니다. 분리되어 있는 것도, 분리의 개념도 처음부터 존재하지 않는다. 삶과 죽음 역시 둘로 나누어진 것이 아니다. 삶은 죽음으로 드러나고 죽음은 삶으로 그 모습을 나타낼 뿐이다.

우리가 죽음을 받아들여야 하는 또 다른 이유는 죽음이 곧 삶을 가능하게 하기 때문이다. 우리 몸의 세포들은 매일 죽어가지만, 한 세포의 죽음이 다른 세포의 탄생을 가능하게 한다. 이것이 곧 삶과 죽음이란 같은 현상의 다른 측면일 따름이라는 증거다.

우주적 시각으로 확대해서 본다면, 그 무엇 하나도 더해지거나 사라지는 것은 없다. 이와 같은 관점을 거대한 흐름으로 본 개념이 바로 기(氣)이며, 동양학에서는 마음 또한 기라고 한다. 때문에 기로서의 마음은 모든 에너지의 유일한 근원이며, 모든 잠재력들의 잠재력이며, 존재를 존재하게 만든 모체로서 받아들여진다.

불교에서는 바로 그런 내용을 '중생이 곧 부처'라고 표현했으며, 유교에서도 성(性)을 매개로 하여 천성(天性)과 인성(人性)이 일치하는 경지(天人合一)를 최고의 이상으로 보았던 것이다. 이와 같은 견해의 속내에는 우주 안의 모든 것은 다른 모든 것과 그 근원을 같이 한다는 뜻이 내포되어 있다.

현대 물리학에서 밝힌 '절대 좌표계는 없다'는 관점 역시 우주 안의 모든 것은 다른 모든 것과 연결되어 있다는 사실을 명확하게 제시하고 있지만, 이런 통찰력은 무엇보다도 '나'와 '나 아닌 것'의 인위적인 분별을 넘어서게 만든다. 뿐만 아니라 이원성의 환상을 벗어날 수 있는 기회, 즉 우리가 그 길로 나아갈 수 있다는 가능성을 확신하게 해준다. 달리 말하자면 도(道)는 이미 어디에서나 온전하게 갖추어져 있다는 뜻이다.

심리학자 융(C. Jung)은 일정한 생활태도를 유지해온 집단의 사람들이 무의식적으로 행동하는 양식에 대한 심리적인 반응을 연구하면서 '집단 무의식'이란 용어를 사용하기 시작했다. 그가 말한 집단 무의식이란 어느 종족에게나 바다 모를 잠재의식의 뿌리에 자리 잡고 있는 동일한 행동양식과 반응들을 가리킨다.

집단 무의식을 인간의식의 거대하고도 숨겨진 근원이라고 생각할 수도 있다. 동일한 반응을 나타내게 하는 근원적인 '그 무엇'은 역설적이게도 인간의 의식에 유용하게 쓰이는 모든 정보를 포함하여 인간에게는 무한한 가능성이 있음을 암시하고 있기 때문이다.

이름의 이미지로 다가오는 '신(神)' 역시 앎을 초월하고 의식의 너머에 있기 때문에 알 수 없는 것이라고 한다. 때문에 '신'은 설명될 수 없다고 말하며, 때로는 아무런 의미도 갖지 못한다고도 한다. 이런 표현이야말로 우리가 가지고 있는 '신'에 대한 영원한 이미지일 뿐이다. 문제는 우리가 '신'을 알아보지 못한다는 것이지만, 역으로 생각하면 그것을 알아차린다는 것은 인간을 초월하는 '그 무엇'과의 합일이다.

군이 그런 이유 때문이라고 단정하기야 어렵겠지만, 인류 역사를 통해 나타났던 위대한 사람들은 세상 사람들이 감복하는 위대한 힘이 자신에게서 나오는 것이 아님을 누누이 강조했다. 그들은 언제나 그 힘이 자신들에게서 나오는 것이 아니라 근원적인 '그 무엇'으로부터 나온다고 확신했다.

● 진리란 본래 이름 지을 수 없으나
　이름에 의하여 진리가 나타난다.
　진실한 법을 깨닫는다면
　참도 아니요 거짓도 아니다.

　　　　　　　　　　　　　　　　　「傳燈錄」伏馱蜜多

　존재의 근원은 무엇일까?
　모든 물질이나 정신현상은 어디에서 비롯된 것일까?
　만약 이 우주가 모두 파괴되어 내 몸이나 지구, 태양, 모든 별들, 모든 물체가 일시에 다 사라진다고 하면, 텅 빈 허공만 남을 것이다. 모든 물질뿐만 아니라 모든 정신현상들도 사라지고 온갖 판단과 신념과 기억, 그리고 일체의 생각들도 다 사라졌으며 '나', '내가 있다'는 생각까지도 없다면 남아 있는 것은 무엇일까?
　무엇이 남아 있을까?

텅 빈 허공뿐이라는 것을 아는 것은 무엇인가?

이런 생각을 한 번이라도 해본다면, 상식의 범주에서 표현되고 이해되는 '신'이란 사실 인간의 마음이 만들어낸 결과물 이외의 아무것도 아님을 알 수 있다. 우리가 마치 돌이킬 수 없는 일인 것처럼 받아들이는 과학과 종교의 대립 역시 사실은 관점의 차이에서 생긴 오해를 넘어서지 못했다. 과학적 물질주의는 단지 새로운 신을 하나 더 탄생시켰을 뿐이다. 다시 말해 과학은 실재의 최고 원리에 다른 이름을 부여했으며, 그것을 새로운 창조주로 생각했던 것이다.

이처럼 존재의 원리를 '신'이라고 부르든 '물질'이나 '에너지' 또는 그 외의 어떤 것으로 부르든, 그것은 창조가 아니라 단지 상징을 바꾼 것이다. 물질주의자는 물질을 존재의 근원으로 믿고 싶은 이론적 구도를 진리로 받아들였을 뿐이다. 그러므로 플라톤이 상상했던 이데아(idea) 세계나 물질주의자의 근원적인 물질은 이름만 바꾸어 구성한 형이상학의 세계라는 점에서 다르지 않다.

동일한 사고체계로 이해되는 범주 안에서, 존재의 근원에 대해 물질로 규정하는 것보다 정신으로 표현하는 것이 우월하다고 주장한다면, 그 주장 역시 동일한 오류를 범한 것이다. 궁극적으로는 물질이거나 정신이 아니라 오직 인식이 있을 뿐이다. 하지만 인식 자체는 '있다'라거나 '있지 않다'와 같은 개념에 묶여 있는 것이 아니다. '있다'는 의미는 변하는 대상을 실체화한 언어에 의해서만 품을 수 있는 생각이기 때문이다.

그러나 종교는 감상주의적인 기반 위에서 초기에 제시한 구도를 계속 유지하려고 했으며, 마음이 만들어내고 실체시해온 형상들에 대한 집착을 포기하려 하지 않았다. 뿐만 아니라 무한한 힘을 지닌 '그 무엇'이 지배하는 세계의 안전함과 그에 대한 신뢰감을 계속해서 즐기고 싶었다.

때문에 그 이름을 무엇이라 하든, 그 구도를 어떻게 그려 놓았건 간에, 알 길도 없고 표현할 길도 없는 '그 무엇'으로부터 현상이 나타난다고 했다. 그것을 '신'이라고 부르건 '하느님'이라고 부르건 '부처'이든 '창조자'이든 '생명의 근원'이든 '절대자'이든 '유일자'이든 '道'이든 '진리'이든 간에 그 이름은 무엇이라고도 부를 수 있다. 중요한 것은 이 표현들이 의미하는 것이 모두 온전한 세계라는 점이다. 모든 존재는 이로부터 나왔고 분리된 모든 형상들도 이들 속에서는 온전함으로 용해된다고 한다.

기독교와 유태교에서는 그것을 '신(God)'이라 부르며, 힌두교는 그것을 '시바(Siva)'와 '브라흐만(Brahman)' 그리고 '비슈누(Visnu)'라고 일컫는다. 수피즘에서는 '절대적 순수성(ikhlas)'이라고 하며, 불교는 '불성(佛性)'이라고 부른다. 단지 이런 표현들만이 아니라, 그것을 지칭하는 명칭은 그야말로 다양하다.

● 부처도 없고 진리도 없다. 달마(達磨)는 비린내 나는 오랑캐
  이며, 노자(老子)는 똥 닦는 밑씻개이고, 문수(文殊)보살 보
  현(普賢)보살은 똥 푸는 사람에 불과하다. 깨달음이란 굴레
  를 벗어난 범부의 마음에 지나지 않고, 보리와 열반은 나귀
  묶는 말뚝일 뿐이다.

                              「五燈會元」德山宣鑑

절대적인 권위와 신성한 지위를 부정한다는 덕산스님의 호언장담은 궁극적 목적인 인간으로 향하고 있다. 그가 이렇게 표현하는 이면에는 존재의 근원에 대한 믿음, 즉 바로 지금의 삶은 온전함으로 나아갈 수 있는 기회라는 확신이 깔려 있다.

그것은 자신을 '나'라고 느끼는 '그 나는 무엇인가?'라는 인간

본질에 대한 수수께끼 역시 온전함의 의미와 다르지 않기 때문이다. 사실상 '나'에 대한 이름과 해석도 무수히 많다. 어떤 이들은 그것을 '진아(眞我)'라고 부르고 어떤 가르침에서는 그것을 '자아(自我)'라고 일컫는다. 또한 어떤 이들은 그것을 '불성(佛性)'이라 부르지만 다른 이들은 그것을 '진리의 잠재력'이라고도 한다. 그리고 어떤 이들은 그것을 '모든 것의 기반'이라 부르기도 한다. 이 외에도 또 다른 이름들이 '나'에게 주어진다. 이들 가운데 본질적인 '나'를 그 자체로 '지고의 의식'이라고 말하는 '나'로부터, 체험으로부터 분리된 '나'란 존재하지 않는다는 '나'라는 견해도 있다.

이 '나'를 무엇이라 부르던지 간에, 그것을 설명하는 수식어에는 '그것은 무한하고, 형체가 없고, 변함없고, 어디에나 있으며, 보이기도 하고 보이지 않는 것'이라는 표현이 곁들여진다. 뿐만 아니라 '나' 속에는 만물에 깃들여 있는 원리로서의 '하나' '모든 것' '신성'이 있다고도 한다. 문제는 이것이 종교에서 말하는 창조주와 구별되는 것은 아니라는 점이다.

● 동곽자가 장자에게 물었다.
'도(道)는 어느 곳에 있습니까?'
이에 장자는 '없는 곳이 없다.'고 답했다.
동곽자가 다시 '분명하게 지적하여 주십시오.'라고 하자 장자는 '땅강아지나 개미에게 있다.'고 했다. 동곽자가 '어째서 그렇게 천한 데 있습니까?'라고 묻자 장자는 '잡초 속에 있다.'고 대답하였다. 동곽자가 '어째서 점점 낮아집니까?'라고 하자 장자는 '기와나 벽돌에 있다.'고 하였다. 또다시 묻자 '똥이나 오줌에 있다.'고 하였다.

「莊子」知北游

'순수한 의식'이나 '존재 자체'로 표현되는 '그 무엇' 또한 신과 다르지 않다. 그것은 모든 존재의 무한한 가능성과 잠재력, 그리고 에너지의 원천이다. 그러나 우리가 그것을 '신'이라고 말하는 순간, 그것은 이미 하나의 개념이 되어버린다. 마찬가지로 우리가 '공(空)'이라고 말하면, 그것은 이미 공이 아니다. 그렇다고 아무런 말도 하지 않는다면, 그것 또한 문제다. 어떻게 표현한다 해도 당황하기는 마찬가지다.

● 도(道)는 이것이라고 말할 수는 있지만 말로 나타낸 도는 말에 묶일 수밖에 없고, 무엇이라고 이름을 붙일 수는 있지만 붙여진 이름은 그것과는 상관이 없다(道可道非常道 名可名非常名).

「道德經」一章

'그 무엇'은 시간과 공간에 묶이지 않는다. 그러나 그것은 기독교에서 말하는 야훼가 빛을 생각하자 빛이 있었고 브라마가 우주를 생각함으로써 우주가 생겨났듯이 우주는 마음이 만들어낸 것이라고 하는 가르침과 다르지 않다. 오로지 단 하나의 실재는 '마음'이라 할 수 있다. 여기서 말하는 '마음'은 전 우주에 존재하는 모든 소우주적인 마음들로 이루어진 '마음'이며, 모든 것이 이 마음으로부터 비롯되었다는 의미를 지닌다.

때문에 이와 같은 문제에 접근했던 모든 이들은 누구라 할 것 없이 동일한 개념을 더욱 넓은 뜻으로 재해석하려고 했다. 이를테면 한국 불교사상의 원류로 지칭되는 원효(元曉)스님의 글에서, 존재의 근원을 가리키는 '일심(一心)'이라는 개념 또한 스님이 처음 사용한 용어는 아니다. 그러나 스님은 '일심' 해석에 덧붙이기를, '기존의 모든 관념을 포괄하는 일심'이라 하여 그 의미를 한층 더 확대해서 풀이하고 있다.

그것에 이르고자 하는 길을 나타내는 방법은 서로 다르고 심지어는 모순되게 보일지도 모른다. 그러나 어느 것이 더 좋고 더 나쁜가를 판단할 필요는 없다. 언어와 체계들은 동일한 진리를 상이한 각도에서 표현한 것에 불과하기 때문이다. 문제는 풀잎이 수그러지는 것도 구름이 걷히는 것도 바람이 있다는 것을 나타내듯이, 이러한 내용이나 방법은 모두 다 궁극적인 경험, 궁극적인 진리를 설명하고 있을 뿐이다.

● 도(道)란 지식으로써 깨우치는 것이 아니지만, 알지 못하는 것도 아니다. 지식이란 인간의 주관으로 아는 것으로 표면의 것이다. 그러나 도는 천지자연이 분명히 분리되어 있지만 모든 것을 포함하고 있는 것과 같다. 어떻게 도를 이렇다 저렇다 말할 수 있겠는가.

「無門關」第十九, 南泉

문제는 그 어느 것이라도 옳다고 인정하게 되면 그것만이 전부라고 믿게 되며 거기에 매달리게 된다는 점이다. 때문에 원효스님은 '인정하되 취하지는 않고, 부정하되 버리지는 않는다(立而不得破而無失).'는 입장에서 화쟁(和諍)을 강조하였다. 그 어느 것이라도 그것만이 옳다고 주장하게 되면 그것은 진리와 멀어지게 된다.

조선의 성리학 논쟁에서 '이(理)'를 주장했던 퇴계(退溪)나 '기(氣)'를 근원으로 보았던 화담(花潭)이 존재의 원리를 단지 '이(理)'나 '기(氣)'로써 설명할 수 없다는 사실을 모르지는 않았다. 그럼에도 불구하고 '주리(主理)'와 '주기(主氣)'를 고집했다는 것은 그 믿음으로 인해 파생되는 삶의 태도가 문제였음을 이미 알았다는 뜻이다. 이(理)를 선택하거나 기(氣)를 선택하거나 간에 그것을 믿고 따르는 삶의 태도는 전혀 다른 방향으로 나아간다.

유일신으로 자처하는 기독교에서는 '나 외에 다른 신을 섬기지 말라'고 한다. 이런 태도는 범신론을 믿는 이의 삶을 받아들일 여유가 없다. 이처럼 문제는 신이 아니라 그것을 받아들이는 인간의 태도에 있다.

의식의 세계를 넘어선 깨달음을 체험한 현자들은 나름대로 그 세계에 대한 이름을 붙였다. 붓다는 '깨달음', 크리쉬나는 '빛', 에크하르트는 '엑스타시', 노자는 '도(道)', 예수는 '하나님' 그리고 마호멧은 '알라'라고 했다. 그 체험의 세계가 너무도 분명해서 인간적인 차원과 구분하기 위해 그렇게 이름을 붙였던 것이다. 그리고 '여기에 빛이 있다'고 말했다.

그러나 사람들은 그것을 이해하지 못했을 뿐만 아니라, 한 술 더 떠서 '내가 믿는 종교야말로 절대적인 세계이며 다른 것은 허상이다'고 주장하기 시작했다. 그 결과 성전(聖戰)이란 간판을 내건 전쟁이 종교의 이름을 빌려 시작된 것이다. 저 빛나는 깨달음의 주변에 저토록 무서운 편견이 따라다녀야 하는가를 생각하면, 우리의 문제 역시 사소한 것 하나에서라도 언제든지 고해(苦海)를 만들 수 있다는 사실을 항상 기억해야 할 것이다.

'삶이냐, 죽음이냐?'는 선택의 문제가 아니라, 이렇게 존재할 것이냐 저렇게 존재할 것이냐의 문제다. 그러나 '존재한다'는 것은 단순히 '지금, 여기' 있다는 사실뿐이다.

통일성을 경험하지 못한 한정된 감각에서는 지혜와 무지가 서로 다른 것처럼 보이지만, 사실상 그들은 구별되지 않는다. 잘못과 잘못 아님 역시 본질적으로 같다는 사실을 깨닫는 것은 이원론적인 시각을 넘어설 때 비로소 가능해진다. 그 순간 우리는 해방을 얻게 될 것이다.

27

이
순
간
이

전
부
다

　사람들은 보통 이전부터 엇비슷하게 알고 있는 이야기라야 믿으려 한다. 그렇지 않으면 일단 의심부터 품게 된다. 굳이 이런 이유 때문이라고 할 수는 없지만 많은 사람들이 깨달음이라는 말을 믿지 못하는 것은 그렇게 사는 방식이 지금까지 살아왔던 내용과는 너무나도 다른 이야기이기 때문이다. 지금도 그렇지만 앞으로도 여전히 깨달음을 비롯한 수많은 정신적 현상들은 이치에 합당한 설명이 제공될 때까지 도저히 이해할 수 없는 이상야릇한 일들로 남아 있게 될 것이다.

　우리가 무엇을 믿는다는 것은 정보를 제공하는 사람들의 능력을 인정하는 데서 비롯되지만 한편으로는 그것이 진실이라고 생각하기 때문이다. 하지만 이런 믿음들이 사실과 다른 경우는 너무나도 많다. 이를테면 원자핵 주위를 회전하는 작고 견고한 입자라고 여겨진 전자에 대한 믿음도 과학자들이 그 이론을 포기하고 난 한참 뒤까지 보통 사람들의 머릿속에는 남아 있었다. 천동설을 믿었던 사람들이나 물질의 최소 단위가 모래 알갱이와 같은 최소한의 입자라고 믿었던 사람들 역시 마찬가지다.

지금의 현실에서는 인공지능에 대한 신뢰야말로 가히 절대적이라고 할 수 있다. 심지어 인간의 능력은 인공지능에 비교하거나 상대될 만한 것이 아니라고 믿는다. 하지만 지나친 확신 속에 가려진 시스템의 오작동에 대한 위험성이나 인간을 위협하는 자율성까지도 감수해야 하는 조건들을 헤아려본다면, 인공지능 또한 인간에게 편리함을 가져다주는 유용한 도구도 아니며 바람직한 미래도 결코 아니다.

그럼에도 불구하고 과학적 사고는 인간을 단지 신경세포로써 구성된 존재로 이해하며, 인간존재를 단순히 신경세포들 사이에 일어나는 상호 작용의 복합적인 총체로 해석하려 한다. 신경세포로 구성된 존재로서의 인간이란 결과적으로 인공지능과 다를 바 없다는 뜻이기도 하지만, 동시에 '마음'이 인간성이란 의미와 동일시되는 지위를 잃어버렸다는 의미다.

마음의 작용을 밝혀내지 못한다 해서 그것을 세포들의 관계에서 나타나는 기능일 뿐이라고 해석하는 시각은 이유도 근거도 없는 지나친 억측이다. 다만 우리의 의식이 스스로의 존재에 대해 자문할 수 있다는 사실만 해도 인간이 물질적으로 구성된 구조가 아니라는 증거가 될 것이다. 인간을 세포들의 연결망으로 이해할 경우, 스스로에게 '나는 누구인가?' '내 정신의 본성은 어떤 것인가?'를 묻는 일은 불가능하기 때문이다.

'알지 못한다' 또는 '알 수 없다'는 의미로 사용하는 심리학적 용어인 '무의식' 역시 과학의 이름을 빌린 무지의 변명에 지나지 않는다. 그렇다고 해도 과학적인 설명을 무시하고 마음을 설명할 뾰족한 대안이 있는 것도 아니다. 우리가 '마음'에 접근할 수 있는 방법은 어쩌면 역설적인 추론밖에 없는지도 모른다.

● 마음이 없으니 얻을 것도 없다.

　말할 수 있으면 법이라 할 수 없다.

　만약 마음이라 하면 마음이 아닌 줄 알아야

　비로소 마음과 마음의 법을 안 것이다.

「傳燈錄」彌遮迦

　마음이란 무엇일까?

　마음이 시간의 속성을 지녔다면 그것은 사라져갈 것이다. 마음이 생각의 속성을 지녔다면 정지해 있지 않을 것이다. 만일 그것이 어떤 것이라면 모든 것을 초월할 수 없을 것이며, 존재의 속성을 지닌다면 생겼다 사라지는 운명을 피할 수 없을 것이다. 그러나 이 모두로도 헤아릴 수 없다는 것은, 마음이란 곧 인간의 지성에 의해 알 수 없는 모든 것의 본질임을 의미한다.

　순간적으로 떠오르는 마음은 바로 그 직전의 마음으로부터 이어지며, 그것에 뒤이을 마음을 따라오게 한다. 물리학에서 말하는 에너지 보존의 법칙과 같이, 마음의 작용인 생각도 연속된다고 말할 수 있다. 이를 '흐름'이라고 표현할 수 있다면 마음에도 흐름이 있다.

● 마음은 물질에도 머물지 않고 물질이 아닌 것에도 머물지 않는다. 무언가 머무는 것에도 머물지 않고, 머물지 않는 것에도 머물지 않는다. 마음에 머무는 것이 있으면 그것은 이미 얽매임이며, 마음이 무언가 대상을 가지면 그것은 이미 속박이다.

「百丈廣錄」

물질세계든 인간이든 간에 변하지 않는 존재는 없으며, 모든 것들은 흐르고 있다. 변하지 않고 머물러 있는 것은 단 하나도 없다. 그런데도 만약 마음에 머무는 것이 있다면, 그것이 바로 얽매여 있다는 의미다. 마찬가지로 마음속에 무엇인가를 떠올린다면, 그것이 곧 대상을 가진 것이며 이미 속박된 것이라고 한다.

이런 사실을 알아차린다는 것은 변화하는 순간의 흐름 그 자체에 집중하고 있다는 뜻이다. 변화의 순간순간에 초점을 두지 않으면, 사라지고 없는 경험을 뒤쫓는 일이 되기 때문이다. 하지만 변화하는 순간 역시 그보다 더 작은 순간들로 이루어져 있다. 순간의 한 조각을 '찰나'라고 부르는 것은 단지 그것을 표현하기 위해서이다.

변화의 순간을 알기 위해 시간의 길이를 반에서 반으로 쪼갤수록, 그것은 무한으로 이어져 알 수 없는 위치에 도달한다. 하지만 우리가 순간순간을 '무엇'이라고 정의하지 않으려 한다면, 순간순간은 항상 '지금, 여기'에 있다. 순간을 표시하지 않고 순간을 포착하려 하지 않는다면, 이 순간은 곧 모든 순간이 된다.

그러므로 '지금, 여기'가 바로 존재의 온전함을 이해할 수 있는 유일한 곳임을 알아차리는 것, 그것이 바로 깨달음이다. 이를 두고 「화엄경(華嚴經)」에서는 '셀 수 없는 억겁의 시간이 이 순간 속에 녹아들어 있다. 그리고 이 순간은 순간이 아니다'라고 하였다.

● 세간의 언론과 갖가지 변설로도 나고 늙고 병들고 죽는 일과 근심과 슬픔 그리고 괴로움을 벗어날 수 없다. 어리석은 생각이란 마음이 오고 가는 것이니, 거칠고 빠른 물결처럼 흐른다. 이 흐름이 모두 사라진 것을 깨달음이라 한다.

「楞伽經」

상식적인 견해를 고집하지 않는다면, 시간이란 오직 다른 것과의 상호 관계 속에서만 존재한다는 사실을 이해할 수 있다. 이를테면 '시간의 시작과 끝'이라는 말은 사계절로 나타나는 변화가 곧 실체의 모습이라고 생각하는 사람들의 분별일 뿐이다.

우리는 오직 순간의 '지금'에 '과거, 현재, 미래'라는 생각을 지어낼 따름이다. 과거에서 미래로 가는 중간 시점에 내가 존재하는 것이 아니다. 지금이라는 진행형의 순간 속에 과거, 현재, 미래라는 생각을 품고 있을 뿐이다. 시간이란 의식이 지어낸 하나의 생각, 하나의 인상에 지나지 않는다.

'현재'야말로 모든 시간, 모든 과거, 모든 미래, 그리고 모든 것을 포함하고 있다. 만약 우리가 현재를 그렇게 느낄 수 있다면, 이 순간이야말로 가장 온전한 것이 된다. 그것을 '도(道)'라 하든지 '신(神)'이라든지 간에, 우리가 무엇이라고 부르기를 원하는 '어느 것'이라도 그것은 '현재'다.

그러므로 과거와 미래로 이어지는 무한한 시간이 영원이 아니라 오히려 시간에 구애받지 않는 바로 이 순간이 곧 영원이다. 만약 이 이치를 깨닫기만 하면, 영원한 생명이란 몇천 년, 몇만 년을 사는 것이 아니라 바로 지금 이 자리에서 이 순간을 온전히 느끼며 사는 것을 의미할 뿐이다.

지금 여기의 '현재'가 온전하다는 것 역시 우주의 기본적인 원리가 곧 궁극적인 것이기 때문이다. 우주에는 쓸모없이 버려야 하는 단 하나의 물건도 없으며, 무의미한 사건도 처음부터 존재하지 않는다. 뿐만 아니라 모든 것이 다른 것들과 연관되어 있는 이 우주에서 아무런 인과관계 없이 일어나는 일도 없다. 단지 원인의 힘은 눈에 보이지 않고 결과만이 명백하게 관찰되므로 우연한 사건들의 환상이 있을 뿐이다.

사실상 '나'와 '나 아닌 것'을 나누듯이, 일이나 사물을 구별하여 분류한다는 것은 단지 인간의 관점에서 비롯된 판단이다. 문제는 이런 기준을 시간과 공간에도 적용시킬 뿐만 아니라 모든 존재의 실상에 대해서도 그렇게 나누고 있다는 점이다. 이를테면 태양을 빛과 열의 두 근원으로 이해하지만, 실제로 태양은 빛도 아니고 열도 아니다. 오히려 그것들을 초월한 곳에 있지만 빛과 열을 내보내며 여전히 태양이다.

마찬가지로 '생명'이라는 표현 또한 온전한 것을 나눈 시각일 뿐이다. 생명을 조각으로 잘라서 이것이나 저것을 '생명'이라고 할 수는 없다. 사실상 우리가 생명이라고 부르는 것은 모두 생명 아닌 것으로 이루어져 있다. 꽃을 본다고 할 때, 그것은 '꽃이 아닌 것'들과 다르다고 생각하지만 우주 안에 있는 모든 것들이 '꽃'이나 '꽃이 아닌 것'들과 다르다고 할 수 없다. 우주 안에 있는 모든 것은 꽃 속에 있기 때문이다. 그러나 그 사실을 깨닫지 못한 사람들에게는 생명만이 귀한 것이 될 뿐이다.

● 세상사를 털어버리기가 쉬운 일이 아니다.
   밧줄 끝을 단단히 잡고 온 힘을 쏟아 덤벼라.
   뼛속 깊이 스며드는 추위를 겪지 않고서
   어찌 매화 향기가 그대를 어지럽게 하겠는가.

「傳燈錄」黃檗希運

태어날 때부터 온전함의 이치를 깨달은 이는 없다. 하지만 깨닫는다고 어느 날 갑자기 다른 세상이 열린다는 뜻은 아니다. 살아가는 일상사 모두가 우주 속의 일, 즉 도(道)의 세계이기 때문이다.

그러므로 날마다 반복되는 생활을 온전하게 하는 일이 깨달음으로 사는 일이지만 이 또한 특별한 일이 아니다. 살아가자면 할 수밖에 없는 일이며, 당연히 하는 일이며 또 누구나 할 수 있는 일이다.

하늘을 날거나 물 위를 걷는 일이 기적이 아니라 바람에 실려오는 매화향기에 온몸을 맡길 수 있는 여기, 이 순간이 기적이다. 다만 뼛속 깊이 스며드는 추위를 겪어야 매화향기가 얼마나 향기로운지를 알 뿐이다.

길거리를 지나가는 누구에게 물어도 '세상도 변하고, 만물도 변하고, 나도 변한다'는 사실에는 공감한다. 하지만 그 느낌을 삶으로 펼쳐내지는 못한다. 오로지 머리로써 헤아리고 이해하기 때문이다. 삶에서 펼쳐지는 모든 일들에 대한 판단 역시 그런 차원에 머물러 있을 뿐이다. 다시 말해 우리의 생각이 '이것'과 '저것'이 다르다고 나누고 따지는 한, 그 생각은 '영원'이거나 '사라져가는 것'의 어느 쪽인가를 향한 그릇된 집착에 묶여 있을 수밖에 없다. 때문에 '모든 것이 변한다'고 말하기도 하고 '나는 존재한다'고 주장하기도 한다.

현상 세계의 어디에도 독립적으로 존재하는 실체, 즉 변하지 않는 존재는 단 하나도 없다. 정작 인간의 의식으로부터 독립하여 객관적으로 존재하는 세계는 존재와 비존재 및 다른 모든 이원론적 개념들을 초월해 있다. 다시 말해 존재의 본질은 인간의 체험에 의한 어떤 정의나 지적인 개념을 넘어선 상태이기에 이원론이란 그야말로 의미 없는 논쟁일 뿐이다.

과학적 사고 역시 물리적 측정으로 밝혀지지 않는다고 해서 마음을 비물질적인 것으로 이해하는 입장을 취하고 있지만, 이것이야말로 정신적인 모든 현상을 거부하고자 하는 경향의 반영일 뿐이다. 유물론(唯物論)과 유심론(唯心論) 사이의 대립 또한 마찬가지다.

● 천지가 크다고 할 수 있으나 허공의 바깥에 둘 수는 없고,
  허공을 끝이 없다고 말할 수 있으나 내 마음의 바깥에 둘 수
  는 없다. 마음으로 사물을 보면 사물에는 크고 작음이 없다.

「傳燈錄」紫柏禪師

현대 물리학에 따르면 모든 물질은 수많은 분자로 구성되어 있고 분자는 다시 셀 수 없이 많은 원자와 원자보다 더 작은 원소로 구성되어 있으며, 이들은 전자기력과 핵력에 의해 뭉쳐져 있다고 한다. 하지만 원자는 거대한 텅 빈 공간으로, 그 속에 양자와 전자와 중성자 등과 같은 무한히 작은 원소들이 엄청난 속도로 끊임없이 움직이고 있다는 것이다. 때문에 물리학자들은 원자의 세계로 들어가 보면 우리의 생각으로 받아들이는 이 세상이 환상에 불과한 것임을 분명히 알게 된다고 말한다.

물리학자 하이젠베르크는 '원자, 심지어 입자까지도 실재적이지 않다. 그것들은 사물과 사실의 세계가 아닌 잠재성 혹은 가능성의 세계를 구성한다'고 하였다. 이를테면 원자란 확고하지도 않으며, 고유의 존재를 부여받은 것도 아니라는 뜻이다.

이처럼 첨단물리학은 고유하고 개별적이고 연속된 자아 즉 '내가 있다'는 개념이 잘못되었음을 입증하는 데 결정적인 영향을 끼쳤다. 뿐만 아니라 인간의 삶이란 유기체가 역동적으로 모인 것이며, 이 유기체가 주변과의 관계 속에서 변화하는 것이라고 밝혔다. 이런 시각으로 보면, 우리가 있다고 여기는 삶과 죽음 사이의 경계 또한 처음부터 존재하지 않는다.

사실상 우리의 행동이나 생각은 함께하는 세상과의 교류 속에서 일어난다. 이때 교류의 매체는 우리를 통해 흐르고, 우리 생명

을 유지시켜주는 물질과 에너지와 정보들이다. 첨단물리학은 이런 관계의 그물 속에서 개별적이고 연속적인 자아를 분리해내긴 어렵다고 한다. 이런 결과들은 결국 경험하고 있는 세계의 일부를 '나'로 이해하고 나머지를 '다른 것'으로 이해하는 것에 대한 근거가 없다는 사실을 확인해준 것이다.

사물이든 생명이든 독립되어 존재하는 것이 아니다. 모든 것은 서로 연관되어 존재하므로, 모든 것은 다른 모든 것에 영향을 미치고 있다. 존재하는 모든 것은 그야말로 온전한 생명의 진동 그 자체다.

이처럼 현상세계를 인식하는 방식은 시대에 따라 변화해왔으며, 앞으로도 그럴 것이다. 우주에 대한 현대 이론 역시 우리 시대의 우주에 대한 이해의 수준일 뿐이다. 굳이 사실과 자연법칙을 기술하는 과학을 거부할 필요도 없지만, 존재의 본질을 밝히고자 하는 과학적 해명이 깨달음의 상태와 유사하다고 해서 전적으로 거기에 보조를 맞추어야 할 일은 아니다.

그렇다고 해도 과학의 위세에 눌려 과학이 세계와 정신의 본성을 궁극적으로 해명하게 되었다는 주장에는 동의할 수 없다. 왜냐하면 과학은 처음부터 인간의 정신적인 삶의 태도와는 무관한 것이었기 때문이다. 마찬가지로 과학적 사고가 인간을 물질적 차원에서 신경세포로 기술하는 것에도 이의를 제기할 필요성은 없지만, 의식이 육체에 포함되는 것으로서 한정된다는 주장은 형이상학적 선택이지 과학적 증거는 아니다.

모든 것을 양보한다 하더라도 마음이야말로 모든 것의 근원이라는 입장까지 사양할 수는 없다.

28

삶은
기적이다 ●

  우리는 지금까지 그랬듯이 앞으로도 여전히 미래를 계획하고 준비하는 일에 모든 힘을 다 기울일 것이다. 어쩌면 학교를 졸업하거나 직업을 얻는 것에 삶의 의미를 두고 있으며, 내 집을 마련하거나 노후를 대비하는 일에 온 신경을 곤두세우고 있다 해도 지나친 말이 아니다. 이처럼 미래를 준비하는 일도 삶의 일부이지만, 그것조차 '지금, 여기'서 일어나는 일이다.

  우리는 오직 '지금, 여기'의 순간으로 살 뿐이지만 이 순간 또한 순간이 아니다. 단 한 번만이라도 모든 것이 순간마다 변한다는 사실을 자각할 수 있다면, 지금 여기서 심각하게 고민하는 미래의 계획이란 것도 한갓 헛된 생각에 지나지 않는다는 것을 알 수 있다. 끊임없이 떠올랐다 사라지는 생각들만이 과거와 미래를 엮고 있을 뿐이다.

  우리가 의식하든 의식하지 못하든 간에, 변하지 않고 머물러 있는 것은 단 하나도 없다. 그런데 우리는 이 사실을 애써 외면하려 한다. 우리가 변화를 두려워하고 변한다는 사실을 떠올리기 싫어하는 이유는 말할 것도 없이 '나'에 대한 애착 때문이다. '나'라고 생각하는 그것이 일정하게 지속하는 것이 아니라고 하니 견딜 수가 없다.

어떤 말을 해서라도 내가 바로 '나'이며, 어제의 '나'와 오늘의 '나'가 다르지 않다고 주장하고 싶지만 그것이 진정한 '나'일 수는 없다. 하지만 그런 표현조차 하지 않는다면, '나'를 드러낼 그 무엇이 없게 된다는 강박관념이 오히려 '나'에 대한 집착을 부추기고 있다.

언어가 소리로써 사물을 드러내지만 '물'이라는 말이 목마름을 해결할 수 없듯이, '나'라고 말한다 해도 내가 변하지 않는 실체로써 존재하는 것은 아니다. 오히려 내가 있다는 착각이 내 인생도 의미가 있다고 믿게 만든다. 그래서 좀 더 나은 삶을 꿈꾸지만, 수천 가지의 만약은 여전히 우리를 괴로움으로 이끌고 간다.

괴로움이란 사실상 원하는 것을 이루지 못한 데서 오는 것이 아니라, 처음부터 변한다는 사실을 인정하지 않는 데서 비롯된 것이다. 모든 것들이 순간순간 변한다는 이치에는 마음을 닫고 오직 눈에 비치는 모습과 이름으로써 세상을 받아들였기 때문이다.

● 인연 따라 일어나는 일을 쫓아가지 말고,
　마음으로 허무 속에 머물지 말라.
　마음이 한결같이 고요하면,
　모든 괴로움은 저절로 사라진다.

僧璨, 「信心銘」

인류의 역사에서 나타났던 위대한 가르침들이 진리성을 입증받은 까닭은 모든 존재의 본질이 다르지 않다는 이치를 바탕에 두고 있기 때문이다. 이를테면 모든 존재가 비롯되는 근본이나 원인은 똑같으며, 그것은 온전하다는 사실을 누누이 강조하고 있다.

실제로 사람들이 색깔과 소리와 냄새를 동일하게 표현하고 느끼는 것은 그 근원이 다른 것이 아니라는 사실을 여실하게 반증하고 있기도 하다. 이는 마치 개개인의 마음이 각각의 개인 컴퓨터처럼 거대한 중앙 정보처리 센터에 연결되어 있는 것과 마찬가지다. 이 거대한 센터는 인간의 의식세계 자체라고 할 수 있다.

만약 모든 존재의 본질이나 본바탕이 다르지 않다는 통찰력을 지닐 수 있다면, 이렇게 볼 수도 있고 저렇게 볼 수도 있다고 느끼는 모순의 감정마저도 하나가 될 것이다. 모든 것이 '공(空)'이라면, '공'이라고 느끼는 생각 역시 공한 것이다. 모든 일이 '있는 그대로' 자연스럽다면, 자연스럽지 못하다고 생각하는 일들 역시 자연스럽게 될 것이다.

가끔 우리는 함께 생활해본 적이 없는 전혀 모르는 사람의 경험이 낯설게 느껴지지 않는 경우를 만난다. 이런 일들은 인간의 의식세계에 '그 무엇'이 존재함을 부인할 수 없게 만들기도 한다. 뿐만 아니라 가끔씩 자신의 내면에 무엇인가가 존재한다는 것을 자각할 때도 있다. 이를테면 '내가 이렇게 하면 안 되는데'라고 할 때, 잘못된 모습을 보는 또 하나의 자기다. 물론 이때 또 하나의 자기란 예를 든 것에 불과하다.

이런 느낌 속에는, 무엇인지 모르지만 그것은 우리가 존재하기 이전부터 존재하고 있으며, 우리가 사라진 후에도 여전히 존재할 어떤 무엇인가가 있다는 생각이 든다. 아마 이것이 인간존재가 공유하는 그 어떤 근원, 즉 인간의 공통된 의식에 연결되어 있다는 암시일 수도 있다.

이런 일은 단지 인간에게만 국한되어 있는 것은 아니다. 모든 살아 있는 것들은 생명에 유익한 것과 그렇지 못한 것에 민감하게 반응하는 생존의 기본적인 구도를 갖추고 있다. 생명들마다 제각기 변화를 알아차리고 거기에 적합하게 반응하는 능력이 구비되어 있다. 열대지방의 식물과 극지방의 식물이 그 모습을 달리하는 것이나, 작은 동물 하나라도 주위 환경에 걸맞게 적응해가는 것이 바로 그러한 현상의 하나다.

작은 물고기 떼가 수백 미터 전방에서도 보이지 않는 적들을 감지하고 방향을 바꾸듯이, 인간에게도 근원적인 그 무엇과 연결되어 있다는 본능적인 확신이 있다. 다시 말해 인간에게도 본질적으로 온전한 심성을 자각할 수 있는 능력이 구비되어 있을 뿐만 아니라 생명을 더욱 생명답게 하는 것과 생명을 낭비하는 것까지도 구분할 수 있는 능력이 있다.

하지만 모든 존재는 변한다는 사실을 외면한 채 '나'를 일정하게 지속되는 존재라고 믿고 싶은 집착이 존재의 본질에 대한 접근을 가로막는다. '나'와 '나 아닌 것'은 다르다고 여기는 고집이 존재의 온전함을 이해하지 못하게 만든다.

● 구름 걸린 산모양이 비록 천만 가지로 보인다고 하더라도
　바다 위 밝은 달은 본래 말이 없다.
　한 조각 구름이 골짜기를 가로 걸쳐 있어도
　집을 찾아 돌아가지 못하는 새들이 얼마나 많을는지.
「五燈會元」洛浦元安

구름 한 조각으로 말미암아 달라진 모습 때문에 집을 찾지 못하는 새들처럼, 잘못된 집착은 우리를 엉뚱한 방향으로 안내해왔다. 우리는 지금까지 어디로 가야 할지를 모르는 사람처럼, 이리저리 돌아다니다 길을 잃고 말았다. 심지어 동쪽으로 가면서 서쪽으로 가고 있다고 생각해왔다.

우리가 세상을 산다는 것은 사실상 오랜 세월 동안 굳어져버린 인간중심의 가치와 관습을 받아들이는 일이다. 물론 인간중심의 가치라는 것이 이원적 사고에서 파생된 부당한 전제인 줄은 알지만, 산다는 것은 그렇게 설정되어진 현실과 그 현실을 살아가는 다른 존재와의 관계를 형성해야 함을 의미해왔다.

이원적인 사고란, 동전의 앞뒷면과 같이 분리시킬 수 없는 내용을 앞면과 뒷면으로 나눌 수 있다고 생각하는 일이다. 물건을 사고파는 행위에서도 파는 것은 사는 것과 다르다고 당연하게 생각하지만, 사실상 어떤 물건을 팔지 않는다면 사는 일은 불가능하다. 이것이 바로 이원적이란 말의 뜻이다.

이처럼 이원적 사고는 나눌 수 없는 것을 나눌 수 있다고 믿게 만든다. 이를테면 '기분이 좋다'는 것은, 좋은 기분이 존재한다는 뜻이다. '나'라고 불리는 것이 있고, 그것과는 달리 감각이라는 것이 있어서 그 둘을 합하여 내가 좋은 기분을 느낀다는 의미가 아니다. 자신이 기분을 느끼는 것이 아니라, 기분 그 자체가 존재하는 것이다. 그리고 그 존재하는 기분이 무엇이든 그것이 나다. 현재의 체험으로부터 분리된 나, 또는 나로부터 분리된 체험이란 없다.

그런데도 우리는 실제로 존재하지도 않는 이원적 구도로써 현실을 느낀다. 그리고는 스스로 '나'라는 주체와 '기분이 좋다'는 느낌이 별개로 있다는 착각에 빠진다. 바로 이것이 '나'를 실체로 착각하는 오류, 즉 이원적 구도이며 속임수다.

이와 같은 이원적 구도를 없애거나 부정할 수는 없다. 단지 그것은 실제로 존재한 적이 없으므로, 이원적 구도가 실재한다는 속임수를 폭로하는 일이 중요할 뿐이다. 그것은 어떠한 경우에도 자신을 '나'라고 부르지 않을 수 있는 용기다. 다시 말해 '나'를 실체화하는 일을 멈출 수 있다면, 즉 스스로에 대해 '나'라고 말하는 것을 그만둔다면, 그만두는 순간 처음부터 존재한 적이 없었다는 사실을 알게 될 것이다. 그것을 두고 '깨닫는다'고 한다.

그렇게 되면 우리의 삶은 온전하게 될 것이며, 삶을 '무엇이다'로 정의하거나 나눌 수 없게 된다. 우리 자신이 곧 경험하는 모든 것이며, 안다는 것은 모든 영역을 주의 깊게 탐구하는 것뿐이다. '나'를 고집하지 않고 마음에서 일어나는 모든 것을 관찰하고 바라보는 것이 바로 깨달음이다.

일상의 경험에서도 '나'를 고집하지 않고 대상을 볼 수 있을 때 오히려 마음이 편안해지는 것을 경험하는 경우가 있다. 때때로 어떤 수행의 과정을 거치거나 노력을 하지 않아도 이런 순간을 체험하기도 한다. 이를테면 형언할 수 없는 느낌으로 다가오는 풍경이나 외경심을 느끼게 하는 자연의 아름다움은 어지럽게 방황하는 마음을 가라앉게 한다. 이때 찰나적인 순간일지라도 우리의 마음은 편안해진다. 뿐만 아니라 우리의 인생에서 새로운 전환점, 이를테면 직장에 첫 출근을 하는 경우처럼 처음 가지는 마음(初心)일 때, 거기에 완전히 몰두하는 것도 그렇다.

● 날마다 하는 일 다를 바 없으니
  나하고 저절로 만나질 뿐이다.
  취하고 버릴 물건 하나도 없으니
  거슬리고 어긋날 일도 없다.
  붉은 빛과 자주 빛을 누가 구분하는가.
  이 언덕과 산에는 얼룩 하나 없다.
  신통(神通)과 묘용(妙用)이란
  오로지 물 긷고 나무하는 일일 뿐이다.

  「傳燈錄」襄州龐蘊居士

편안한 마음으로 마주하는 삶, 그리고 주어진 일에 온 정신을 다 기울이는 일상이 곧 깨달음으로 사는 법이며, 목적 없는 목적이다. '나'를 내려놓게 되면 거슬리고 어긋날 일도 없다. 물 긷고 나무하는 일이 성스러운 일상이 되듯이, 우리의 삶이 목적 없는 목적을 향해 나아갈 때 우리는 우리답게 될 수 있다. 이것이야말로 이 순간이 곧 영원이며 '지금 이 순간이 내 삶의 전부'임을 느끼는 일이다.

사람들은 흔히 물 위를 걷거나 하늘을 나는 것을 기적으로 생각하지만, 진정한 기적이란 '지금, 여기에 있는' 자신을 알아차리는 일이다. 그렇게 되면 그야말로 우리의 삶은 기적으로 가득하게 된다. 푸른 하늘도 그렇고, 나뭇잎도 그렇고, 들리는 소리 또한 모두 기적이다.

온전함이란, 삶이 잠시뿐이며 무상하기 그지없지만 그래도 얼마나 귀중한 것인가를 깨닫는 일이다. 우리의 말 한마디, 행동 하나가 얼마나 중요한지를 깨닫는 일이다. 뿐만 아니라 우리들 각자가 주변의 모든 생명체에게 아주 깊은 영향을 끼친다는 것을 깨닫는 것이기도 하다.

주어진 순간을 온전하게 느끼는 것이야말로 진정으로 삶을 아끼는 일이다.

29

지금 여기가 극락이자 지옥이다

고대 그리스의 철학자 아리스토텔레스(Aristoteles)는 '인간은 사회적 동물'이라고 했다. 어떤 이는 그가 '정치적 동물'이라고 한 것을 세네카(Seneca)가 사회적 동물로 옮겼다고 주장하기도 한다. 어찌되었든 아리스토텔레스의 이 말은 지금까지도 우리의 삶 속에서 영향을 미치고 있다.

사회적 동물이란 말은 마치 씨앗은 흙을 만나야 싹이 트고 고기는 물을 만나야 숨을 쉬듯 사람은 사람을 만나야 살 수 있다는 의미를 지니고 있다. 사실 사람은 출생과 더불어 가족 관계로부터 시작하여 여러 사회집단과 관계를 맺고 살아간다. 개인으로서 존재하고 있어도 끊임없이 타인, 즉 사회와의 관계 속에 존재할 수밖에 없기 때문에 사람은 사회를 떠나서 살 수 없다고도 한다.

그러나 사회적 동물이라는 말은 사람이 사회라는 조직과 제도 등을 처음부터 원한다는 어감을 지니고 있기 때문에 개인의 자유와 행복 추구에는 큰 관심 없이 대강 보아 넘기는 측면이 있다. 따라서 자연스럽게 개인보다는 전체를 앞세워 모든 이상을 추구하게 되고, 전체라는 애매모호한 개념을 위해 개인의 희생이 당연하다는 식의 생각을 합리화시켜버린다.

이처럼 사회적 동물, 즉 사회와의 관계 속에서 산다는 것은 마음대로 해서는 안 되는 여러 규칙들을 배우고 이 질서를 따라야 함을 의미한다. 뿐만 아니라 다른 사람들과의 관계에서 상반되는 요구나 기회에 직면하게 되면 선택을 강요당하기도 한다. 지금에 이르기까지 마땅히 지켜야 하고 또 강요당하기도 하는 요소나 상태를 당연하다고 여기지만, 사실은 이 자체가 우리를 구속하는 조건이기도 하다.

문제는 거기서 그치는 것도 아니다. 다른 사람들과 더불어 살 수밖에 없기 때문에 주변 사람의 생각도 헤아려야 사는 일이 힘들지 않을 수 있다. 사회적 규칙들을 지켜야 하는 것도 나름대로 힘든 일이 되지만, 나와 다르게 생각하는 사람도 있다는 사실을 이해하지 못한다면 삶은 그야말로 갈등의 연속이 될 수밖에 없다.

우리가 진정으로 바라는 행복한 삶이란 다른 사람의 생각을 헤아려야 하는 일도 아니지만, 스스로를 구속하는 조건들을 받아들여야 하는 상태는 더더욱 아니다. 그렇다고 해서 행복하게 산다는 것이 사람들과 동떨어져 홀로 살아야 한다는 뜻도 아니다. 행복한 삶도 '지금, 여기'의 일상에서 펼쳐져야 하기 때문이다.

행복한 삶을 산다는 것은 항상 스스로 되돌아보는 일을 게을리하지 않는다는 뜻이다. 그것 또한 따로 실천해야 할 어떤 수행이 아니라, 오로지 자신이 누구인가를 물음으로써 나를 둘러싼 세상을 '있는 그대로' 받아들이는 일이다. 그것이 곧 행복한 삶을 향해 나아가는 수행 아닌 수행이다.

'있는 그대로' 받아들인다는 것은, '인생은 이런 것이다'라거나 '사람은 이렇게 해야 된다'라는 생각들로 자신을 옭아매는 일이 아니다. 오히려 이런 생각들에 매여 있지 않은가를 스스로 살피는 일이다. 살다 보면 이런 생각은 결코 끊을 수 없는 사슬처럼 보이지만, 이 생각 또한 내가 만들고 내가 믿고 있을 뿐이라는 사실을 알아차리는 일이다. 멈추지 않을수록 그 생각들은 더욱 단단해지기 때문이다.

● 한 제자가 운문선사에게 물었다.
'도(道)가 무엇입니까?'
운문선사가 답했다.
'가거라(去)!'

「傳燈錄」雲門文偃

뜻글자로서의 한자(漢字)는 매우 다양한 의미를 내포하고 있다. '가다(去)' 역시 일반적인 뜻으로 통용되지만, 때로는 '버리다, 내쫓다, 덜어버리다, 피하다' 등의 의미로도 사용된다. 여기서 말하는 운문선사의 대답은 훨씬 더 함축적인 의미를 지니고 있기 때문에 그가 말하고자 한 생각을 정확하게 짚어내기는 어렵다. 그러나 선사가 평소에 행한 모든 가르침의 맥락에서 보면, 그의 본뜻은 분명하다. '자유롭게 그리고 걸림 없이 그대의 길을 가라. 특별한 방법을 찾거나 다음에 올 결과를 고려하지 말라'는 뜻으로 해석할 수는 있다.

하지만 이런 속뜻을 구구절절이 설명할 수는 없다. 때문에 선각자들은 이런 경지를 이해시키고자 '이것이 아니다. 저것도 아니다. 또 이해 가능한 어떠한 것도 아니다'라는 연속적인 부정이나 은유적인 표현으로 안내할 뿐이다. 머리로 헤아릴 수 있는 논리가 아니라 온몸으로 느껴야 할 상태이기 때문이다.

더 깊은 뜻이야 듣는 이의 능력에 달려 있지만, 사회적 가치나 판단을 고려하지 않고 망설임 없이 행동한다는 것은 단순히 흉내를 낸다는 뜻이 아니다. 그러나 이렇게 행동한다는 것은 매우 어려운 일이다. 더 이상 선택의 여지가 없다는 사실을 깨닫기 전까지는 살아온 습관대로 그렇게 살 것이다.

지금 여기서 이미 흘러가 버린 과거에 매달린다면 귀중한 현재의 시간도 사라지고 말 것이다. 그러나 지나가 버린 일은 지난 일일 뿐이며 다가올 미래의 불안 역시 다르지 않다고 생각한다면, 과거나 미래가 나를 구속하지는 않을 것이다.

되돌아보면 마음이 어디로 흐르든 마음은 그것이 되었다. 마음이 괴로울 땐 사는 것이 괴로웠고, 마음이 즐거울 땐 나날이 기쁜 날이 되었다. 괴로움이란 단지 괴롭다는 생각을 일으킨 결과지만, 즐거움 또한 다르지 않다. 제각기 자신의 마음이 향했던 대로 되었다.

극락이나 낙원 또한 죽은 뒤에 가게 된다는 추상적인 세계가 아니다. 바로 우리가 매일매일 살아가는 이곳에서 펼쳐지는 세상일 뿐이다. 흔히 '사는 것이 지옥이다'라고 하듯이, 지옥 또한 지금 여기서 내가 만든 생각으로 다가오는 느낌이다. 깨닫고 보면 지금 여기가 곧 극락이기도 하고 지옥이기도 하다.

● 어느 날 한 사무라이가 하쿠인(白隱慧鶴, 1685-1768) 선사
　를 찾아와 물었다.
　'지옥이니 극락이니 하는데 그런 것이 정말 있습니까?'
　하쿠인은 그 질문에는 대답하지 않은 채 사무라이에게 되물
　었다.
　'당신은 무엇 하는 사람입니까?'
　그 사무라이는 자랑스럽다는 듯이 말했다.

'나는 천황 폐하를 곁에서 시봉하는 사무라이요.'

이 말을 듣고 하쿠인은 껄껄 웃으며 말했다.

'당신이 사무라이라고? 내가 보기에는 꼭 골목대장 같소.'

이 말에 사무라이는 격노했다. 사무라이에게 모욕은 치욕스러운 일이다. 그는 벌떡 일어나며 칼을 뽑아 하쿠인의 목에 댔다. 곧 하쿠인의 목이 떨어질 참이었지만, 조금도 동요하는 기색 없이 조용히 입을 열었다.

'방금 지옥의 문이 열렸소이다.'

사무라이는 지옥이 무엇인지 퍼뜩 알아차렸다. 그리고 하쿠인 선사의 도가 얼마나 높은지도 보았다. 날카로운 칼이 자신의 목에 닿아 있는데도 미동도 하지 않은 것은 생사에 초연한 사람이 아니고는 불가능했다. 사무라이는 잠시 망연자실하여 서 있더니 이윽고 칼을 던지고 그 자리에서 하쿠인 선사에게 큰절을 올렸다. 이를 보고 하쿠인 선사가 말했다.

'방금 극락의 문이 열렸소이다.'

「다섯 줌의 쌀」

극락이라는 생각도 지옥이라는 느낌도 다 같이 헛된 생각을 따라가는 끝없는 흐름이다. 이 모두는 괴로움과 즐거움을 느끼는 '나'로부터 비롯된 것이다. 내가 느끼는 괴로움이 지옥과 같은 것이고 내가 느끼는 즐거움이 극락과 같다는 의미지만, '나'나 '내 생각'이 망상이듯이 '지옥'이나 '극락' 또한 상상으로 만든 허상일 뿐이다.

바로 이 '나'가 변하지 않고 지속하는 존재도 아니며, 인식하고 행위하는 주체도 아니라는 사실을 깨닫게 되면 세상은 '있는 그대로' 드러나게 될 것이다. '있는 그대로' 본다는 것 역시 사회적 가

치와 판단을 따르는 일도 아니지만, '나'라는 생각을 내려놓을 때
'그렇다면 나는 어디 있을까?'와 같은 생각도 하지 않는다는 뜻이
다. 그것이 곧 망상을 벗어나는 길이다.

　망상의 흐름으로부터 벗어나는 것을 깨닫는다고 한다. 이는 생
각 자체를 아예 하지 않는 것이 아니다. 사물을 헤아리고 판단하
는 가운데 '나'를 관찰하거나 제어하려는, 즉 욕망이나 집착에 매
달리지 않는 것이 망상으로부터 벗어나는 길이다. 이것이야말로
인간이 성취할 수 있는 최고의 도달점이지만, 처음부터 도달해야
할 그 무엇이 있었던 것도 아니다.

● 마음이란 상황에 따라 나타나니
　깨달음 역시 그러할 뿐이다.
　일과 이치에 모두 걸릴 것 없으면
　생기거나 생기지 않음이 다를 바 없다.

馬祖道一「馬祖錄」

　나를 '나'라고 믿고 싶은 집착에서 벗어나지 않는 한, 내 앞에 펼
쳐지는 세상은 환상일 뿐이다. 그것은 그냥 그렇게 생각으로만 다
가오는 것이 아니라, 환상이라는 현실로써 내 앞에 펼쳐진다. 바
로 그 환상으로부터 벗어나야 하지만, 벗어나기 위해서 환상을 실
재인 것처럼 받아들여서는 안 된다. 동시에 환상으로부터 벗어나
기 위해 또 다른 세계를 구상해서도 안 된다.

● '이 몸은 어디서 왔다가 죽은 뒤엔 어디로 돌아갑니까?'
　선사가 대답했다.
　'어떤 사람이 꿈을 꿀 때, 그 꿈이 어디서 왔다가 잠깬 뒤엔

어디로 가는가?'
'꿈속에서는 없다 할 수 없고 깬 뒤에는 있다 할 수 없으니,
비록 있고 없음이 있으나 가고 오는 바는 없습니다.'
'나의 이 몸도 꿈과 같다.'

「傳燈錄」司空山本淨

어디서 와서 어디로 가는가?
이 세상은 또 무엇인가?
이런 질문이 바로 '나'로부터 비롯된 망상의 흐름이다.
무엇이 오고 가는 것일까?
오고 가는 바는 없다. 여기가 곧 종점이고, 여기가 바로 시작이다.
'깨닫는다'는 것은 인생의 시련으로부터 배워 체험을 쌓아간다
는 뜻이 아니다. 오히려 그 반대로 체험의 흔적조차 남기지 않는
다는 의미다. 욕망을 따라 체험을 축적한다면 그것은 결국 그 마
음 그대로다. 그러나 끊임없이 체험과 감각을 추구하는 중심이 무
엇인지를 이해한다면 깨달음은 저절로 이루어진다.
'나'를 알기 위해서는 우선 자신을 주의 깊게 지켜보아야 한다.
그것이 곧 이 세상에 살면서 이 세상에 속하지 않는 존재의 방식
을 발견하지 않으면 안 되는 이유다. 그것은 단지 어떻게 감각이
일어나고 사라지는지를, 그리고 어떻게 생각이 일어나고 사라지
는지를 관찰하는 일이다. 어떤 것에도 집착하지 말고 일어나는 모
든 것을 관찰해야 한다.
물 한 잔을 주의 깊게 관찰한다면, 그 속에서도 우주를 볼 수 있
다. 만약 우주가 없다면 만물 또한 존재하지 않을 것이기 때문이
다. 그래서 우주 또한 물속에 있을 뿐만 아니라 한 잔의 물에서 우
리 자신을 볼 수도 있다. 나아가 그 속에 있지 않은 것은 단 하나

도 없다. 시간과 공간 그리고 또 다른 생명이 모두 물속에 공존하는 것은, '존재하는 것'은 '상호존재 하는 것'이기 때문이다. 한 잔의 물 역시 다른 모든 것이 존재하기 때문에 존재한다.

이처럼 모든 존재는 단순히 그것만이 홀로 존재하지 않는다. 만약 한 송이의 꽃에서도 우주를 볼 수 있다면, 이 순간들이 온전함으로 충만하다는 사실을 느낄 수 있다. 그때 이미 우리는 온전함으로 돌아가 있는 것이다.

● 삼계는 오로지 마음뿐이다.
   마음 밖에 따로 있는 진리란 없다.
   마음과 부처와 중생
   이 셋은 다르지 않다.

「華嚴經」

모든 존재는 본래 온전할 뿐만 아니라 어느 누구도 그 근원으로부터 벗어나 있는 것이 아니다. 마음은 누구에게나 있기 때문이다. 깨달음이란 마음의 작용이므로 깨달음 또한 어디에나 존재한다. 어느 곳에나 존재하는 것은 누구에게나 존재할 수 있다.

달리 말하자면 깨닫는다는 것은 곧 온전함의 체험이다. 깨달음을 일상의 삶과 연관 지을 수 있게 되면, 명상을 하던 일을 하던 간에 삶의 모든 면을 온전하게 느끼게 될 것이다. 그것 또한 단지 지금 보고 듣는 모든 것에서 편안함을 느끼는 일일 뿐이다. 우리가 늘 숨 쉬는 공기조차 기쁨의 원천이기 때문이다.

진실로 이 이치를 깨닫게 된다면, 길을 걸을 때마다 우리가 떼어 놓는 한 걸음 한 걸음이 끝없는 경이로움으로 다가올 것이다. 그것이 곧 매 순간의 온전함을 느끼는 것이다. 우리 자신이 '나'를 고집하지 않는 것이기에 '있는 그대로' 보는 것이 우리를 자유롭게 만들 것이다.

살다 보면 가끔씩 새로운 것을 느끼게 될 때, 말로써 설명할 수 없는 또 다른 무엇을 발견하곤 한다. 그것을 느끼지 않는 한, 그 일을 알지 못하듯이 수많은 의미들을 배우기엔 우리의 인생이 너무도 짧다. 그러나 마음을 열어 깨달음으로 나아가는 법을 배울 만큼의 시간은 충분히 있다.

하지만 우리는 스스로의 삶을 돌아보지 못하고 망설일 뿐이다. 오히려 그와는 정반대로 우리의 삶은 대개 목표 지향적이다. 어떤 목표를 정하고 거기에 도착하도록 방향을 이끌어 간다. 이런 방법은 살아가는 '데는 유용할 수도 있지만, 그 길만을 따라가다 보면 자신이 왜 그 길을 따라가는지에 대한 의미도 잊게 만든다. 뿐만 아니라 자아성찰만이 전부라고 생각하는 것 또한 목표지향에서 벗어나는 일이 아니다. 목표를 설정한다는 것은 다른 세계를 염두에 둔다는 뜻이다.

만약 우리가 이루고자 하는 일만 생각하며 세상의 가치와 잣대로 나와 남을 구분하는 버릇을 내려놓지 못한다면, 진정한 삶의 의미도 잃어버릴 뿐만 아니라 삶은 강물처럼 흘러가 버릴 것이다. 그것이 어떤 것이든 마찬가지다. 자신의 목적을 위해 사회적 가치를 따르는 길은 존재의 의미를 잃어버리는 일이다. 이 사실을 이해한다면, 자신을 위해 전 생애를 개척하지 않으면 안 된다는 생각은 사람이 태어난 목적이란 결코 그런 것이 아니라는 확신으로 바뀌게 될 것이다. 그리고 그 확신은 온전함에 다가서는 길로 안내할 것이다.

깨닫고자 하는 일은 결코 힘들고 어려운 수행이 아니다. 그러나 때때로 나타나는 욕망이나 지루함이 우리의 의지를 포기하게 만든다. 그렇다고 하더라도 되돌아보기를 멈추지 않는 것은 매우 중요한 일이다. 이를테면 갑자기 어깨에 심한 통증이 와서 의사의 진찰을 받아본 결과, 그 원인이 과도한 운동 때문이었다는 것을 알았다고 해서 통증이 사라지지는 않는다. 통증을 치료하기 위해서는 당연히 약을 먹거나 조심해야 하지만, 그것 또한 단 한 번만의 노력으로는 어렵다. 완치하자면 인내와 노력이 필요하다.

진주를 캐는 사람이 바다 밑 깊숙이 내려가야 귀한 보석을 얻을 수 있듯이, 깨달음으로 나아가려는 의지 하나로 자신의 내면으로 깊이 내려가야 모든 보물들 중에서 가장 귀중한 보물을 얻을 수 있다. 깊이 내려갈수록 스스로도 눈치채지 못하는 사이에 편안한 삶에 도달하게 될 것이다.

30

후회도 없고
미련도 없다 •

사찰의 벽면에서 흔히 볼 수 있는 '심우도(尋牛圖)'는 수행의 단계를 소와 목동에 비유하여 그린 그림이다. 모두 열 단계의 그림으로 이루어진 이 벽화에서 소는 인간의 본성에, 목동은 수행자로 묘사된다. 검은색에서 흰색으로 바뀌어가는 소의 모습은 깨달음에 이르는 과정을 나타내는 이미지다.

심우(尋牛)란 자신의 본성인 소를 찾는다는 의미로, 소를 찾아 산속을 헤매는 과정에서부터 소의 목에 고삐를 걸고 소를 길들이는 단계를 거쳐 소를 타고 깨달음의 세계인 집으로 돌아오는 모습을 표현하고 있다. 처음의 소는 아직 외부세계로부터의 유혹에 동요하기 쉬운 미숙한 단계이므로 거친 본성처럼 검은색을 띠고 있지만, 마음을 다스림으로써 소의 빛깔도 서서히 흰색으로 변해간다.

그리고 소는 없어지고 동자 혼자 조용히 앉아 있는 모습이 나타나는데, 이것은 소는 단지 방편이었으므로 깨달은 후에는 수단과 방법을 잊어야 함을 의미한다. 나아가서는 자신이나 소나 모두 실체가 없는 공(空)임을 깨닫는다는 텅 빈 원상(圓相)을 넘어서서 '있는 그대로'의 세계가 펼쳐지는 열반의 경지가 그려져 있다.

지금까지 살아오면서 불안과 두려움을 느꼈던 일이나 감정에 휘말려 분노했던 까닭은 욕망과 집착을 앞세운 '나'를 원했기 때문이다. 간간히 이것은 아니라는 반성도 곁들였지만, 여전히 그림에서처럼 검은 소의 상태다. 문제는 언제까지 검은 소로 남아 있을지이지만, 그것조차 전적으로 내게 달려 있을 뿐이다.

인간이 물질적인 풍요로움의 혜택으로 풍족한 삶을 누리게 되었다는 사실을 부정할 수는 없지만, 그것은 인간이 추구해온 이상적인 방향, 즉 건강한 상태로 오래 사는 일을 벗어나지 않았다. 그리고 지금도 여전히 그 방향으로 나아가고 있다.

위대한 정신적 전통들의 가르침이 의미를 갖는 것은 인간됨의 진정한 의미를 되짚어 묻는 데 있다. 그것은 얼마나 오래 사느냐와는 상관없는 일이다. 그 가르침들은 단 하나의 방향, 즉 되돌아보기를 통해서 자신의 진정한 본성과 마주하기를 권하고 있다. 그러나 그 길은 용기와 인내를 필요로 하며, 삶의 태도에 대한 전적인 변화를 요구한다.

지금까지 우리는 더 가지고 더 누리려는 욕망에 끌려 다니며, 이 사회의 한 사람으로 살아남기 위해 또는 이 사회가 가치 있는 일이라고 여기는 성공과 출세를 위해 허상의 그림자를 쫓는 데만 정신을 쏟아왔다. 그러다 보니 인간답다는 의미를 잊은 지도 오래며, 온전한 본성이란 말 자체도 황당하게 생각할 뿐이다. 오늘의 문화 또한 온전한 삶이라든가 깨달음에 대해서는 아무런 관심도 기울이지 않는다.

우리는 가치 있는 삶을 살기 위해 많은 생각을 하는 듯하지만, 사실은 애초부터 그 방향설정이 다르다는 데 문제의 심각성이 있다. 이것은 많은 사람들이 죽음의 시간을 맞이할 때, 자신이 무엇을 해야 할지를 모르는 데서도 알 수 있다. 우리는 실용적인 것에 대해서 끊임없이 의견을 제시하지만, 사실 실용적이란 뜻도 결국엔 이기적인 단견을 의미할 뿐이다.

우리가 가치 있는 삶을 살지 못하는 이유는 자신이 그렇게 되어야 한다고 믿는 허상에 빠져 있기 때문이다. 그렇게 되어야 한다는 허상의 이미지와 자신을 동일시하는 한, 가치 있는 삶을 살 수는 없다. 다시 말해 '나'를 버리지 않으면 욕망이나 집착의 세계에서 벗어나기는 어렵다.

삶이 얼마나 소중한지 아는 사람은 삶이 얼마나 부서지기 쉬운지도 이해하는 사람일 것이다. 그것은 죽음이란 실재하는 것이고 아무 예고 없이 불쑥 찾아온다는 사실에서도 더욱 그렇다. 역설적이게도 정작 중요한 것은 '지금, 여기'의 이 삶인데도 우리는 전혀 알지 못하는 단지 상상 속의 죽음 이후를 위해 자신의 삶을 모두 소모하고 있을 뿐이다.

죽음 이후의 대비를 위해 신을 숭배하든 아니면 신을 배척하든, 그것은 서로 다를 바 없다. 보통 유신론적 전통에서는 외부의 대상을 숭배하고 무신론적 전통에서는 외부의 대상을 숭배하지 않는다고 말한다. 하지만 실상은 양쪽 모두 단지 의지할 대상을 어디에서 구하느냐의 문제일 뿐이다. 그 어느 쪽에서든 존재의 참된 모습이 온전히 발현되지 않는 것은 어떤 무엇을 이용하려고 하기 때문이다.

● 마조(馬祖)에게 대매(大梅)가 물었다.
'어떤 것이 부처입니까?'
마조가 대답하였다.
'마음이 곧 부처다.'

다른 기회에 마조에게 한 중이 물었다.

'어떤 것이 부처입니까?'

마조가 대답하였다.

'마음도 아니고, 부처도 아니다.'

「無門關」

마조선사는 '마음이 곧 부처'라고 하였다. 하지만 듣는 이가 그 참뜻을 이해하지 못한 채 그 말만을 따르므로 '마음도 아니고, 부처도 아니다'고 바로잡아 주었다. '마음이 부처'라고 한 것은 보통 사람에게 한 말이지만, '마음도 아니고, 부처도 아니다'고 한 것은 '마음이 곧 부처'라고 잘못 알고 있는 사람의 병을 고치기 위해서다.

● '어찌하여 마음이 부처라 하십니까?'

'어린 것이 울 때 달래기 위해서다.'

'울음을 그쳤을 때 어찌합니까?'

'마음도 아니고, 부처도 아니다.'

「無門關」

'마음이 부처'도 아니지만 '부처가 아닌 것'도 아니다. 문제는 그와 같은 말들이 만들어내는 이미지, 즉 '이다' '아니다'에 있지 않다. '있다' '없다'에 의미를 부여하며 허상에 끌려가고 있는 자신의 모습을 알아차리는 것이 핵심이다.

중요한 것은 신데렐라의 구두에 발을 억지로 끼워 맞추고자 하는 사람들처럼 주어진 사회적 가치에 스스로를 끼워 맞추려는 피나는 노력이 아니다. 사회적 가치로 형성된 구도야말로 진정 허황된 망상임을 깨달아야 한다. 그것은 세계로부터 벗어나는 일이 아니라, 그 구도로 갖춰진 세계에 더 이상 매달리지 않기 위해서다. 세계 그 자체가 잘못이 아니라, 우리가 세계를 이해하는 방식이 문제다.

● 한 순간 자잘한 괴로움이 일어나지만
　곧바로 아침이슬처럼 사라진다네.
　이렇게 이 세상을 볼 수 있다면
　어느 곳에 나와 남이 있으리오.

王維, 與胡居士皆病寄此詩兼示學人

우리가 진정으로 가슴깊이 생각해야 할 것은 '무엇을 할 것인지, 어떤 길을 택할 것인지, 우리의 에너지를 어디에 쏟을 것인지, 심지어 어떤 가치관을 따를 것인지'를 어떻게 선택하느냐에 있다. 티베트의 유명한 성자이자 시인인 밀라레파(Milarepa)는 '내 종교는 후회 없이 살다가 미련 없이 죽는 것이다'라고 했다. 후회 없이 살다 미련 없이 갈 수 있다는 것은 괴로웠던 과거의 기억이나 불안한 미래로부터 벗어난다는 뜻이다.

● 아무것도 해놓은 것 없는데
　임종게를 남길 이유도 없네.
　오로지 인연에 따를 뿐이니
　모두들 잘 있게나.

圜悟克勤 臨終偈「僧寶正續傳」卷四

깨달음이란 지금 이 순간 마음 깊은 곳으로부터 편안함을 느끼고 아주 작은 것과도 일체가 될 수 있음을 확인하는 일이다. 이것은 극락의 모습이 어떨까를 생각하거나 다가올 기적을 구하는 일이 아니다. 또한 목표를 향하여 전념하는 일도 아니다. '지금, 여기'에는 이미 모든 목표와 기적이 있기 때문이다.

되돌아보기를 통해서 깨달음이 어떤 상태인가에 대한 하나의 이미지를 나름대로 구성해낼 수는 있다. 물론 깨달음의 이미지를 만들어내는 것과 깨닫는 것은 다르다. 그렇지만 깨달음으로 나아갈 수 있는 작은 기회가 될 수 있다. 그런 기회를 만드는 것은 무엇보다도 중요한 일이다.

● 경전연구에 조예가 깊었던 선감(宣鑑)이 숭신(崇信)을 만나고 한 마디의 문답을 나누었다. 선감이 떠나려 하자 숭신이 만류해 하룻밤을 묵게 되었다. 숭신이 말했다.
'밤이 깊었는데 그만 물러가 쉬게.'
선감이 인사를 드리고 나갔다가 되돌아왔다.
'밖이 너무 깜깜합니다.'
숭신이 촛불을 켜서 건네주었다. 선감이 막 받는 순간 숭신이 갑자기 불을 훅 꺼버렸다.
순간 선감은 깨달았다.

「傳燈錄」德山宣鑑

마음이 바깥의 사물에 끌리게 되면 정작 자신의 내면은 닫히고 만다. 그러나 바깥으로 향한 마음을 접게 되면 오히려 내면은 밝아진다. 그런데도 사람들은 흔히 '어떻게 집착을 끊을 수가 있단 말인가? 집착하고 있다는 것은 나도 안다. 하지만 어떻게 놓을 수 있는가?'라고 말한다.

만약 불이 붙은 뜨거운 숯 덩어리를 손에 쥐고 있다고 가정해 보자. 그럴 때 어떻게 놓을까를 묻는 사람은 없다. 그것이 고통과 연결된다는 것을 알고 있기 때문에 묻기도 전에 당장 그것을 놓을 것이다. 마찬가지로 자신이 경험하는 바를 세심하게 관찰하게 되면, 우리는 집착이 만들어내는 고통을 알 수 있고 또 느끼게 된다. 무상(無常)한 것에 집착함으로써 스스로 고통을 만들고 있다는 사실을 알게 되면, 자연스럽게 그 집착을 내려놓게 될 것이다.

되돌아본다는 것은 자신을 온전히 알아가는 경로, 즉 나의 내면적인 모습과 외부적인 것에 대하여 내가 반응하는 방식 모두를 알아가는 과정이다. 막연히 '나'라고 여겼던, 스트레스와 괴로움으로 가득 찬 모습과는 다른 나를, 나의 내면을 통해 발견하는 일이다. 그리고 나의 참된 본성과 진실한 모습은 실제로는 매우 긍정적이라는 사실을 깨닫는 것이다. 바로 여기에 행복이 있고 편안함도 함께 있다.